離乳食の進め方 早見表

赤ちゃんの舌の動き方や歯の発達などに応じた、離乳食の回数や食事の時間の目安、食材のかたさ・大きさがひと目でわかります。

キリトル

プ2) ◀◀◀

離乳初期　5〜6カ月ごろ(ステップ1)

次のステップに移るサイン

離乳食の回数と目安時間

日1回　午前10時

赤ちゃんの舌の動き・食材のかたさ

口腔

口腔の発達

を飲み込めます

を取り込んだ後、口を閉じて舌で
から奥に送り、息を止めて
ゴックンと飲み込めるようになります。

食材のかたさ

なめらかにすりつぶした状態

目安　ポタージュ状〜ヨーグルト状

食材のかたさ・大きさの例

合

	白身魚の場合	にんじんの場合	おかゆの場合	
前半	まだ食べさせません	 裏ごししてのばす	 10倍がゆ	前半
	↓	↓	↓	
後半	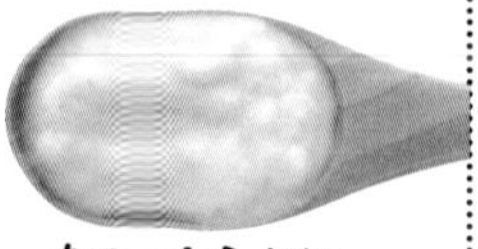 なめらかにすりつぶしてのばす	 すりつぶす	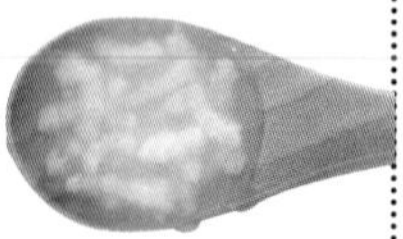 前半より水分を減らす	後半

1回あたりの食事量

除く)

ル)

g

主菜(たんぱく質)

※スタートから1カ月ごろを目安に下記のいずれか

- 白身魚
  ひとさじから始め、増やしていく
- 豆腐
  ひとさじから始め、増やしていく
- 卵黄
  耳かき1杯分から始め、増やしていく

主食(炭水化物)

- おかゆ(10倍がゆ)
  ひとさじから始め、増やしていく
- 食パン(8枚切り・耳を除く)　1/8〜1/5枚
- うどん(乾めん)　5g

副菜(ビタミン・ミネラル)

- 野菜・果物
  ひとさじから始め、増やしていく

使用できる調味料

・みそ

を使う

和風だし・野菜スープ(手作りかBF〈ベビーフード〉)

9〜11カ月ごろ(ステップ3)

午前10時・午後2時・午後6時

次のステップに移るサイン p.76

赤ちゃんの発達

バナナ程度のかたさのものを歯ぐきでかめます

前後上下に加えて左右にも舌を動かせるようになり、舌でつぶせない食べ物を舌で移動させて、歯ぐきで つぶせるようになります。手づかみ食べも始まります。

食材のかたさ

歯ぐきでつぶせるかたさ　目安 バナナ

にんじんの場合	おかゆの場合	
 5㎜角	 5倍がゆ	前半
↓	↓	
 7㎜角	 前半より水分を減らす	後半

主食(炭水化物)

- おかゆ(5倍がゆ)　前半は子ども茶碗1杯(90g)、後半は軟飯子ども茶碗2/3杯分(80g)
- 食パン(8枚切り・耳を除く)　1/2枚
- うどん(乾めん)　20g

副菜(ビタミン・ミネラル)

- 野菜・果物　30〜40g

量を使う

バター・油・トマトケチャップ・マヨネーズ

風味づけとコク出しにごく少量を使う

寄り添って食べさせてください。

離乳中期　7〜8カ月ごろ(ステッ

1日2回　午前10時・午後6時

赤ちゃんの発達

豆腐程度のかたさのものを舌でつぶせます

離乳初期では前後にしか動かせなかった舌が、上下にも動くようになります。少し形のあるものも、舌と上あごでつぶして食べられるようになります。

食材のかたさ

舌でつぶせるかたさ　目安 絹ごし豆腐

白身魚の場合	にんじんの場合	おかゆの場
 すりつぶしてのばす	 こまかくつぶす	 7倍がゆ
↓	↓	↓
 こまかくほぐす	 粗くつぶす	 前半より水分を減らす

主菜(たんぱく質)

※下記のいずれか1種類を選んだ場合

- 魚　10〜15g(刺身用1〜2切れ)
- 肉　10〜15g
- 豆腐　30〜40g
- 乳製品　50〜70g
- 卵(卵黄1個分〜全卵1/3個分)

主食(炭水化物

- おかゆ(7倍がゆ)　大さじ3〜5(50〜80g)
- 食パン(8枚切り・耳を
  1/4〜1/3枚
- うどん(乾めん)　10g

副菜(ビタミン・ミネ

- 野菜・果物　20〜30

塩・しょうゆ・砂糖

風味づけ程度にごく少

キリトル

最新改訂版 らくらく あんしん

離乳食

監修・指導
女子栄養大学生涯学習講師
管理栄養士
小池澄子

料理
料理研究家・管理栄養士
検見﨑聡美

Gakken

はじめに

赤ちゃんが生まれてきて、初めて出合う「食べること」が離乳食です。「食」は体と心を育み、大切な命をつないでゆく営みです。

これまで40年余り、保育園やクリニックなどで、多くの親子の食のお手伝いをさせていただきましたが、赤ちゃんは、ひとりひとりが素晴らしい個性にあふれ、違った素質を持ち、生きる力を備えて生まれてきます。相談を受けていると、よく食べるときは「食べすぎかしら?」と思ったり、食べないときは「大きくならないのでは?」と気になったり……。心配は尽きないようですが、みんな愛する赤ちゃんの幸せを願ってのことですので、微笑ましく思います。

最近の研究では、赤ちゃんは胎児のときからしっかりとした「意識と意志」を持っていることがわかっています。食べるのは赤ちゃんですから、本人の意思を尊重し、迷ったときは笑顔で目を見ながら、「どうしたいの?」と聞いてみる、対話をするという意識を持つことをおすすめします。そうすることで自己肯定感が育ち、子育てがらくになるともいわれています。

赤ちゃんは、いろいろな食材の味や香りを体験し、五感をフルに使いながら好奇心いっぱいに成長してゆきます。ママやパパの「おいしいね!」「食べてみる?」などの言葉かけによって、一緒に食べる楽しさや、自分の気持ちが尊重されたという体験を重ねてゆくのです。

愛いっぱいで楽しい離乳食ライフに、この本がお役に立てば幸いです。応援しています!

監修・指導
管理栄養士・
一般社団法人日本胎内記憶教育協会認定講師
小池澄子

女子栄養大学生涯学習講師・一般社団法人日本胎内記憶教育協会認定講師・管理栄養士。保育所での食育指導、離乳食アドバイス、クリニックの栄養相談などを通じ、たくさんの親子に接し、指導してきた経験から生まれる的確なアドバイスに定評がある。『最新決定版 はじめての離乳食』(Gakken)など著書多数。

はじめてのことは誰でも不安。赤ちゃんが大切で大切で仕方がないからこそ、心配になって迷うのは当たり前のことです。だけど、何も難しいことはありません。ちょっと冷静になって考えてみてください。お母さんもお父さんも、昔は赤ちゃんでした。はじめは母乳やミルクしか飲まなかったのです。

赤ちゃんの食事はおっぱいから始まり、少しずつ、体と心の成長に伴って、とろとろしたものを飲み込み、口をモグモグと動かし、つぶすこと・かむことができるようになっていきます。

押さえるポイントはたったひとつ。栄養素の消化・吸収を考慮した、成長段階に合った食材を、成長段階に合った形状・かたさにしてあげることだけ。

本書では、おっぱい以外のものを口にし始める、一日一回、ひとさじのころのメニューをたくさん用意しました。ペラペラめくって、絵本のように楽しみながら選んでください。赤ちゃんと自分を信じてのんびり進めましょう。そして、必ず多めに作って味見をしてください。自分が作ったごはんに自信と責任を持って、赤ちゃんといっしょに育っていきましょう。

料理
料理研究家・管理栄養士
検見﨑聡美

料理研究家・管理栄養士。「私たちは心も体も全部、食べたものからできている」と考え、栄養も調理も、基礎を踏まえたうえで、個人の生活や嗜好を考慮し、確実に食卓に届く家庭料理を大切にしている。老若男女、元気な人とそうでない人などに向けて、雑誌や書籍で幅広くレシピを提案している。

らくらく
あんしん

離乳食の流れ まるわかりガイド

離乳食は、赤ちゃんが生後5〜6カ月ごろから
1才〜1才6カ月ごろまでの時期の食事。これから始まる離乳食の進め方を
イメージするため、まずは大まかな流れを把握しましょう。

本書では、大事なポイントに次のマークをつけています。合わせてチェックしてください。

らくらく：ママやパパの負担を軽くするコツを紹介！

あんしん：離乳食の作り方・食べさせ方のポイントを掲載！

1 母乳やミルクの時期

生まれたばかりの赤ちゃんは、母乳やミルクだけでぐんぐん大きくなっていきます。でもやがて、それだけでは成長に必要な栄養が不足するようになります。

2 いよいよ 離乳食スタート！

離乳初期 5〜6カ月ごろ

大人の食事に興味を持つようになり、声やよだれを出すようになったらスタート。

最初は食べ物をゴックンと飲み込む練習です。

ここをチェック！

離乳食の進め方➡p.30〜41
離乳食レシピ➡p.42〜61

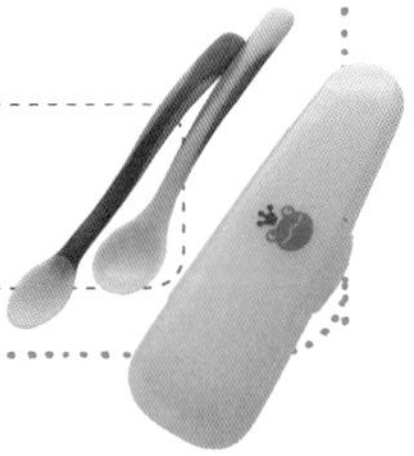

3 毎日のことだから もっと手軽に！

離乳食は毎日続けることが第一。はりきりすぎて疲れないよう、上手に負担を軽くしましょう。

ここをチェック！

らくらく調理のコツ

①フリージング➡p.64〜69
②取り分け調理➡p.102〜105
③BF（ベビーフード）活用➡p.140〜143

4 はじめてママとパパは 不安や戸惑いがいっぱい

離乳食を食べない、本の目安通りに進まない、遊び食べが激しい……離乳食に悩んでしまったら、下記のページを参考に。

ここをチェック！

気がかり解消Q&A

5〜6カ月ごろ（ステップ1）➡p.70〜72
7〜8カ月ごろ（ステップ2）➡p.106〜108
9〜11カ月ごろ（ステップ3）➡p.144〜146
1才〜1才6カ月ごろ（ステップ4）
➡p.182〜184

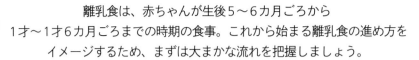

5 離乳食に慣れてくるころ

離乳中期
7〜8カ月ごろ

離乳食は1日2回に。モグモグロを動かしながら、上手にゴックンできたら次のステップへ。

ここをチェック！

離乳食の進め方 ➡p.74〜81
離乳食レシピ ➡p.82〜99

食べられる食材も増え、食の楽しみが広がる時期でもあります。

6 赤ちゃんが病気のときは？

ときには病気で離乳食がストップすることも。そんなときの対処法は、下記のページを確認してください。

ここをチェック！

ぐあいが悪いときの離乳食 ➡p.187〜189

7 3回食になり、手づかみ食べの時期

離乳後期
9〜11カ月ごろ

赤ちゃんの動きがダイナミックになりママやパパは成長を感じるでしょう。離乳食は1日3回になります。

ここをチェック！

離乳食の進め方 ➡p.110〜119
離乳食レシピ ➡p.120〜137

お椀飲みやコップ飲みも。

手づかみ食べや遊び食べなどが増えて大変と感じることも。

8 他のママやパパたちはどうしてるの？

離乳食の進み方や食べる量、好き嫌いは個人差が大きく、赤ちゃんによってさまざま。他の家族はどうしているのか見てみましょう。

ここをチェック！

全国のママ・パパ＆赤ちゃんの離乳食生活
❶5〜6カ月ごろ（ステップ1）➡p.62〜63
❷7〜8カ月ごろ（ステップ2）➡p.100〜101
❸9〜11カ月ごろ（ステップ3）➡p.138〜139
❹1才〜1才6カ月ごろ（ステップ4）➡p.180〜181

9 もうすぐ離乳食卒業！

離乳完了期
1才〜1才6カ月ごろ

軟飯を食べるようになり、炒め煮や揚げ物、焼き物が食べられるようになるなど、大人の食事に徐々に近づいていく時期です。

ここをチェック！

離乳食の進め方 ➡p.148〜157
離乳食レシピ ➡p.158〜175

まだ消化器官が未発達なので、かたさや塩分・脂肪分に気をつけて。

10 幼児食へステップアップ

腎臓など臓器の機能が整うのは8才ごろ。離乳食を卒業しても、大人と同じ食事にはできません。徐々に幼児食にステップアップして、自分で食事をすることを定着させて。

ここをチェック！

幼児食について ➡p.185

らくらく
あんしん

離乳食の作り方・食べさせ方

まるわかりガイド

離乳食は、赤ちゃんにとって、はじめての「食べる」体験であるとともに、
ママとパパにとっても、作り方や食べさせ方など「はじめて」がいっぱい。
ここでは離乳食とは何かをまとめました。

何を食べさせるの？

最初は10倍がゆをひとさじ。次にくせのない野菜のペーストを体験。その後、少しずついろいろな食材に慣らしていきます。**赤ちゃんは消化器官が未発達なので、脂肪分や塩分の多い食品は避けるのが基本。**味つけも、5～6カ月ごろは基本的には野菜スープや和風だしで風味づけする程度に。**8カ月ごろからしょうゆやみそをほんの少量使えるようになります。**1才を過ぎても、味つけは大人の1/3程度の薄味に。

ここをチェック！

巻頭のとじ込みで「時期別 食べてよい食材一覧表」を紹介しています。

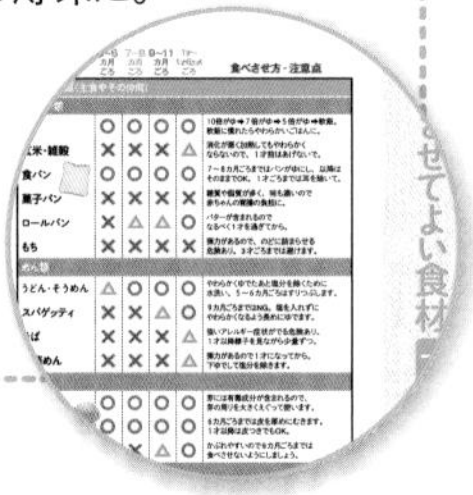

いつ食べさせるの？

離乳食が始まる5～6カ月ごろ（離乳初期）は、午前中の授乳の1回を離乳食にするのがおすすめ。**午前中にする理由は、下痢やアレルギー発作などの体調の変化があった場合に医療機関を受診しやすいからです。**7～8カ月ごろ（離乳中期）には午前と午後（もしくは夕方）の2回食になります。**栄養の約半分を離乳食からとるようになる9～11カ月ごろ（離乳後期）以降は朝・昼・夕の3回食に。**朝食をしっかりとって生活リズムを整えていきましょう。

ここをチェック！

時期ごとに1日のタイムスケジュール例を掲載しています。

どれくらいの量を食べさせるの？

最初はひとさじ程度の米の10倍がゆから始め、徐々に量を増やします。**本書ではおもな食材の1食分の目安量を紹介していますが、食べる量には個人差があります。**あせらず赤ちゃんのペースで食べさせましょう。

ここをチェック！

時期ごとに「1食分の目安量」を掲載しています。

どのように調理するの？

最終的には、大人と同じように固形物をかんで食べることができるようになるのが目標です。**赤ちゃんの発達に合わせたかたさ、大きさに調理します。**ステップアップしたメニューに挑戦したり、赤ちゃんが食べづらそうなら1段階戻したり、**様子を見ながらあせらず進めましょう。**

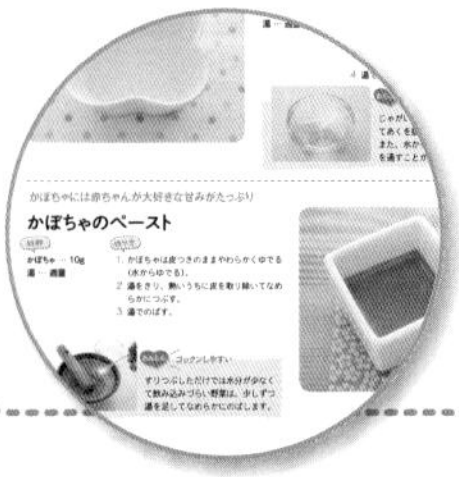

ここをチェック！

とくに悩みがちな5～6カ月ごろの調理法はレシピとともにプロセス写真も豊富に掲載！

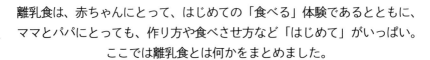

離乳食の基本の調理法

離乳期の赤ちゃんは、食べ物を飲み込む力やかむ力、消化器官が未発達。
赤ちゃんが食べやすいよう、ママやパパがサポートしてあげましょう。
ここでは、覚えておきたい調理法をご紹介します。

すりおろす

にんじんやかぶ、大根などはすりおろしたものを加熱するとすばやく火が通り、時間がないときに助かります。やわらかく煮た後にすりおろすと、よりなめらかに仕上がります。

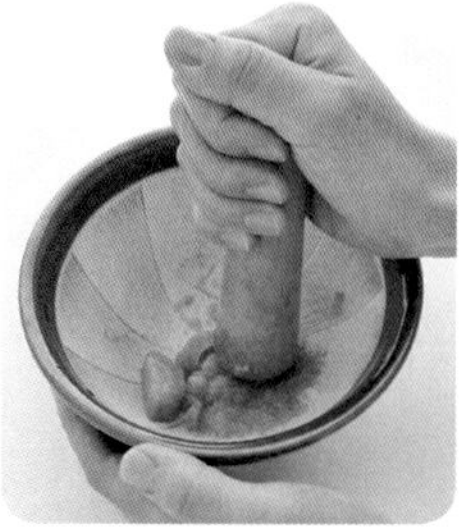

すりつぶす

やわらかくゆでた食材をなめらかにするため、すり鉢をしっかり持ち、すりこぎを前後・左右に動かします。繊維の多い葉物野菜などはこまかく刻んでからすりつぶします。

刻む

葉物野菜などはやわらかくゆでてから、最初のうちはこまかく刻みます。繊維を断つように、包丁を縦横に動かして刻むのがコツです。

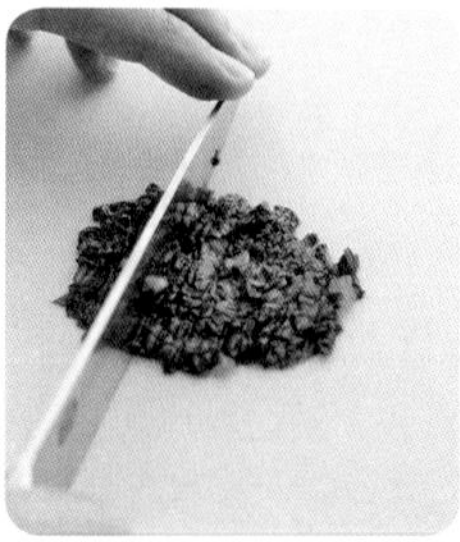

裏ごしする

すりつぶすよりもなめらかになるので、5～6カ月ごろなどに、とくにおすすめの調理法。裏ごし器に木べらなどを押しつけます。裏ごし器は小ぶりのものやベビー用のセットを使うと簡単です。

とろみづけ

パサパサしたものや、まとまりづらいものを食べやすくします。水溶き片栗粉を煮立て、赤ちゃんに合ったとろみ具合にした後、食材に混ぜると失敗しません。

のばす

すりつぶしたり裏ごししたりした食材に、湯や和風だし、野菜スープなどを加えて混ぜます。ゆるさを調整するため、水分は少しずつ加えます。

その他に覚えておきたい調理法

- かみ切りにくいトマトの皮➡湯むき（p.44）
- 塩分が多く含まれ消化に負担がかかるしらす干し
  ➡塩抜き（p.52）
- 水溶き片栗粉を使わずにとろみづけ
  ➡麩や高野豆腐を活用したとろみづけ（p.76）

ほぐす・つぶす

やわらかくゆでた後、じゃがいもはマッシャーやフォークでつぶします。時期に合わせて、かたまりを残しても。白身魚はフォークの先で身をくずし、鶏ささみは繊維に沿って手で小さく裂いてほぐすと簡単です。

らくらくあんしん 離乳食の最新トピックス まるわかりガイド

離乳食に対する考え方は、時代とともに変わってきています。まずは、厚生労働省が定める最新の「授乳・離乳の支援ガイド」に基づき、正しい情報をチェックしましょう。

離乳食の考え方は時代とともに変化しています

何もかもがはじめてのことだらけの離乳食作り。どんなものを、いつぐらいから食べさせればよいのか、悩むことも多いと思います。そんなとき、ひとつの指針となるのが、厚生労働省による「授乳・離乳の支援ガイド」。この本では、安心して離乳食を進められるよう、最新のガイドラインに沿った進め方を紹介しています。

たとえば、卵の進め方は、生後5～6カ月ごろ、しっかりとかたゆでにした卵黄から始めます。分量は、耳かき1杯分くらいからスタートしましょう。

それともうひとつ知っておきたいのは、母乳育児の場合、生後6～7カ月ごろから、鉄とビタミンDが不足しないように注意する、ということ。最新の研究によると、母乳だけでは、鉄、ビタミンDなどの栄養が次第に不足しがちになることがわかりました。これらの栄養成分を含むベビーフードも上手に活用しながら進めましょう。

「授乳・離乳の支援ガイド」って何？

安心して離乳食を進められるよう厚生労働省が定めたガイドライン

「授乳・離乳の支援ガイド」は、医師・助産師・保健師・管理栄養士など、赤ちゃんに関わる仕事をする保健医療従事者が、授乳や離乳食に関する基本的な事柄を共有するために、厚生労働省が作成したガイドラインです。2019年には12年ぶりの改定が行われ、新しい科学的知見や、赤ちゃんを産み育てる環境の変化に合わせて、情報がアップデートされました。

トピック1

卵の進め方を知っておこう

生後5～6カ月ごろ、かたゆでにした卵黄耳かき1杯分からスタート

最近の研究結果によると、「特定の食物の摂取開始を遅らせても食物アレルギーの予防効果があるという科学的根拠はない」とされていますが、はじめての食材は慎重に進めましょう。とくに、もっとも乳児に多いとされる卵アレルギーには要注意。

生後5～6カ月ごろ、まずは脂肪分が少なく消化吸収されやすい白身魚や豆腐からはじめ、慣れてきたら、しっかりとかたゆでにした卵黄をあげます。分量は、ほんの少し、耳かき1杯分くらいからスタート。問題がないようであれば、翌日は2杯分、その次の日は4杯分、というように、3日間かけて少しずつ増やします。また、アレルギー症状が出た場合にすぐ病院へ行けるよう、卵デビューは平日の午前中に。

注意 アレルギーの可能性がある場合は自己判断せず、かかりつけ医に相談を

はじめて卵を食べさせるのは、赤ちゃんの体調がよい日にしましょう。また、赤ちゃんに湿疹が見られるなど、食物アレルギーの可能性が考えられる場合は、自己判断で離乳食を進めず、必ずかかりつけ医の指導に従ってください。万が一、おう吐や発疹などの症状が出た場合は、すぐに病院を受診して。

卵の進め方例

離乳初期 5～6カ月

卵黄耳かき1杯分～

加熱より生、卵黄よりも卵白のほうがアレルギーを起こしやすいので、最初はかたゆで卵の卵黄からスタート。耳かき1杯からはじめ、倍量に増やしていきます。パサつかないよう、おかゆや野菜のペーストに混ぜるとよいでしょう。

離乳中期 7～8カ月

卵黄1個～全卵1/2個

卵黄に慣れたら、卵白にもチャレンジ。卵黄のときと同様に、しっかりとかたゆでにした卵の卵白を耳かき1杯分から始めましょう。これで問題がなければ全卵に進みます。溶き卵を使うときも、しっかりと加熱することがポイント。

離乳後期 9～11カ月

全卵1/2個

順調に進んでいけば、生後9～11カ月ごろには、全卵1/2個ほどを食べられるようになります。ゆで卵は、スプーンで軽くくずしながら食べさせましょう。むせないように、汁ものと一緒にあげるのがおすすめです。

離乳完了期 1才～1才6カ月ごろ

全卵1/2～2/3個

生後1才～1才6カ月ごろの離乳完了期には、全卵2/3個まで食べられるようになります。炒り卵、卵焼き、錦糸卵など、バラエティーに富んだ卵料理が楽しめます。フレンチトーストやパンケーキなどのおやつもおすすめです。

トピック2

母乳育児の場合は鉄・ビタミンD不足に気をつけよう

6~7カ月ごろから栄養不足になることも

母乳には、赤ちゃんの成長に必要な栄養がバランスよく含まれています。そのため、生後6カ月くらいまでは、母乳だけでスクスクと育っていきます。しかし、最近の研究結果によると、生後6~7カ月ごろから、母乳だけでは、鉄とビタミンDが不足しがちになることが指摘されています。

鉄が不足すると、赤ちゃんでも鉄欠乏性貧血になり、わずかな刺激で泣いてしまったり、注意力が散漫になって落ちつきがなくなったりすることも。また、ビタミンDは骨の成長に欠かせない栄養素です。

離乳食をスタートして1カ月くらいたったころからは、下記の食材を離乳食に取り入れるようにしましょう。そのほか、ベビーフードや粉ミルクを活用するのも手です。

月齢別 離乳食に使いやすい鉄・ビタミンDを含む食材

月齢	鉄を多く含む食材	ビタミンDを多く含む食材
生後6カ月ごろから	ほうれん草、卵黄	しらす
離乳中期（7～8カ月ごろ）	上記＋小松菜、レバー、ツナ缶、納豆、高野豆腐	上記＋さけ、卵黄
離乳後期（9～11カ月ごろ）	上記＋牛肉（赤身肉）、まぐろ	上記＋さんま、いわし
離乳完了期（1才～1才6カ月ごろ）	上記と同じ	上記＋干ししいたけ（すりおろしてだし汁に加える）

CHECK

ベビーフードも上手に利用しよう

レバーや魚介など、鉄・ビタミンDを多く含む食材の中には、毎日の離乳食にはちょっと使いづらいものも。市販のベビーフードなら、こうした食材もめんどうな下処理不要で、月齢ごとに赤ちゃんが食べやすい状態に加工されています。保存もきくので上手に活用しましょう。

粉ミルク&フォローアップミルクも活用

市販の粉ミルク、フォローアップミルクには、鉄やビタミンDなどの栄養がバランスよく含まれています。母乳育児のママも、生後6カ月くらいから離乳食の材料に粉ミルクを使い補ってゆくのもひとつの方法です。フォローアップミルクは、離乳後期の9カ月ごろから使います。

トピック3

「補完食」の考え方も知っておこう

WHOが提唱する赤ちゃんのための食事

「補完食」とは、ＷＨＯ（世界保健機関）が提唱する、赤ちゃんの成長に必要な栄養を補うための食事のこと。「離乳食とどう違うの？」と思う人もいるかもしれません。

日本の厚生労働省による最新のガイドラインでは、離乳食を「成長に伴い、母乳又は育児用ミルク等の乳汁だけでは不足してくるエネルギーや栄養素を補完するために与えられる食事」と定義づけています。

つまり、母乳やミルクだけでは足りない栄養・エネルギーを補完するという意味では「補完食」も「離乳食」も目ざすところは同じといえます。大切なのは、赤ちゃんが順調に成長しているか、元気で過ごせているか、ということ。離乳食は「乳」から「離れる」と書くため、早く卒乳させなくては、とプレッシャーを感じる人もいるかもしれませんが、授乳のリズムに沿っていれば、離乳食がスタートしてからも、母乳やミルクは赤ちゃんがほしがるだけ与えてゆくという考え方です。

補完食の考え方

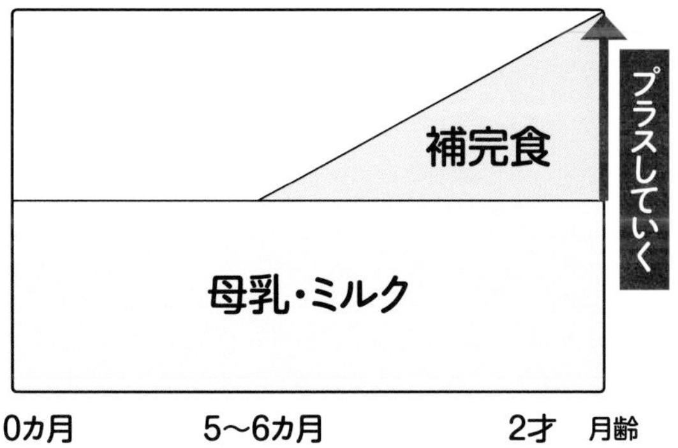

母乳・ミルクにプラスして足りない栄養素を補う

生後５〜６カ月くらいから、母乳やミルクだけでは足りなくなってきた栄養やエネルギーを補うためにプラスする食事という考え方です。母乳やミルクの量を無理に減らす必要はなく、授乳のリズムに沿っていれば、自然と減ってくるのにまかせてゆくと考えます。

かつての離乳食の考え方

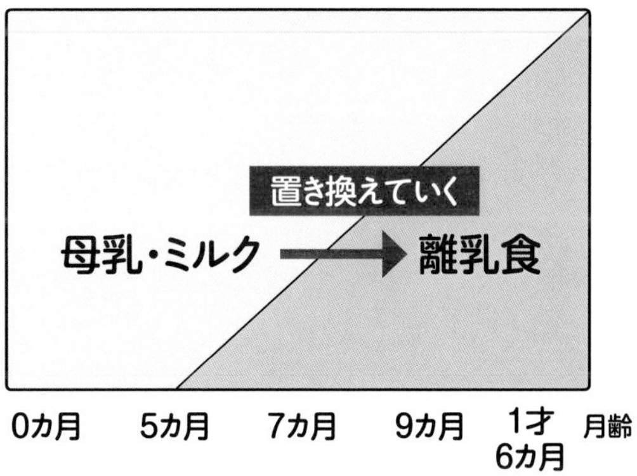

母乳・ミルクから少しずつ置き換えていく

かつての離乳食は、生後５カ月くらいまで100パーセント母乳やミルクから栄養をとっていた赤ちゃんが、少しずつ大人と同じ食事へと移行していくために、徐々に母乳・ミルクをやめて置き換えていくものという考え方でした。

必ずお読みください

本書の使い方・調理の決まりごと

本書では、はじめてママとパパが、らくらく・あんしんな気持ちで離乳食を始められるよう、わかりやすく丁寧に、役立つ情報を満載しました。ここでは、本書をより活用できるポイントを紹介しています。

赤ちゃんの食事量がわかりやすい！

材料表記

- 材料の分量はとくに記載がない限り、1食分です。調理台にいつもスケールを置いておき、多めに作って赤ちゃんにあげる量だけ計量すると、目安量が量りやすいです。ただしあくまでも目安なので、食べさせる量は赤ちゃんの食欲や体調に合わせて調整してください。
- 材料のグラム数は、とくに記載がないものはすべて正味（余分な部分を取り除いた食べられる部分）の分量を記載しています。
- 「適宜」と記してある材料は好みで用意してください。なお、写真上の栄養表示には含めていません。

レシピの見方

本書のレシピに登場するマークや材料表記についての見方をまとめました。

炭水化物　たんぱく質　ビタミン・ミネラル

アレンジレシピ　材料のうどんをそうめん（乾めん）5gに変えてもよい。作り方は同様にする。

食感の違いが楽しい

豆腐とにんじんのうどんがゆ

材料

うどん（乾めん）… 5g
湯 … 適量
豆腐（絹ごし）… 10g
にんじん … 10g

作り方

1. うどんはやわらかくゆでて冷水にとり、洗う。刻んですりつぶし、湯でのばす。
2. 豆腐はゆでる。にんじんは皮をむいて水からやわらかくゆでる。それぞれ裏ごしするか、すりつぶす。
3. 1に2をのせる。

あんしん　めんは洗ってぬめりを取る

乾めんは塩分や油分を落とすため、やわらかくゆでてから水洗いします。流水で洗ってもOK。

はじめてママ&パパをサポート！

「らくらく」「あんしん」ポイント

らくらく　あんしん

調理の際や、離乳食を赤ちゃんに食べさせる際に、ママやパパの負担や不安を減らすコツを紹介します。他のレシピに応用できることもあるので覚えておくと便利。

ひと目でわかる！

アレルゲンマーク

- 小麦粉が含まれるもの
- 卵が含まれるもの
- 乳製品が含まれるもの
- えびが含まれるもの

レシピの材料に特定原材料７品目が含まれる場合はマークで表示しています。除去食を進める場合の参考にしてください。食物アレルギーについては、健康にかかわることなので、自己判断や思い込みで除去したりせず、医師の指導に従ってください。

※特定原材料７品目のうち、「かに」「そば」「落花生」については本書のレシピでは使用していません。

調理・調理器具について

- レシピの1カップは200㎖、大さじ1は15㎖、小さじ1は5㎖（㎖はccと同じ）です。
- 文中に出てくる赤ちゃんに食べさせるときの「ひとさじ」は赤ちゃん用スプーンですくったひとさじのことを表しています。
- 鍋は小さいサイズ（本書では直径15㎝）のもの、フライパンはフッ素樹脂加工のものを使用しています。
- 火加減はとくに記載がない場合、基本的に中火で調理してください。中火とは、鍋の底に炎の先が当たるか当たらないかくらいの状態です。

電子レンジ・オーブントースターについて

- 電子レンジの加熱時間は600Wのものを基準にしています。500Wの場合は1.2倍、700Wの場合は0.8倍してください。
- 電子レンジを使用する際は、器などは電子レンジ対応のものをお使いください。
- 電子レンジで解凍するときは、熱い部分と冷たい部分ができることがあります。加熱後に取り出して混ぜてみて、冷たい部分が残っているようなら、様子を見ながら加熱時間を数秒ずつ追加して調整してください。
- 電子レンジで液体を加熱すると、急激な沸騰を起こし、液体が飛び散る（突沸）場合があります。やけどの原因になるのでご注意ください。
- オーブントースターやオーブンは機種により加熱時間が異なります。加熱時間は目安として、様子を見ながら調整してください。

食材について

- 新鮮なもの、旬のもの、添加物の少ないものを選びましょう。

だし汁・野菜スープ

だし汁は削り節と昆布でとったものです。野菜スープとは、キャベツやにんじんなどの野菜でとったスープです。市販のだしの素やスープの素ではなく、手作りするかBF（ベビーフード）をお使いください。

水溶き片栗粉

片栗粉と水を1：2の割合で溶いたものです。しばらく置いておくと片栗粉が沈むため、材料に加えるときによく混ぜましょう。

調乳ミルク

市販の赤ちゃん用の粉ミルクを規定の分量・温度の湯で溶いたものです。同量の液体ミルクを使用してもOKです。

油

なるべく高温で化学処理していない良質な油を選ぶことをおすすめします。

進め方・あげ方について

- 本書は、厚生労働省「授乳・離乳の支援ガイド」（2019年改定版）に基づいて製作されていますが、各月齢の離乳食のかたさ、進め方などは目安です。個人差があるため、赤ちゃんの成長に合わせて様子を見ながら対応してください。
- 食物アレルギーの心配がある場合や、そう診断されている場合は医師の指導に従ってください。

栄養バランスがとりやすい！

おもな栄養素

炭水化物　たんぱく質　ビタミン・ミネラル

それぞれのレシピに含まれるおもな栄養素について「炭水化物」「たんぱく質」「ビタミン・ミネラル」の3種類に分けて表示しています。
献立は、「炭水化物」「たんぱく質」「ビタミン・ミネラル」がそろうように組み合わせると、栄養バランスがとりやすくなります（p.22参照）。

簡単に離乳食のレパートリーが増える！

アレンジレシピ

レシピの材料や作り方をちょっと変えるだけで、別のレシピにするアレンジ方法を紹介。日々の献立にバリエーションをつけたいときや、家にある食材を使い切りたいときなどにご活用ください。

最新改訂版
らくらくあんしん 離乳食
CONTENTS

とじ込み

ステップ1 離乳初期 5～6カ月ごろ

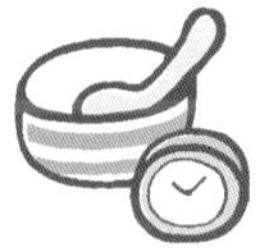

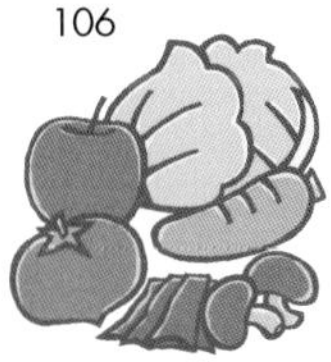

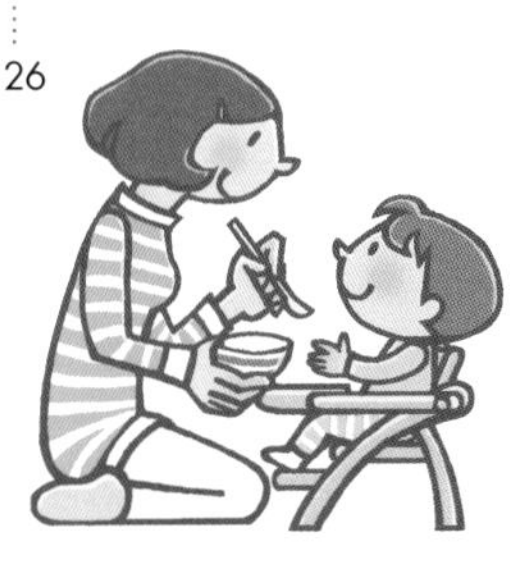

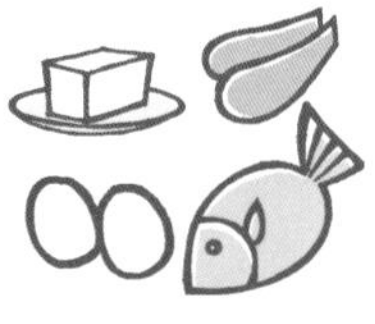

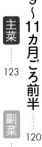

これだけは
知って
おきたい！

離乳食を始める前に

「離乳食って何?」「どうして大人と違う料理を作る必要があるの?」「献立や栄養バランス、味つけは?」「準備しなきゃいけないものは?」などの疑問にお答えします。離乳食を始める前に知っておきたい、基本的なポイントをまとめました。

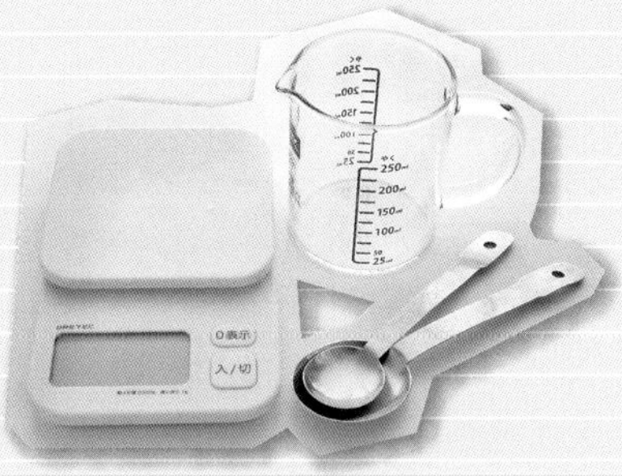

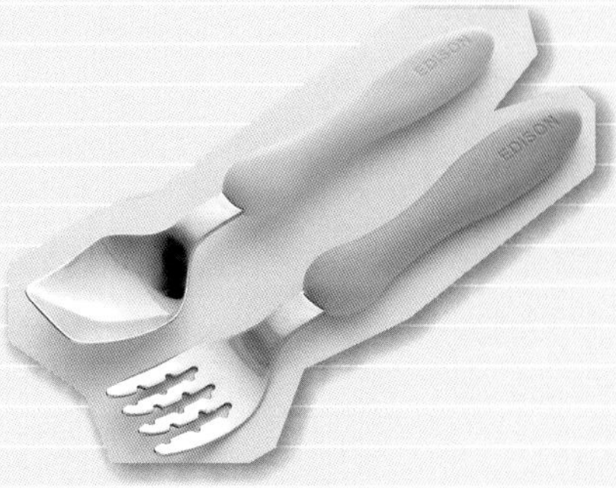

離乳食の役割

離乳食を始める前に、離乳食の役割について知っておきましょう。
離乳食が赤ちゃんにとってどのような意味を持つのかを理解できると、
離乳食を食べさせることがママやパパにとって楽しく、意義のあるものに。

離乳食は、将来の食生活の基礎を作るもの

私たちは食事をすることで栄養を補給して命をつなぎ、体を作り、心を豊かにしていきます。そのスタートになる**離乳食には、将来の食生活の基礎を作るという大切な役割があります。**成長著しい時期に、しっかりと栄養を補うことは、心身の発達の基本を培います。また、赤ちゃんは離乳食を通してかむことの基本を学習します。**食べ物を「取り込む」「かむ」「飲み込む」という、食べるために必要な一連の動きを、生後5～6カ月ごろから1年ほどかけて練習**し、少しずつ上手になっていきます。

いろいろな食材をたくさん食べてほしくて、「食べさせること」に一生懸命になってしまいがちですが、**離乳食で大切なのは、赤ちゃんの気持ちに沿って進めること。赤ちゃんが「食べることは楽しい」という気持ちを、離乳食を食べさせてくれる人と共感できることが大切です。**なかなか次に進まなかったり、食べすぎたりすることもありますが、赤ちゃんのペースに合わせてサポートしながら見守りましょう。

離乳食は「食べる」練習

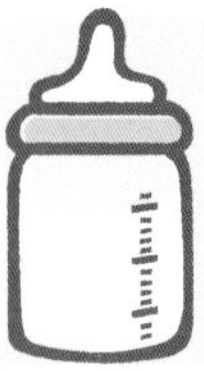

0～4カ月ごろ
赤ちゃんは母乳やミルクだけで栄養補給。

5カ月～1才6カ月ごろ
離乳食を通して食べ物からも栄養がとれるように。

1才7カ月～5才ごろ
幼児食（➡p.185参照）に移行。健康な心身を作る食生活の土台になる。

離乳食を作るとき、食べさせるときに意識したい

離乳食の6つの役割

1 固形物を食べられるようになる練習

母乳やミルクを飲むのと、固形物をかんで食べるのとでは、口の動きが異なります。離乳食は、固形物が食べられるようになるための練習期間。**赤ちゃんの成長に合わせて食材の形状や調理法を変え、段階を追って固形物を食べる練習をしていきます。**赤ちゃんは意思を持っていますので、その気持ちを「聞く」という意識で進めていきます。

ここがポイント！

赤ちゃんの発育・発達や月齢に合わせて、離乳食は4段階に分かれます（➡p.20～21参照）。少しずつステップアップを。

2 成長のために必要な栄養を補給

赤ちゃんの成長にはたくさんの栄養が必要です。**月齢が低い間は母乳やミルクで十分に栄養をまかなえますが、成長するに従って母乳やミルクだけでは栄養不足に。**6カ月ごろになると、胎内でママからもらった鉄なども減ってくるため、さらに多くの栄養素が必要となり、それらを離乳食で補います。

ここがポイント！

5～6カ月ごろは母乳やミルクが栄養補給の中心。1日2回食になるころから、少しずつ栄養バランスを考え、鉄などの補給を心がけて。

3 段階的にかむ力を育てる

赤ちゃんの口まわり（舌、あご、歯など）の機能や消化器官は急速に発達するので、その段階に合わせた大きさやかたさの離乳食にして、かむ力を育てましょう。**その時期の赤ちゃんが食べやすい形状のものをあげることで、赤ちゃんが食べることに意欲的になり、自然とかむ力が育まれます。**

ここがポイント！

食が進まないときは、赤ちゃんの口の動きを見て、食べにくい形状ではないか見直してみましょう。

4 いろいろな味と香りを体験する

人の口の中には、味を感じるセンサーのような役割をする「味細胞」があり、それは赤ちゃん時代の舌に一番多いといわれています。**離乳食で食材本来の味や香りをたくさん経験すると、味覚の発達にとてもよい影響を与えます。**段階に合わせて食材を増やし、いろいろな味を楽しませてあげましょう。

ここがポイント！

離乳食は食材そのものの味や香りを体験し、慣れるための食事なので、薄味が基本です。

5 家族で食卓を囲んで食べる楽しさを知る

食事をおいしいと感じるには、食材そのものの味や香りだけでなく、食卓の雰囲気も大事。**ママやパパが心配そうにしたりイライラしたりしていると、赤ちゃんはそれを感じて緊張してしまうことも。**離乳食が1日3回になるころには大人もいっしょに食事をして、家族で食卓を囲む楽しさも伝えて。

ここがポイント！

大人もできるだけリラックスして食事ができる環境を整えましょう。

6 食文化を身につける

離乳食は、ママやパパが食べてきた料理をベースにした食文化を伝える役割も担っています。たとえば、**家族が和食中心の食生活なら、赤ちゃんが食べる離乳食も和食中心になり、その食文化を身につけることができます。**食材は新鮮な旬のものや、できるだけ農薬、添加物が少ないものを選びます。

ここがポイント！

薄味の和食は、自然と健康的な食習慣を身につけることにもつながります。

離乳食の進め方

体の発育・発達とともに、赤ちゃんの摂食機能も変化していきます。
その時期の発達に合わせた離乳食を食べさせることで、赤ちゃんは食べる楽しさを
実感できるようになります。4つのステップで離乳食を進めましょう。

ステップ1 離乳初期

5〜6ヵ月ごろ

ポタージュ状からヨーグルト状のものを飲み込めるように

唇で食べ物を取り込んだ後、口を閉じて舌で前から奥に送り、息を止めてゴックンと飲み込めるようになります。歯ぐきで食べ物をつぶすこともできないので、**すべての食材をとろとろのポタージュ状やヨーグルト状にしてあげます。**

かたさの目安 ポタージュ状からヨーグルト状
なめらかにすりつぶした状態

栄養は母乳やミルクから。離乳食は飲み込む練習

栄養の中心は母乳やミルク。口に取り込んで飲み込む練習をする時期なので、**離乳食から栄養をとることはまだ考えないでOK。食べる量にはこだわらないで。**米の10倍がゆから始め、赤ちゃんの様子を見ながら野菜、たんぱく質を加えていきます。慣れてきたら主食も9〜8倍がゆに。

離乳食の回数と時間の目安

1日1〜2回

午前10時ごろ
(2回目は午後2時か6時ごろ)

ステップ2 離乳中期

7〜8ヵ月ごろ

絹ごし豆腐程度のかたさのものをつぶせるように

前歯が生え始めます。また、下あごが発達して口の中が広くなるので、舌を上下に動かせるようになります。**絹ごし豆腐くらいのかたさのものなら、舌で上あごに押しつけてつぶせるようになります。**自分でつぶして食べる楽しさを味わわせてあげましょう。

かたさの目安 絹ごし豆腐
舌でつぶせるかたさ

様子を見ながらいろいろな食材に挑戦

2回食に慣れていく時期。母乳やミルクもしっかり飲みますが、味覚を広げることが大切なので、様子を見ながらいろいろなメニューに挑戦を。**母乳育児の場合は鉄などが不足してくるため、ほうれん草、レバー、赤身のひき肉や魚**などを取り入れて。ベビーフードを利用するのも手。

離乳食の回数と時間の目安

1日2回

午前10時ごろ
午後6時ごろ

ステップアップはゆるやかに

離乳食の進め方で気をつけたいのはスタート時期。赤ちゃんが食べたそうにしていても、**消化器官が十分に発達していない5カ月未満で離乳食を始めるのは避けましょう。**ただし、胎内でママからもらった鉄などの栄養が6～7カ月ごろには少なくなってしまうので、遅くとも6カ月になったら離乳食を始めるようにしましょう。

また、ステップアップの仕方も重要です。**急にすべてのメニューをレベルアップさせず、献立の中に次のステップのメニューを1品加えるなど、ゆるやかに移行しましょう。**

離乳食の進み方や食べる量は個人差が大きいものです。「本の目安通りに進まない」と悩むママやパパは多いのですが、**おおらかな気持ちで赤ちゃんのペースを見守りましょう。**

ステップ3 離乳後期

9～11カ月ごろ

バナナ程度のかたさのものをかむことができるように

さらに口の中が広くなり、舌を複雑に動かせるようになることで、咀《そ》嚼《しゃく》の基礎を覚えていきます。そのため、舌と上あごではつぶせなかった**バナナ程度のかたさのものを、舌で移動させて上下の歯ぐきでつぶせるようになります。**また、**手づかみ食べも始まります。**

かたさの目安 バナナ
歯ぐきでつぶせるかたさ

離乳食での栄養補給が重要になります

この時期の栄養源の割合は、離乳食6に対して、母乳やミルクは4程度の比率が目安。固形物の離乳食から栄養を補給することが大切になってきます。食べられる食材が増えてくる時期なので、少しずつ栄養バランスのよい献立作りを意識しましょう。

離乳食の回数と時間の目安

1日3回
午前10時ごろ
午後2時ごろ
午後6時ごろ

ステップ4 離乳完了期

1才～1才6カ月ごろ

肉だんごを前歯でかじり取り、奥歯でかみつぶせます

上下の前歯がそろって奥歯も生え始めるので、肉だんごのようなものを前歯でかみ切り、奥歯や歯ぐきでかみつぶして食べられます。**指先の機能が発達することで、つまんで食べることもできるようになります。**栄養の大部分を食事からとれるようになります。

かたさの目安 肉だんご
生え始めの奥歯や歯ぐきでかみつぶせるかたさ

栄養バランスのよい1日3回の食事におやつを加えて

主食・主菜・副菜がそろった、バランスのよい離乳食を1日3回食べさせましょう。ほぼ食事から栄養をとるようになりますが、一度に食べられる量が少なく、1日3食の離乳食だけでは栄養が不足気味に。1日1～2回の補食（おやつ）で栄養を補います。

離乳食の回数と時間の目安

1日3回+補食
午前7時半ごろ
正午ごろ
午後6時ごろ
午前10時ごろ、午後3時ごろ（補食）

栄養バランスと味つけ

赤ちゃんは1回に食べる量が少ないから、必要な栄養素がとれているのか
気になるママやパパも多いのではないでしょうか。
栄養バランスを整えるための「らくらく・あんしん」な方法を考えてみました。

離乳食がメインになったら栄養バランスが重要

離乳食のステップが進むにつれ、離乳食も栄養バランスが重要になります。とはいっても、むずかしく考えなくて大丈夫。左のページで紹介しているように、食材を「**主食**（炭水化物）＝ごはん、パン、めん、いも類など」「**主菜**（たんぱく質）＝魚、肉、大豆製品、乳製品、卵など」「**副菜**（ビタミン・ミネラル）＝野菜、果物、きのこや海藻類など」の3つに分け、それらを組み合わせればよいのです。**「主食＋主菜＋副菜」を組み合わせれば自然と栄養バランスが整います。**

食材の種類や食べる量が増えてくる7～8カ月ごろから、少しずつ主食・主菜・副菜がそろうような献立を意識し始めましょう。ただし、この時期の栄養の中心はまだ母乳やミルク。**栄養バランスに関してはおおらかにかまえ、赤ちゃんがしっかり口を閉じて、意欲的に食べる姿を大切にしましょう。**

3回食になる9～11カ月ごろになると、栄養の半分以上を離乳食からとるようになるので、栄養バランスのよい献立を考えましょう。

らくらく　毎食3品用意しなくてもOK!

「主食＋主菜＋副菜」の献立は、あくまでも栄養素をバランスよくとるための目安。毎食必ず3品用意しなければいけないわけではありません。たとえば主食が野菜入りのおかゆなら、そこに副菜の要素も含まれているので、主菜を追加すればOK。具だくさんのうどんなど、1品で主食・主菜・副菜がまかなえるメニューもあります。

あんしん　2～3日の中でバランスがとれていればOK!

栄養バランスがとれた献立を作っても、赤ちゃんが残したり遊び食べをしたりして、完食しないのはよくあること。あまり悩まず、2～3日くらいの期間で見て、バランスがとれていれば大丈夫です。

「大根と青菜のおかゆ」(p.82)には野菜が入っているので、主菜の「モグモグ豆腐 しらすのせ」(p.85)をそえれば栄養バランスが整います。

「にんじんとしらすのうどん」(p.84)のように、主食・主菜・副菜の要素が入っているメニューなら1品でも栄養バランス◎。

これだけ覚えておけばOK!

栄養バランスを整えるための3つのグループ

主食 体や脳を動かすもとになる炭水化物

炭水化物を多く含む、ごはん、パン、うどんやそうめんなどのめん類、いも類など。**脳や神経系、筋肉などのエネルギー源になります。**離乳食は食文化を身につけるものでもあるため、主食の中心は米にするのがおすすめ。合わせる献立も自然とヘルシーな和食メニューになります。

例 ごはん、パン、めん、いも類など

主菜 筋肉や血を作るたんぱく質

たんぱく質は、魚、肉、大豆製品（豆腐や納豆など）、乳製品（牛乳やチーズなど）、卵などに多く含まれ、血や筋肉を作ります。**脂肪分の少ない豆腐や白身魚などの食材から慣らしていき、植物性たんぱく質と動物性たんぱく質をバランスよく組み合わせます。**2～3回食になったらしっかりとるように意識したいですが、とりすぎると内臓に負担がかかるので、適量を守りましょう。

例 動物性たんぱく質…魚、肉、牛乳などの乳製品、卵
植物性たんぱく質…豆腐などの大豆製品

副菜 体の調子を整えるビタミン・ミネラル

野菜、果物、きのこや海藻類に豊富なビタミン・ミネラルは、どちらも体の調子を整えるのに欠かせない栄養素です。ビタミンは免疫力を高めたり、栄養素の吸収を高め、ミネラルは骨や歯を丈夫にします。ビタミン・ミネラルには多くの種類があり、含まれる食材や作用が違います。まんべんなく栄養をとるために、**いろいろな種類の野菜、果物、きのこや海藻類を取り入れましょう。**

例 野菜、果物、きのこや海藻など

本書の主食・主菜・副菜のレシピでは、どのグループの食品がおもに使われているかを右のマークで表しています。 炭水化物 たんぱく質 ビタミン・ミネラル

離乳食作りで活躍する道具

離乳食の調理や食事に必要な調理器具や食器などの小物をまとめました。いずれも、使った後はきちんと洗って清潔に保つようにしましょう。衛生面を考えると赤ちゃん専用のものを用意すると安心です。

食事のとき

スプーンやフォーク

5〜8カ月ごろは、食べ物を取り込みやすい小さめの平たいスプーン（写真上）がおすすめ。9〜11カ月ごろ（離乳後期）になったら、くぼみのあるスプーンに。自分で持つようになったら、赤ちゃんが握りやすく使いやすいスプーンやフォーク（写真下）を用意しましょう。

あんしん　ちょっとの工夫でパクパク食べる！

赤ちゃんが離乳食をいやがるときは、離乳食のかたさや舌触りなどの問題の他に、スプーンの素材や大きさが合わない場合も。違うスプーンに変えてみたら食が進むこともあるので、試してみてもよいでしょう。

食器

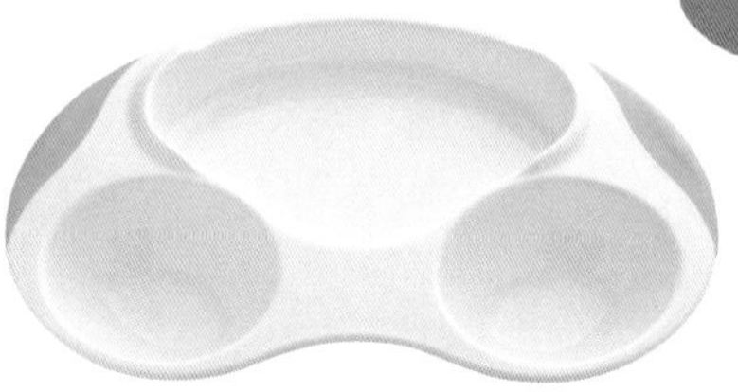

赤ちゃんの月齢に合わせて深さや形状が考慮されている専用のものを用意してもよいでしょう。ワンプレート型や、小さな器やお皿がセットになったタイプなどさまざまあります。

スタイ

赤ちゃんが食べるときの汚れ防止に活躍するのがスタイです。食べこぼしを防ぐポケットつきのものや、樹脂製で食器と同じように洗えるもの、手首までカバーする洋服タイプのものなどさまざまあります。

らくらく　コレひとつ用意すればOK！

離乳食を作る際によく使う調理道具がひとつになった離乳食作りセットもあります。小さいおろし器や裏ごし器は洗い物の手間も軽くなるので、少量の離乳食作りに便利です。

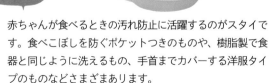

調理のとき

すり鉢・すりこぎ

やわらかくゆでた食材をすりつぶすのに使います。離乳食を作るときは1回の量が少ないので、**小さなすり鉢やすりこぎがあると便利**です。

すりおろし器

食材をすりおろすのに使います。写真のように受け皿つきのものや板状のものなどさまざまなタイプがありますが、使いやすいものでOK。

裏ごし器

離乳食初期に、食材を裏ごしするときに使います。**茶こしで代用**できる場合もあります。

らくらく 大人の食事といっしょに作って時間短縮！

ゆでた食材の湯をきるときや、少量をゆでるときは手ざるが便利。鍋にセットすると大人用の料理といっしょに加熱できるので調理時間の短縮になります。みそこし器を使ってもOK。

マッシャー

やわらかくゆでた食材をつぶすときに使います。時期に合わせてかたまりを残すなど、つぶし方を変えます。
フォークでも代用できます。

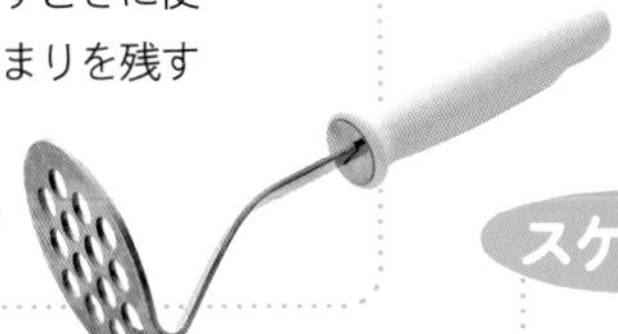

スケール・計量カップ・計量スプーン

いずれもレシピを見ながら調理をするときに必要。スケールは1gから量れる薄型のものが便利です。

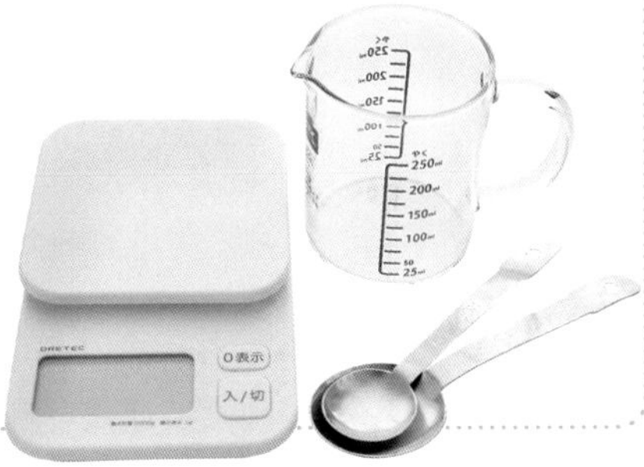

まな板・包丁・キッチンばさみ

少量の食材を切るときは、小さなまな板と包丁を使うと場所をとらず洗い物もらくです。小さいと熱湯消毒しやすいのもうれしいところ。キッチンばさみも、葉物野菜の葉先やめん類などを切るときに便利です。

小鍋・フライパン

少量を調理するので小さい鍋やフライパンが大活躍。フライパンはサイズの合ったふたを用意しておくのがおすすめ。9〜11カ月ごろ以降に登場する「炒め煮」の調理で、蒸して赤ちゃんが食べやすいやわらかさに加熱できます。

和風だし・野菜スープの作り方

だし汁や野菜スープは手作りすると素材のうまみが出て、
薄味でもおいしく感じます。ここでは、和食の基本である和風だしの作り方と、
幅広く使える野菜スープの作り方を紹介します。

和風だし

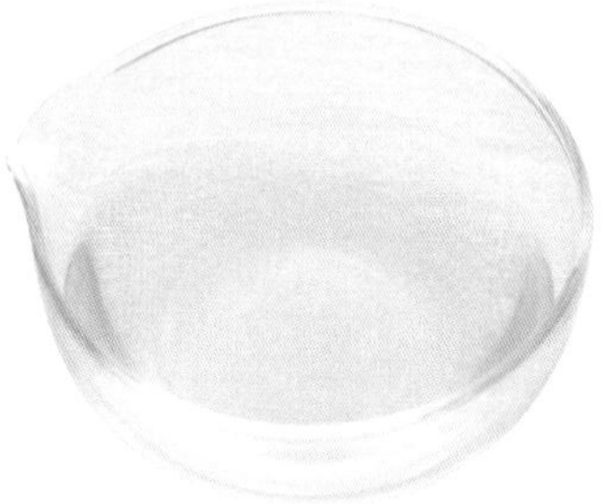

材料　（できあがり2カップ程度）

水 … 2と1/2カップ（500mℓ）
削り節 … 8g
昆布 … 4g（3cm角2枚程度）

作り方

1. 鍋に分量の水と昆布を入れ、昆布がふっくらするまで15～20分程度おく。弱火にかけ、煮立つ直前に（昆布の表面に小さな泡がたったら）、昆布を取り出す。

2. 強火にかけ、沸騰したら削り節を入れる。すぐに火を止める。

3. 削り節が沈んだら、万能こし器でこす（こし器がない場合はざるにペーパータオルを敷いてもよい）。

保存や使い方のポイント　和風だしは冷蔵庫で3日程度保存できます。製氷皿に１回量ずつ小分けして冷凍しても便利です（ふたつきの製氷皿がおすすめ➡p.39参照）。いずれの保存法も、使うときは必ず加熱します。

らくらく　浸けておくだけでだしがとれる！

昆布だし

水２カップに昆布３cm角２枚を入れて３時間以上浸けておくだけで完成。加熱して使いましょう。

かつおだし

熱湯に削り節１パック（３ｇ）を入れて5分ほどおいておきます。こして使いましょう。

和風だし・野菜スープ 活用のコツ

市販品はこう使おう

インスタントだしは手軽で使いやすいのですが、塩や砂糖、酸味料やアミノ酸などを加えて作られています。塩分が強いと消化器官に負担がかかるので、赤ちゃんには手作りかBF（ベビーフード）のだしを使いましょう。**市販のだしパックを使う場合は、塩分や調味料（アミノ酸など）が添加されていないものを選び、大人の1/3～1/2程度に薄めて使います。**

だし汁やスープを食卓に

離乳食を食べさせるときに食卓にだし汁や野菜スープを用意しておくと、パサついて食べにくいメニューもその場でのばして食べやすくできます。**風味が増すので、赤ちゃんの食が進まない場合にもおすすめの方法です。**

野菜スープ

材料（できあがり2カップ程度）

水 … 2と1/2カップ（500mℓ）
好みの野菜 … 合わせて200～250g

ここではキャベツ、にんじん、玉ねぎ、大根を各50g使用。白菜やかぶなど、くせのない野菜を3～4種類使うとおいしくできます。スープに色がつくのが気にならなければうまみの出るトマトを使ってもOK

作り方

1. 野菜は1㎝角に小さく切る。

2. 鍋に分量の水と1を入れて火にかける。煮立ったら弱火にして20分ほどコトコト煮る。

3. 万能こし器でこす（こし器がない場合はざるにペーパータオルを敷いてもよい）。

保存や使い方のポイント 野菜スープは冷蔵庫で3日程度保存できます。製氷皿に1回量ずつ小分けして冷凍しても便利です。スープをとった後の野菜も、同様に保存できます。いずれも、使うときは必ず加熱します。

らくらく 残った野菜でプラス1品！

赤ちゃん用野菜ペースト

スープをこした後のゆで野菜は、冷蔵や冷凍保存をして離乳食に使えます。5～6カ月ごろの赤ちゃんならなめらかにすりつぶし、7～8カ月以降ならその時期に合わせた大きさに刻めばOK。だしやミルクなどで煮れば副菜になります。

ママ&パパ用に

お浸しやごまあえにしたり、みそ汁の具やポタージュにしてもよいでしょう。

家にある
道具が使える!

離乳食 お役立ちグッズ

100円ショップも
大活躍!

スタイクリップ

スタイクリップ(マルチクリップ)は長さを調節できるひもの両端が、洗濯ばさみのようにクリップになっているもの。ガーゼやハンドタオルをスタイとして使うことができます。赤ちゃん用品が販売されているお店や100円ショップで購入できます。

らくらく タオルがスタイに変身!

スプーンは2本準備

赤ちゃんが持つ用と、ママ・パパが離乳食を食べさせる用の2本のスプーンを用意しておきましょう。赤ちゃんの興味や意欲を育みつつ、食事を止めずに済むので、ママやパパもストレスがたまりません。

らくらく 食事がストップしない!

保冷剤

できたての離乳食は熱くてすぐに食べさせられません。そんなときは、器ごと保冷剤の上にのせればすばやく冷ますことができます。ジェルタイプのものだと上に置いた器が安定します。

らくらく すばやく冷ます!

小さな調理道具

p.25で紹介したマッシャー、すり鉢やすりこぎ、裏ごし器は100円ショップなどで小さなものを購入できます。すり鉢や裏ごし器は目がこまかく、洗うのも手間がかかるので、少量の離乳食作りでは小さなものを使うと負担が軽くなります。

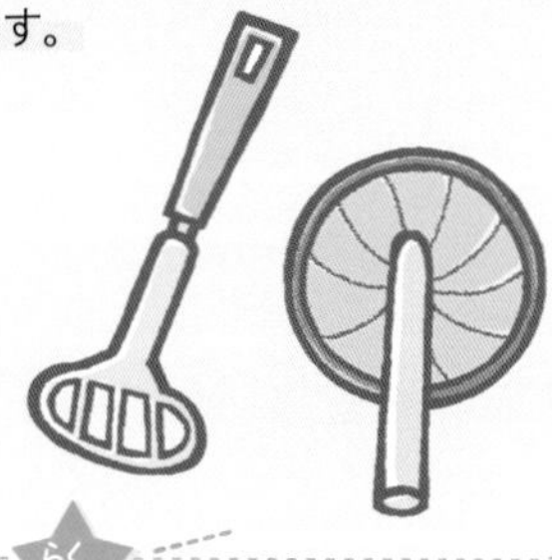

らくらく 洗い物の負担を軽く!

シートやマット

食べこぼしが増えてくる9～11カ月ごろから、赤ちゃん座るいすの下にレジャーシートやおふろマットを敷いておくと、片づけがらくになります。新聞紙を敷いて使い捨てにしてもよいでしょう。

らくらく 片づけをスピーディに!

スタイを2枚重ね

外出時など洋服を汚したくないときにおすすめの方法。洋服全体をカバーできるエプロンタイプのスタイと、食べこぼしをキャッチできる大きなポケットつきスタイの2種類を重ねて使うと、遊び食べが盛んな赤ちゃんも服を汚しにくくなります。

あんしん 大事な洋服をガード!

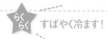

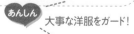

ステップ1 離乳初期 5〜6カ月ごろ

赤ちゃんも、ママやパパも、はじめての離乳食。迷ったり、不安に思ったりすることもあるでしょう。赤ちゃんのペースで、パパもママも楽しみながら、ゆったりと進めましょう。

1 食べやすいポタージュ状に！

2 おかゆの次は野菜

3 野菜の次に豆腐や白身魚を

はじめてのひと口はおかゆを

最初は10倍がゆのすりつぶしからスタート。おかゆに慣れてきたら野菜にチャレンジし、離乳食を始めて1カ月ほど経ったら、豆腐や白身魚などのたんぱく源をプラス。

赤ちゃんのペースで少しずつ

赤ちゃんにとって離乳食は、母乳やミルク以外のものを口にするはじめての体験。スプーンを押し出したりいやがったりする場合は無理せずあせらず、赤ちゃんのペースに合わせて。

はじめてママ&パパの ここが心配 ここがギモン

離乳食開始のサインは？ ➡p.30
何を食べさせたらよい？ ➡p.31
どうやって食べさせたらよい？ ➡p.32

離乳食レシピ ➡p.42〜49
気がかり解消Q&A ➡p.70〜72

ステップ1
離乳初期
5〜6カ月ごろ
（スタートしてから1カ月ごろまで）

前半

離乳食開始のサインは？

心と体の準備ができた5〜6カ月から離乳食スタート！

生後5〜6カ月になると首がしっかりすわり、5秒ほどなら支えがあればいすに座っていられるようになる子も。そして、**大人が食事をしているときに声やよだれを出すようになったら離乳食を始める合図。**スプーンを口に入れても舌で押し出すことが少なくなります。早産児の場合は、本来の出産予定日から数えた月齢（修正月齢）を目安に。この時期は、食べ物に慣れ、ゴックンと飲み込めるようになることが目標。栄養のほとんどは母乳やミルクからとります。**離乳食は、授乳とワンセットで1食とし、食後の母乳やミルクはほしがるだけ飲ませましょう。**

また、はじめての離乳食は、赤ちゃんの機嫌がよく、気持ちに余裕が持てる時間帯に。**食後にぐあいが悪くなってもすぐ病院に行けるよう平日の午前中のタイミング**にしましょう。

タイムスケジュール例

AM 4:00	ねんね
6:00	
	母乳・ミルク①
8:00	
10:00	離乳食＋母乳・ミルク②
PM 正午	
	ねんね
14:00	母乳・ミルク③
16:00	ねんね
18:00	母乳・ミルク④
	おふろ
20:00	
	ねんね
22:00	母乳・ミルク⑤

授乳は食後の授乳を含めて1日5〜6回くらい（母乳の場合はもう1〜2回多いことも）。

離乳食は毎日同じ時間にすると生活リズムを整えやすいです。

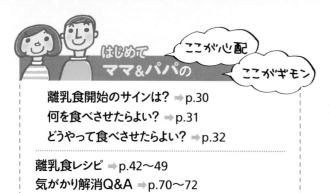

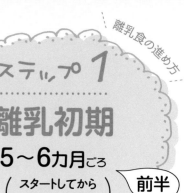

何を食べさせたらよい？

離乳食スタートから1カ月の進め方

スタート！

10倍がゆ

※赤ちゃん用スプーンひとさじから徐々に量を増やしていく

1 始めは米がゆから

米の10倍がゆをすりつぶしたものから始めます。

あんしん 米がゆをサラリと仕上げてゴックンしやすく

10倍がゆの米粒をサラサラにすりつぶすときは、上から軽くたたくようにしましょう。グルグル回してすりつぶすと粘りが出てしまいます。

1週間

野菜

※赤ちゃん用スプーンひとさじから徐々に量を増やしていく

2 1週間ぐらいたったら野菜を

離乳食開始から１週間ほどを目安に、香りや味にくせのない野菜をスタート。にんじん、かぼちゃ、キャベツなどがおすすめです。

らくらく おすすめファースト野菜はコレ！

あんしん すりつぶしや裏ごしでなめらかに

野菜は、とろとろのポタージュ状にしてあげます。すりつぶすか、裏ごしするとよりなめらかに仕上がります。この時期はまだ調味料は使わず、食材そのものの味や香りを体験させます。

2週間

3 1カ月ごろを目安に豆腐や白身魚にトライ

米がゆや野菜に慣れたら、豆腐、白身魚、卵黄などのたんぱく源にトライ。少量から始めて、様子を見ます。

3週間

豆腐や白身魚

4 主食の種類を増やす

開始から1カ月くらいを目安に主食の水分を減らし、9〜8倍がゆに。食パン、うどんなど、主食のバリエーションを広げていきます。

あんしん たんぱく質のとり方

はじめての食材は平日の午前中に挑戦。2〜3日は同じ食材で慣れさせます。

1カ月

どうやって食べさせたらよい?

離乳食の食べさせ方

この時期の舌の動き

スプーンを口に入れても舌で押し出すことが少なくなります。舌を前後に動かし、舌の上にのった食べ物を奥へと移動させ、ゴックンと飲み込みます。食べ物をつぶしたり、かみくだいたりはできません。

赤ちゃんが食べやすい姿勢

抱っこした腕で赤ちゃんの背中を支え、のどを圧迫しない程度に軽く背中を倒して。

あんしん のどにつまりにくい!

食べさせ方

離乳食を食べさせるときは赤ちゃん専用のスプーンを使います(➡p.24参照)。食べ物はスプーンいっぱいに盛らず、スプーンの先に少量を盛って食べさせます。

1 離乳食をのせたスプーンの先を赤ちゃんの下唇中央に当て、口が自然と開くのを待ちます。

あんしん オエッとなりにくい!

2 上唇がおりてきて赤ちゃんが自分で口を閉じるまで、スプーンを押し込まずに待ちます。

3 スプーンを水平に保ったまま手前に引きます。ゴックンと飲み込んだのを確認して、1〜3をくり返します。

△ 避けたい食べさせ方

- スプーンを口の奥まで入れると、舌を使って食べ物を奥へ運ぶ練習がうまくできません。
- スプーンを上唇にこすりつけると食べ物を取り込めず、うまく食べられません。

はじめて ママ&パパの ここが心配 ここがギモン

スタートして1カ月以降の進め方が知りたい！ ➡p.33

離乳食を1日2回にするときは？ ➡p.34

離乳中期に進む目安は？ ➡p.34

この時期の食事量の目安は？ ➡p.35

離乳食レシピ ➡p.42～61

気がかり解消Q&A ➡p.70～72

ステップ1 離乳初期

5～6カ月ごろ 後半

スタートして1カ月以降の進め方が知りたい！

米や野菜に慣れたら豆腐や白身魚に挑戦

離乳食スタートから1カ月ほどたち、米がゆ、野菜、いも類に慣れてきたら、たんぱく源にも挑戦。**たいなど脂肪分が少なく消化吸収のよい白身魚を、赤ちゃん用スプーンひとさじから始めます。**3日ほど続けて皮膚やうんちに変化がなければ、少しずつ量を増やして。豆腐も同様に進めます。慣れてきたら卵黄を始めても。

食べる量には個人差がありますが、**開始から2カ月程度で、1食10さじ程度**食べられるようになるのがだいたいの目安。また、赤ちゃんの様子を見ながら**徐々に離乳食の水分を減らし、ヨーグルト状のかたさのものを増やします。**食べないようなら元のかたさに戻すなど、赤ちゃんのペースで行きつ戻りつゆっくり進めましょう。

まだ腎臓機能が未発達な時期なので、この時期の離乳食は調味料を使いません。赤ちゃんの様子をみながら、赤ちゃんに聞きながら、無理のない範囲で、いろいろな食材の自然の味や香り、舌触りを体験させることを進めていきます。

スタートしたばかりのころはポタージュ状！

徐々にヨーグルト状に

必ず加熱してから

赤ちゃんは細菌への抵抗力が弱いため、豆腐や魚などは十分に加熱を。卵は、最初は卵黄のみ、しっかり火を通して食べさせます。加熱するとパサつくので、**湯でのばしたり、おかゆに混ぜたり、なめらかにして食べやすく。**

らくらく すりつぶした後にのばすと簡単

少しずつ水分を減らす

離乳食開始から1カ月ぐらいの間はとろとろのポタージュ状ですが、少しずつ離乳食の水分を減らし、ヨーグルト状のものを増やしていきます。**かたさの調節には湯ざまし、野菜スープ、和風だしなどを使います。**

離乳食を1日2回にするときは？

1回食が定着したら離乳食を1日2回に

離乳食スタートから1カ月以上たち、主食・主菜・副菜を数種類ずつ食べられるようになって赤ちゃんもママ・パパも離乳食に慣れてきたら、2回食にしても。

この時期も食後の母乳やミルクはほしがるだけあげますが、1回目の離乳食＋授乳から次の授乳まで3～4時間空けると満腹と空腹のリズムがつき、2回食もスムーズに進みます。

タイムスケジュール例

AM
- 4:00 ねんね
- 6:00
- 母乳・ミルク①
- 8:00
- 10:00 離乳食①＋母乳・ミルク②（離乳食スタート時と同じ時間に。）

PM
- 正午
- ねんね
- 14:00 母乳・ミルク③
- 16:00 ねんね
- 18:00 離乳食②＋母乳・ミルク④（スタートから1カ月程度たち、1回目の離乳食が定着したら2回食に。2回目は午後2時か6時ごろが目安です。）
- おふろ（お散歩、ねんね、おふろの時間を決めていくと自然と生活リズムが整います。）
- 20:00
- ねんね
- 22:00 母乳・ミルク⑤

分量調節の仕方

1回目（午前10時ごろ）
普段通りにあげます。

2回目（午後2時もしくは6時ごろ）
午前の離乳食の1/3～1/2程度の量から始め、徐々に増やしていきます。

離乳中期に進む目安は？

離乳初期卒業の3つのポイント

ステップ1の離乳初期では、母乳やミルクを飲むのとは違った舌の動かし方でゴックンすることを学びます。ステップ2の離乳中期に進む目安は次の通り。ステップアップと同時にすべてのメニューを変えるのではなく、少しずつ移行していきましょう。

ポイント1 生後7カ月ごろになり、スプーンに慣れて口を閉じてゴックンできる

上唇と下唇を閉じることができたら、ステップ2の離乳中期に進んで大丈夫。

ポイント2 1回の離乳食を全部で10さじぐらい食べられる

食べる量には個人差があるので、小食でも、きちんと口を閉じ、飲み込めているのならOK。少しずつ離乳中期のメニューに移行を。

ポイント3 1日2回の離乳食を食べ始める

1日1回食を喜んで食べているなら、生活リズムを整えて2回食へ。少しずつ様子を見ながら離乳中期へ進んでいきます。

この時期の食事量の目安は？

おもな食材の１食分の目安量

主食・主菜・副菜ごとに１種類の食材の目安量を手にのせた写真で紹介します。食べる量は個人差があるので、食事量は目安と考えて様子を見ながら増やしていきましょう。

主食（炭水化物）

スタート時は10倍がゆから。開始から１カ月程度を目安に、徐々に水分を減らして9～8倍がゆに。慣れてきたらパンやうどんなど、バリエーションを広げましょう。

下記のいずれか1種

おかゆ（10倍がゆ）
大さじ２～３（30～45g）

食パン（8枚切り）
1/8～1/5枚（耳を除く）

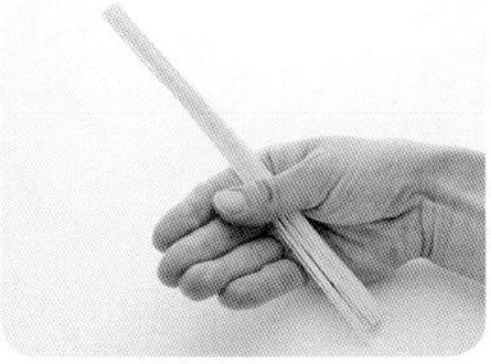

うどん（乾めん）
1/10束（5g。ゆでたもの15g）

じゃがいも
10～15g（1/10個）

主菜（たんぱく質）

離乳食開始から1カ月ごろを目安に、おかゆと野菜に慣れてからトライ。はじめて食べる主菜はひとさじにし、様子を見ながら少量ずつ増やしていきます。

下記のいずれか1種

豆腐
10～15g

白身魚
5～10g（刺身1/2～1切れ）

しらす干し
5g（小さじ1）

副菜（ビタミン・ミネラル）

にんじん、かぼちゃ、キャベツなど、香りや味にくせの少ない野菜からスタート。最初は１種類のペーストをあげ、慣れてきたら数種類を混ぜて食べさせてみましょう。

組み合わせて10～20g

にんじん
10g（1/15本）

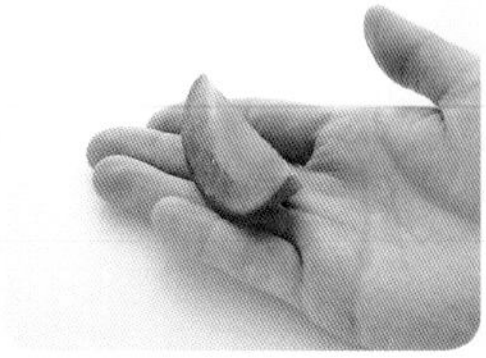

トマト
15g（1/8個。皮と種を除く）

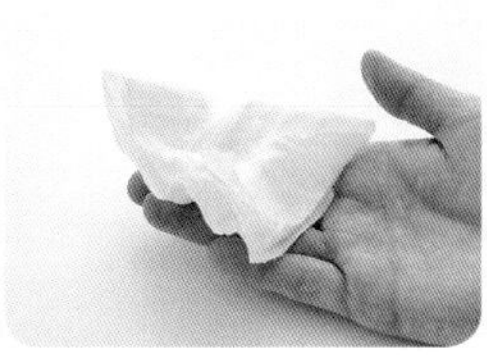

キャベツ
10g（1/8枚）

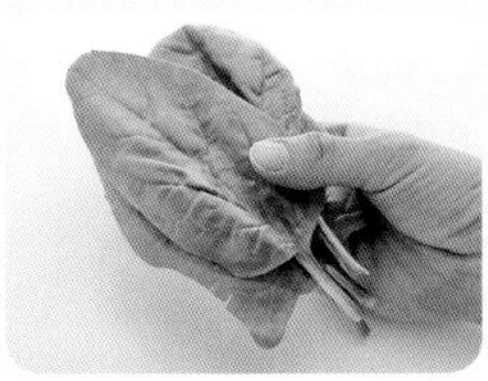

ほうれん草
10g（葉２～３枚）

あんしん **調味料について**

この時期の赤ちゃんにとって塩分は消化の負担になるため、調味料は使いません。食材本来の味を体験させましょう。食が進まない場合は和風だしや野菜スープで風味づけをしても。

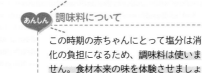

主食の作り方

まずは、エネルギー源として大切なおかゆやパン、めんなどの主食の作り方をマスターしましょう。

らくらく **主食作りは自分に合った方法で！**

主食作りの方法はさまざまなので、ママやパパが作りやすい方法を探してみましょう。この時期おすすめは鍋で米から作る方法。米粒がやわらかく、おいしく仕上がります。

米から鍋で作る場合

材料 ※作りやすい分量。

米 … 1/2合
水 … 900mℓ

作り方

1. 米をとぎ、ざるにあげて30分程度おく。

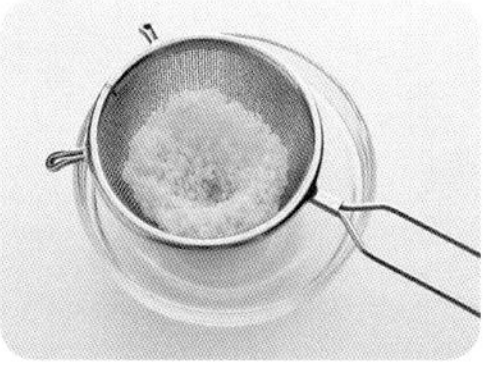

らくらく **ふっくらとしたおかゆになる**

ざるにあげると、といだときに米の表面についた水分が芯まで浸透し、ふっくらしたおかゆになります。

2. 鍋に1と分量の水を入れてふたをする。中火にかけ、沸騰したら弱火にして50分程度煮る（様子を見て、水分が足りなくなったら水を加える）。

3. やわらかく煮えたら火を止め、10〜20分程度蒸らす。粗熱がとれたら、すりつぶすか裏ごしする。

形状の目安

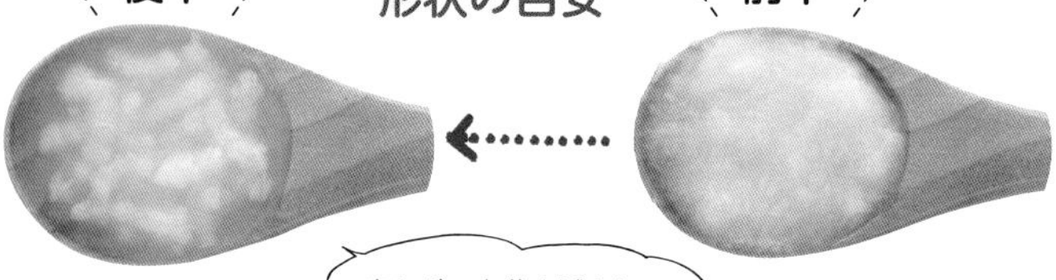

少しずつ水分を減らし、9〜8倍がゆに。

10倍がゆ

米：水＝1：10
慣れたら1：9〜8に

離乳食の最初のひと口は10倍がゆから。最初はなめらかにすりつぶしてあげましょう。

あんしん **粘りを出さず、さらっと仕上げるコツ**

すりつぶすとき、グルグルとすりこぎを回すと粘りが出てしまうので、上から軽くたたいてつぶすようにします。

おかゆの作り方いろいろ

ごはんから作る場合

材料　※作りやすい分量。

ごはん … 大さじ2
水 … 300mℓ

作り方

1. 鍋にごはんと水を入れる。ごはんはほぐしながら火にかける。

2. 煮立ったら弱火にし、ふたをして40分程度煮る。やわらかく煮えたら火を止め、10～20分ほど蒸らす。粗熱がとれたら、すりつぶすか裏ごしする。

炊飯器で作る場合

材料　※作りやすい分量。

米 … 1/2合
水 … 5分がゆの目盛りまで

作り方

1. 米をとぎ、分量の水とともに炊飯器の内がまに入れる。おかゆモードで炊く（お持ちの炊飯器の設定に合わせてください）。

2. おかゆが炊き上がったら、粗熱をとり、すりつぶすか裏ごしする。

電子レンジで作る場合

※吹きこぼれやすいので注意しながら、また、熱いのでやけどに気をつけて調理してください。

材料　※作りやすい分量。

ごはん … 大さじ2
水 … 300mℓ

作り方

1. 大きめのボウルにごはんと水を入れ、ラップをふんわりとかける。

2. 電子レンジ（600W）で吹きこぼれないよう様子を見ながら3分ずつ計3回程度、やわらかくなるまで加熱する。そのまま10分ほど蒸らす。粗熱がとれたらすりつぶすか裏ごしする。

あんしん　ボウルは大きめのものを

写真は直径18cmのもの。大きいものを使うと吹きこぼれ防止になります。

らくらく　主食作りをらくにする

専用のおかゆクッカーを使っても。調理方法は電子レンジで作る場合と同様ですが、吹きこぼれにくい構造になっています。1食分ずつ簡単に作れて、そのまま食器にして食卓に出せます。

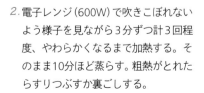

めんがゆ

そうめんの他、うどんでも同様に作れます。

あんしん　アレルギー対策に

そばは強いアレルギー症状が出る可能性があるので、まだ食べさせません。

材料

そうめん（乾めん）… 5g
湯 … 適量

作り方

1. そうめんは、やわらかくゆでる。冷水にとってしっかりと洗い、ぬめりを取る。

2. 水気をきって、刻んですりつぶす。湯でのばす。

形状の目安

表示のゆで時間の2倍程度を目安にやわらかくゆでます。めんの形が残らないようすりつぶしてのばし、ポタージュ状にしましょう。

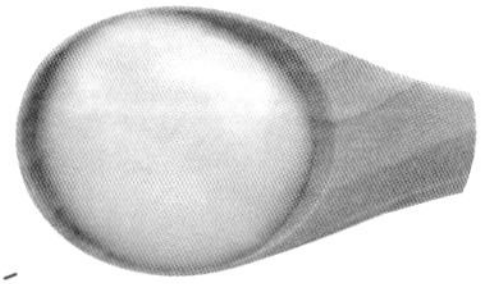

パンがゆ

食パンは、パンの中でも塩分や油脂が少ないため、あんしんして使えます。

らくらく　鍋を用意しないでOK!

トーストすると湯でふやかしやすくなるので、鍋で煮なくてもやわらかくなります。

材料

食パン（8枚切り・耳を除く）… 1/8枚
湯 … 大さじ2～3

作り方

1. 食パンは耳を除いて軽くトーストする。手で小さくちぎる。

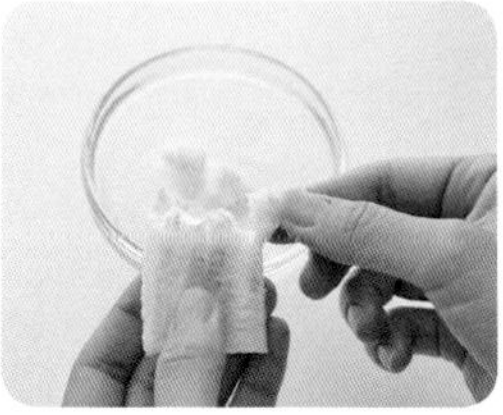

2. 湯を加えてなじませてふやかす。混ぜてとろとろにする（必要に応じて湯を足す）。

形状の目安

最初は米がゆ同様なめらかなポタージュ状にしてあげます。

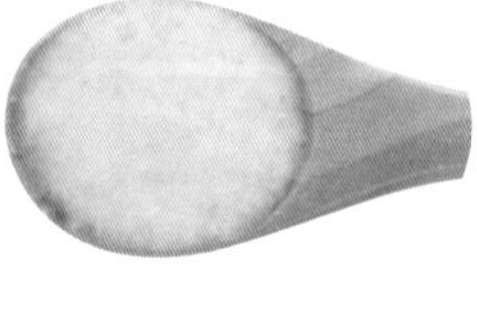

離乳食の基本
ステップ1 離乳初期
5カ月ごろ
6カ月ごろ
7カ月ごろ
8カ月ごろ
ステップ3 離乳後期
9カ月ごろ
10カ月ごろ
11カ月ごろ
1才ごろ
1才1カ月ごろ
1才2カ月ごろ
1才3カ月ごろ
1才4カ月ごろ
1才5カ月ごろ
1才6カ月ごろ
ぐあいが悪いときの離乳食
食材別さくいん

毎食の準備がらくになる!

主食の冷凍・解凍のコツ

1食の量が少ない離乳食は、その都度はじめから作ると手間がかかるので、時間があるときにまとめて調理して冷凍しておくと便利。電子レンジで温めるだけでOKなので、おなかが空いた赤ちゃんを待たせずに済みます。

Q おかゆはどうやって冷凍すればよい?

A 1食分ずつ小分けにして。

1食分ずつ小分けして冷凍します。あらかじめ計量スプーンやスケールで量って容器に入れるとよいでしょう。5〜6カ月ごろ（離乳初期）なら1食あたり大さじ2〜3杯が目安。

Q 便利グッズはどう使えばよい?

A 食材の分量や形状に合わせます。

▶ 製氷皿

冷凍時に雑菌が入らないようふたつきのものがおすすめ。凍ったら製氷皿から取り出して保存用冷凍袋に入れます。**だし汁や野菜スープなど、レシピによって使う量が変わるものの保存に。**

▶ 小さな保存容器

主食など、離乳食の中でも1食の分量が多めのものに。**ふたをしたまま電子レンジで加熱できるものを選ぶとよいでしょう。**

▶ シリコンカップや紙カップ

野菜や魚、肉などは1食分ずつ小分けして冷凍してもOK。シリコンカップや紙カップに小分けして、保存容器などに入れて冷凍します（➡p.64参照）。

Q めんやパンはどうやって冷凍すればよい?

A 時期に合わせた形状にして1食分ずつ。

めん類は時期に合わせた形状にゆでて刻み、食パンはそのまま、それぞれ1食分ずつラップに包んで保存袋に入れて冷凍します。**解凍するときは、めん類は電子レンジや小鍋で、食パンはそのままトーストすればOKです。**

Q どうやって解凍すればよい?

A 少量なので「様子を見ながら少しずつ」がコツ。

凍った食材を耐熱容器に入れてラップをかけ、電子レンジで加熱します。**分量が少ないことが多いので、短い時間で少しずつ、様子を見ながら加熱しましょう。**中心まで温まればOK。

まねして使える！
1週間の献立例

5～6カ月ごろ（離乳初期）後半の献立プランです。離乳食開始から1カ月くらいで主食・主菜・副菜を食べられるようになったら、こんな献立がおすすめです。

※食べる量は個人差があるので、赤ちゃんの様子を見ながら調整してください。

月曜日

● ポイント ●

はじめての食材に挑戦するときは、午前中の1回目に組み込みましょう。また、「にんじんとほうれん草のペースト」と「ほうれん草のおかゆ」のように、2回目の離乳食に1回目と同じ食材を使い、食材に慣れるようにします。

1回目

主食 10倍がゆ （➡p.36）
主菜 豆腐のとろとろ （➡p.56）
副菜 にんじんとほうれん草のペースト （➡p.61）

2回目

主食 ほうれん草のおかゆ （➡p.50）
主菜 ひらめのすり流し （➡p.57）

火曜日

● ポイント ●

月曜日の1回目のメニューにあった豆腐を、火曜日は10倍がゆにのせます。単品では食べない食材も、他の食材と組み合わせることで食べることもあります。同じ食材でも調理法を変えてみましょう。

1回目

主食 豆腐のおかゆ （➡p.51）
副菜 かぶとブロッコリーのマッシュ （➡p.60）

2回目

主食 10倍がゆ （➡p.36）
主菜 にんじんのすりつぶし ひらめのせ （➡p.58）
副菜 トマトと白菜のペースト （➡p.61）

水曜日

● ポイント ●

食材はまとめて下ごしらえしておくと調理がらくです。たとえば、火曜日に登場したトマトは、皮と種を除き、使わない分を小分けに冷凍しておけば、水、金、土、日曜日の献立で使うトマトは解凍するだけで済みます。

1回目

主食 10倍がゆ （➡p.36）
主菜 豆腐とキャベツのとろとろ （➡p.56）
副菜 トマトとカリフラワーのペースト （➡p.61）

2回目

主食 さつまいものりんご風味 （➡p.55）
主菜 たいと白菜のペースト （➡p.58）

木曜日

● ポイント ●

月曜日の1回目に登場した「にんじんとほうれん草のペースト」が再登場。食が進まなかったメニューでも、日をあけて出してみると食べることがあります。

2回目

主食 10倍がゆ (➡p.36)
主菜 豆腐とカリフラワーのペースト (➡p.57)
副菜 かぼちゃの小松菜のせ (➡p.60)

1回目

主食 たいのおかゆ (➡p.51)
副菜 にんじんとほうれん草のペースト (➡p.61)

金曜日

● ポイント ●

たまには米の主食以外に、パンやめんにも挑戦を。パンもめんも小麦が含まれるので、はじめて食べる場合は午前中1回目に。問題なければ後日2回目にも取り入れます。

2回目

主食 10倍がゆ (➡p.36)
主菜 にんじんのすりつぶし ひらめのせ (➡p.58)
副菜 大根とキャベツのペースト (➡p.60)

1回目

主食 ひらめのパンがゆ (➡p.53)
副菜 トマトとカリフラワーのペースト (➡p.61)

土曜日

● ポイント ●

パンがゆはお湯で溶くだけでなく、赤ちゃんが飲み慣れたミルクで溶くことで風味が変わります。お湯で溶いたものは食べなくても、ミルクで溶いたものなら食が進むことも。同じ食材でも調理法を変えて食べさせてみましょう。

2回目

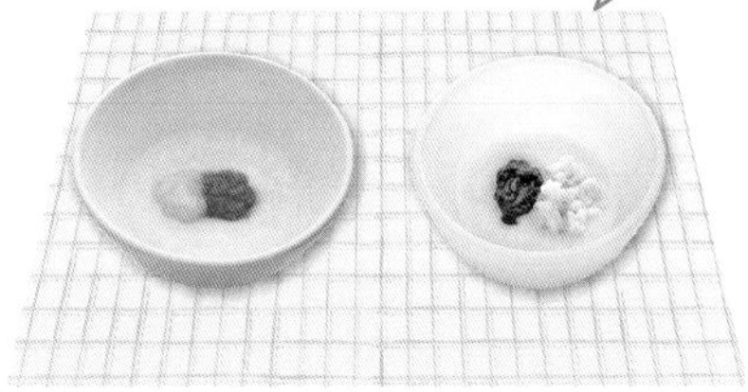

主食 キャベツとトマトのめんがゆ (➡p.54)
主菜 かれいのペースト 小松菜のせ (➡p.58)

1回目

主食 にんじんとミルクのパンがゆ (➡p.53)
主菜 たいとほうれん草のとろとろ (➡p.59)

日曜日

● ポイント ●

冷凍した食材は1週間程度で使い切るのが目安。10倍がゆなどの主食も、まとめて作る際は1週間で使い切れる分を作り、たくさん作りすぎた場合は大人用の食事にするなど調節しましょう。

2回目

主食 10倍がゆ (➡p.36)
主菜 豆腐とブロッコリーのとろとろ (➡p.57)
副菜 大根とキャベツのペースト (➡p.60)

1回目

主食 ブロッコリーのパンがゆ (➡p.53)
主菜 トマトとかれいのとろとろ (➡p.59)

米の10倍がゆに慣れたら

はじめての野菜 おすすめ11種

赤ちゃんが米のおかゆに慣れたら、次に体験させたいのが野菜の味。p.42〜45では、5〜6カ月ごろの赤ちゃんにおすすめの野菜とレシピを紹介しています。すべての野菜に挑戦しなくてもOK。p.46〜47で紹介しているように、野菜はおかゆにのせたり、p.48〜49のように2種類の野菜を組み合わせて食べさせてみてもよいでしょう。

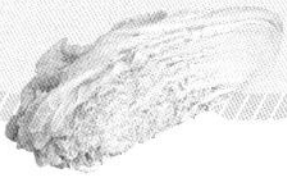

炭水化物　ビタミン・ミネラル

おかゆに慣れたら、いも類に挑戦！

じゃがいものペースト

材料

じゃがいも … 10g
湯 … 適量

作り方

1. じゃがいもは皮をむいて20分ほど水にさらし、あく抜きする。
2. 1をやわらかくゆでる（水からゆでる）。
3. 湯をきり、熱いうちになめらかにすりつぶす。
4. 湯でのばす。

あんしん　赤ちゃんが食べやすい味に

じゃがいもはゆでる前に水にさらしてあくを抜くとえぐみが抜けます。また、水からゆでることで均一に火を通すことができます。

かぼちゃには赤ちゃんが大好きな甘みがたっぷり

かぼちゃのペースト

ビタミン・ミネラル

材料

かぼちゃ … 10g
湯 … 適量

作り方

1. かぼちゃは皮つきのままやわらかくゆでる（水からゆでる）。
2. 湯をきり、熱いうちに皮を取り除いてなめらかにつぶす。
3. 湯でのばす。

あんしん　ゴックンしやすい

すりつぶしただけでは水分が少なくて飲み込みづらい野菜は、少しずつ湯を足してなめらかにのばします。

ほんのり甘いにんじんは野菜デビューにおすすめ

ビタミン・ミネラル

にんじんのすりつぶし

材料

にんじん … 10g
湯 … 適量

作り方

1. にんじんは皮をむいてやわらかくゆでる（水からゆでる）。
2. 1を裏ごしする。
3. 湯でのばす。

らくらく　やわらかくしやすい！

野菜は煮ると表面はかたく、中心部はやわらかくなるため、中心部が多くなるように、大きめに切ってゆでて。竹串がすっと刺さるくらいまでゆでるのが目安です。

ビタミン・ミネラル

白菜の水分でスープ状にして飲み込みやすく

白菜のスープ

材料

白菜 … 10g
（内側の葉先のやわらかいところ）
湯 … 適量

作り方

1. 白菜はやわらかくゆでる（煮立っている湯に入れる）。
2. 水気を軽く絞って裏ごしする。
3. 湯でのばす。

あんしん　葉物野菜のコツ

葉物野菜はやわらかい葉先の部分だけを使います。煮立った湯に入れてゆでるのがコツ（➡p.46参照）。

かぶはとろとろにしやすく離乳食向き

ビタミン・ミネラル

かぶのすりつぶし

材料

かぶ … 10g
湯 … 適量

作り方

1. かぶは皮を厚めにむき、やわらかくゆでる（水からゆでる）。
2. 1をすりつぶす。
3. 湯でのばす。

あんしん　すりつぶしやすい

野菜をすりつぶすときは、すり鉢をしっかり持ち、すりこぎでこまかくたたくとすりやすいです。

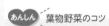

くせのないキャベツはファースト葉物野菜に最適

ビタミン・ミネラル

キャベツの裏ごし

材料

キャベツ … 10g
（キャベツの葉は内側のやわらかいところを太い葉脈を取り除いて使う）
湯 … 適量

作り方

1. キャベツはやわらかくゆでる（煮立っている湯に入れる）。
2. 1を裏ごしする。
3. 湯でのばす。

らくらく なめらかにしやすい

裏ごしするときは、ゆでてから時間をおかず、温かいうちに行うと、なめらかにしやすいです。

ビタミン・ミネラル

トマトは長めの加熱で酸味がやわらぐ

トマトのとろとろ

材料

トマト … 10g
湯 … 適量

作り方

1. トマトは湯むきし（下記参照）、横半分に切って種を取り除く。
2. 1を裏ごしする。
3. 湯でのばす。

らくらく トマトの湯むき方法

湯むきの方法は、まずトマトのヘタをくり抜き、反対側に浅く十字の切り込みを入れます。煮立った湯に入れてゆで、皮がめくれてきたら、冷水にとり、皮をむきます。

青臭さや苦味がないので離乳食向き

ビタミン・ミネラル

ブロッコリーのすりつぶし

材料

ブロッコリー
… 小房2/3個（10g）
湯 … 適量

作り方

1. ブロッコリーは、小房ごとやわらかくゆでる（煮立っている湯に入れる）。
2. 1を花蕾（からい）だけ切り取り、裏ごしする。
3. 湯でのばす。

あんしん ブロッコリーの扱い方

ブロッコリーはやわらかく食べやすい花蕾（からい）の部分を使います。ゆでるときはバラバラにならないよう、茎をつけたままゆでます。

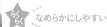

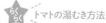

甘みが豊富なのは葉に近いほう

ビタミン・ミネラル

大根のすりおろし

材料

大根 … 10g
湯 … 適量

作り方

1. 大根は皮を厚めにむいて、やわらかくゆでる（水からゆでる）。
2. 1をすりおろす。
3. 湯でのばす。

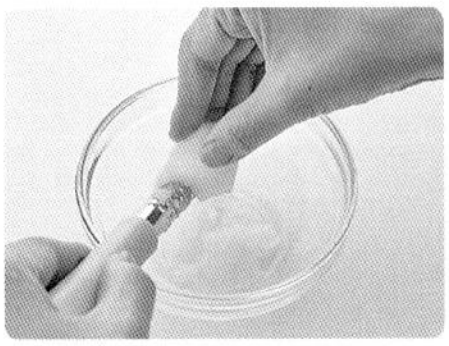

らくらく 調理時間短縮！

大根はやわらかくゆでてからすりおろすと、簡単にペースト状になります。にんじんやかぶも同様です。

炭水化物 ビタミン・ミネラル

赤ちゃんが食べづらそうなら、裏ごししても

さつまいものすりつぶし

材料

さつまいも … 10g
湯 … 適量

作り方

1. さつまいもは皮を厚めにむいて、水に20分さらし、あく抜きする。
2. 1をやわらかくゆでる（水からゆでる）。
3. 湯をきり、熱いうちになめらかにつぶす。
4. 湯でのばす。

らくらく 便利グッズ！

さつまいもなどのいも類をつぶすときは、小さいマッシャーが便利。100円ショップなどでも購入できます。

裏ごししてなめらかにすると食べやすい

ビタミン・ミネラル

ほうれん草の裏ごし

材料

ほうれん草（葉先）
…3～4枚（10g）
湯 … 適量

作り方

1. ほうれん草はやわらかくゆでる（煮立っている湯に入れる）。冷水にとり、水を換えながら20分ほどさらしてあくを抜く。
2. 1の水気を軽く絞って裏ごしする。
3. 湯でのばす。

らくらく まとめ作業で手間なし！

ほうれん草はえぐみが多いため、必ずあく抜きをしましょう。まとめて下ごしらえして冷凍すると便利。

にんじんの甘みは赤ちゃんに大人気

炭水化物　ビタミン・ミネラル

にんじんのおかゆ

材料

10倍がゆのすりつぶし
（➡p.36）
… 大さじ2
にんじん … 10g

作り方

1. にんじんは皮をむいて水からやわらかくゆで、裏ごしする。
2. 10倍がゆに1をのせる。

あんしん　ゴックンしやすい

にんじんは裏ごしするとなめらかになります。赤ちゃんが飲み込みづらそうにしていたら試してみましょう。

炭水化物　ビタミン・ミネラル

とろりと甘い白菜はおかゆと相性抜群

白菜のおかゆ

材料

10倍がゆのすりつぶし
（➡p.36）
… 大さじ2
白菜（葉先）… 10g

作り方

1. 白菜は熱湯でやわらかくゆで、水気を軽く絞って裏ごしする。
2. 10倍がゆに1をのせる。

アレンジレシピ

材料の10倍がゆをじゃがいも10ｇに変えてもよい。「じゃがいものペースト」（p.42）を参照して作り、作り方1の白菜をのせる。

あんしん　葉物野菜の調理のコツ

白菜やキャベツ、小松菜、ほうれん草などの葉物野菜やブロッコリーは、色や味、栄養をキープするため煮立った湯に入れてゆでます。

電子レンジ調理でも作れる！

炭水化物　ビタミン・ミネラル

かぼちゃのおかゆ

材料

10倍がゆのすりつぶし
（➡p.36）
… 大さじ2
かぼちゃ … 10g

作り方

1. かぼちゃは皮つきのまま水からやわらかくゆでる。湯をきり、熱いうちに皮を取り除いてなめらかにつぶす。
2. 10倍がゆに1をのせる。

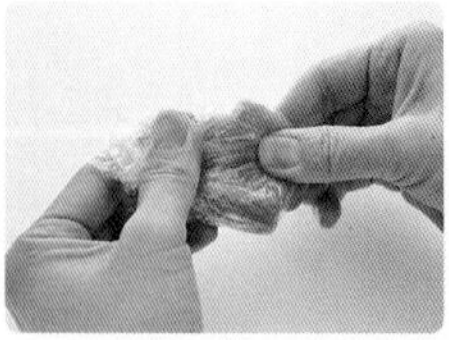

らくらく　洗い物が減る！

かぼちゃは電子レンジで加熱してもOK。皮をむいてラップで包み、やわらかくなるまで少しずつ加熱します。冷めたら指でつぶします。

アレンジレシピ

材料のかぼちゃをキャベツ10ｇに変えてもよい。「キャベツの裏ごし」（p.44）を参照して作り、10倍がゆにのせる。

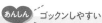

離乳食の基本
ステップ1 離乳初期
5カ月ごろ
6カ月ごろ
7カ月ごろ
8カ月ごろ
ステップ3 離乳後期
9カ月ごろ
10カ月ごろ
11カ月ごろ
1才ごろ
1才1カ月ごろ
1才2カ月ごろ
1才3カ月ごろ
1才4カ月ごろ
1才5カ月ごろ
1才6カ月ごろ
ぐあいが悪いときの離乳食
食材別さくいん

おかゆに混ぜてブロッコリーを食べやすく

炭水化物　ビタミン・ミネラル

ブロッコリーのおかゆ

材料

10倍がゆのすりつぶし
(➡p.36)
… 大さじ2
ブロッコリー
… 小房2/3個 (10g)

作り方

1. ブロッコリーは、小房ごと熱湯でやわらかくゆでる。花蕾（からい➡p.44）だけ切り取り、裏ごしする。
2. 10倍がゆに1をのせる。

らくらく　なめらかになる

ブロッコリーはゆでてから花蕾の部分だけ切り落として使います。すりつぶすときはすりこぎをこまかく動かすとつぶしやすいです。

アレンジレシピ　材料のブロッコリーをカリフラワー10gに変えてもよい。やわらかくゆでてなめらかにすりつぶし、10倍がゆにのせる。

炭水化物　ビタミン・ミネラル

トマトのさわやかな酸味がアクセントに

トマトのおかゆ

材料

10倍がゆのすりつぶし
(➡p.36)
… 大さじ2
トマト … 10g

作り方

1. トマトは湯むきする（➡p.44）。横半分に切って種を取り除き、裏ごしする。
2. 10倍がゆに1をのせる。

アレンジレシピ　材料の10倍がゆをじゃがいも10gに変えてもよい。「じゃがいものペースト」(p.42）を参照して作り、作り方1のトマトをのせる。

あんしん　消化しやすい

トマトの皮や種は、この時期の赤ちゃんには消化しづらいので食べさせません。皮を湯むきしたあと、種を取り除いて使います。

おかゆに混ぜれば青菜の苦味が軽減

炭水化物　ビタミン・ミネラル

小松菜のおかゆ

材料

10倍がゆのすりつぶし
(➡p.36)
… 大さじ2
小松菜（葉先）
… 3～4枚（10g）

作り方

1. 小松菜は熱湯でやわらかくゆでる。冷水にとって冷まし、水気を軽く絞って裏ごしする。
2. 10倍がゆに1をのせる。

あんしん　やわらかさがわかる

小松菜は指でこすると簡単につぶれるくらいやわらかくゆでます。裏ごしすると繊維が取り除かれ、さらに食べやすくなります。

赤ちゃんが好きないもとにんじんのコンビ

炭水化物　ビタミン・ミネラル

じゃがいもとにんじんのペースト

材料

じゃがいも … 10g
にんじん … 10g
湯 … 適量

作り方

1. じゃがいもは皮をむいて20分ほど水にさらし、あく抜きする。やわらかくゆでて湯をきり、熱いうちになめらかにつぶす。
2. にんじんは皮をむいてやわらかくゆでる。裏ごしする。
3. 1、2を湯でのばし、盛り合わせる。

らくらく　困ったときはじゃがいも！

じゃがいもは淡白で他の食材との相性もよいので、離乳食で使いやすい食材です。

炭水化物　ビタミン・ミネラル

キャベツのすっきりした甘みといもが好相性

じゃがいもとキャベツのペースト

材料

じゃがいも … 10g
キャベツ … 10g
湯 … 適量

作り方

1. じゃがいもは皮をむいて20分ほど水にさらし、あく抜きする。やわらかくゆでて湯をきり、熱いうちになめらかにつぶす。
2. キャベツはやわらかくゆで、裏ごしする。
3. 1を湯でのばして盛り、2をのせる。

アレンジレシピ　材料のキャベツを小松菜10gに変えてもよい。熱湯でやわらかくゆでて裏ごしし、作り方3でじゃがいもにのせる。

あんしん　やわらかさの目安

じゃがいものゆで上がりは、角が軽くくずれるくらいが目安です。

じゃがいものとろみで野菜を食べやすく

炭水化物　ビタミン・ミネラル

じゃがいもとブロッコリーのペースト

材料

じゃがいも … 10g
ブロッコリー
… 小房2/3個（10g）
湯 … 適量

作り方

1. じゃがいもは皮をむいて20分ほど水にさらし、あく抜きする。やわらかくゆでて湯をきり、熱いうちになめらかにつぶす。
2. ブロッコリーは小房ごとやわらかくゆでる。花蕾（からい➡p.44）だけ切り取り、すりつぶす。
3. 1を湯でのばして盛り、2をのせる。

らくらく　おいしく仕上がる！

ブロッコリーはあくが少ないので冷水にとらなくてもOK。冷水にとると水っぽくなるので、ざるに上げてそのまま冷まします。

アレンジレシピ　材料のブロッコリーをほうれん草10gに変えてもよい。「ほうれん草の裏ごし」（p.45）を参照して作り、作り方3でじゃがいもにのせる。

やわらかく煮た根菜を組み合わせて

ビタミン・ミネラル

大根とにんじんの紅白あえ

材料

大根 … 5g
にんじん … 5g
湯 … 適量

作り方

1. 大根は皮を厚めにむく。にんじんも皮をむく。いっしょに水からやわらかくゆでる。
2. それぞれなめらかにつぶして湯でのばし、盛り合わせる。

らくらく　やわらかくなる！

野菜は小さく切りすぎるとやわらかく煮えません。5㎜程度の厚さに切って煮るのがコツです。

ビタミン・ミネラル

2種類の野菜を混ぜて水分量を調節しても

白菜スープのかぼちゃのせ

アレンジレシピ　材料の白菜をトマト5gに変えてもよい。「トマトのとろとろ」(p.44) を参照して作り、3のかぼちゃと盛り合わせる。

材料

かぼちゃ … 5g
白菜 … 5g
湯 … 適量

作り方

1. かぼちゃは皮つきのまま水からやわらかくゆでる。湯をきり、熱いうちに皮を取り除いてなめらかにつぶす。
2. 白菜は熱湯でやわらかくゆで、水気を軽く絞って裏ごしする。
3. 1、2を湯でのばして盛り合わせる。

あんしん　ゴックンしやすい

白菜はゆでて裏ごしするとなめらかになります。水分が多いので、かぼちゃと交互に食べさせたり、混ぜて食べさせてみましょう。

甘みのあるかぶを小松菜に混ぜて食べやすく

ビタミン・ミネラル

とろとろ小松菜のかぶのせ

材料

小松菜（葉先）
　… 2枚（5g）
かぶ … 5g
湯 … 適量

作り方

1. かぶは皮を厚めにむき、水からゆで始める。
2. 1の湯が煮立ったら小松菜を入れ、いっしょにやわらかくゆでる。小松菜が先にやわらかくなるので、取り出して冷水にとる。
3. それぞれなめらかにすりつぶし、湯でのばす。小松菜にかぶをのせる。

らくらく　洗い物が減る！

野菜はひとつの鍋で加熱すると一気に調理できます。かぶと小松菜をいっしょにゆでるときは、早くゆで上がる小松菜を先に鍋から出します。

栄養たっぷりのかぶをおかゆにのせて

炭水化物 ビタミン・ミネラル

かぶのおかゆ

材料

10倍がゆ（➡p.36）
… 大さじ2～3
かぶ … 10g

作り方

1. かぶは皮を厚めにむき、水からやわらかくゆでてつぶす。
2. 10倍がゆに1をのせる。

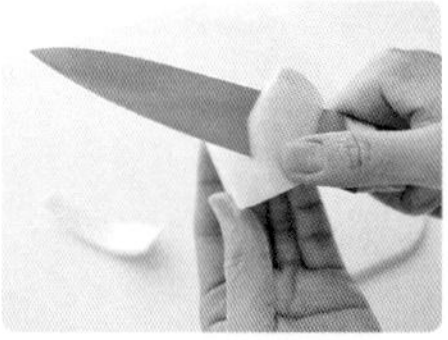

らくらく 繊維が残らない

大根やかぶは皮の近くに筋が多いので、使うときは皮を厚めにむくとなめらかに仕上がります。

アレンジレシピ

材料のかぶを大根10gに変えてもよい。「大根のすりおろし」（p.45）を参照して作り、10倍がゆにのせる。

炭水化物 ビタミン・ミネラル

青菜が苦手な子はおかゆに混ぜて

ほうれん草のおかゆ

材料

10倍がゆ（➡p.36）
… 大さじ2～3
ほうれん草（葉先）
… 3～4枚（10g）

作り方

1. ほうれん草は熱湯でやわらかくゆでる。冷水にとり、水を換えながら20分ほどさらしてあくを抜く。
2. 1の水気を絞ってこまかく刻む（縦、横と向きを変えて切ると繊維が残らない）。
3. 10倍がゆに2をのせる。

あんしん 飲み込みやすくなる

ほうれん草は包丁を縦横に動かしてこまかく刻みます。さらにすりつぶしたり裏ごしすると、繊維が残らず口当たりがよくなります。

お米とさつまいもの自然な甘みを楽しめる

炭水化物 ビタミン・ミネラル

さつまいものおかゆ

材料

10倍がゆ（➡p.36）
… 大さじ2
さつまいも … 10g

作り方

1. さつまいもは厚めに皮をむいて水に20分さらし、あく抜きする。水からやわらかくゆでて、湯をきり、熱いうちになめらかにつぶす。
2. 10倍がゆに1をのせる。

あんしん パサパサしない

パサつきやすいいも類は、湯でのばしたり、おかゆと混ぜてかたさを調節したりすると、食べやすく。

食べ慣れたおかゆに豆腐を混ぜて食べやすく

炭水化物 たんぱく質

豆腐のおかゆ

材料

10倍がゆ（➡p.36）
… 大さじ2〜3
豆腐（絹ごし）… 10g

作り方

1. 豆腐はゆでる（下記参照）。
2. 1を裏ごしする。
3. 10倍がゆに2をのせる。

あんしん 豆腐は必ず加熱して

離乳食では、豆腐は火を通して殺菌してから使います。水からゆで始め、1〜2分煮立たせればOK。

炭水化物 たんぱく質

魚のうまみとお米の甘みがたっぷり

たいのおかゆ

アレンジレシピ 材料のたいをひらめ5gに変えてもよい。作り方は同様で、ひらめに骨や皮がある場合は丁寧に取り除く。

材料

10倍がゆ（➡p.36）
… 大さじ2〜3
たい（刺身用）… 5g
湯 … 適量

作り方

1. たいはゆでる（煮立っている湯に入れる）。
2. 1をすりつぶす。
3. 湯を加えてのばす。
4. 10倍がゆに3をのせる。

らくらく 下ごしらえ不要！

食べる量が少ない離乳食の始めのころは、刺身用を使うと手軽です。1切れでだいたい10g程度。骨などを除く手間も省けます。

1品で主食・主菜・副菜をすべてカバー！

炭水化物 たんぱく質 ビタミン・ミネラル

かぼちゃとたいのおかゆ

材料

10倍がゆ（➡p.36）
… 大さじ2
かぼちゃ … 10g
たい … 5g

作り方

1. かぼちゃは水からやわらかくゆでる。湯をきり、熱いうちに皮を取り除いてなめらかにつぶす。
2. たいは熱湯でゆでてすりつぶし、湯を加えてのばす。
3. 10倍がゆに1、2をのせる。

あんしん 魚の扱い方がわかる

たいなどの白身魚は、ゆでてからすりつぶし、湯を加えてなめらかにすると、赤ちゃんが飲み込みやすい食感になります。

炭水化物　たんぱく質　ビタミン・ミネラル

しらすの塩気がじゃがいもと好相性

じゃがいもとしらすのおかゆ

材料

10倍がゆ（➡p.36）
… 大さじ2
じゃがいも … 10g
しらす干し … 小さじ1

作り方

1. じゃがいもは皮をむき20分ほど水にさらし、あく抜きする。水からやわらかくゆでて湯をきり、熱いうちになめらかにつぶす。
2. しらす干しは器に入れ、熱湯を注ぐ。2〜3分おいて湯をきり、塩抜きしてすりつぶす。
3. 10倍がゆに1、2をのせる。

らくらく　簡単に塩抜きできる！

しらす干しは塩分が強いので塩抜きを。ゆでなくても、上記作り方2の方法で簡単に塩抜きできます。

炭水化物　たんぱく質　ビタミン・ミネラル

ひらめのうまみが味のアクセントに

小松菜とひらめのおかゆ

材料

10倍がゆ（➡p.36）
… 大さじ2〜3
小松菜（葉先）
… 3〜4枚（10g）
ひらめ … 5g

作り方

1. 小松菜は熱湯でやわらかくゆで、冷水にとって冷まし、こまかく刻む。
2. ひらめは熱湯でゆでる。すりつぶし、湯を加えてのばす。
3. 10倍がゆに1、2をのせる。

あんしん　食材の味を覚える

離乳食は食材を分けて盛りつけると、1つの食材だけ食べさせたり、左の写真のように食卓で混ぜながら食べさせて複数の食材の味を体験させることもできます。

しらすの塩気がトマトのうまみを引き立てる

炭水化物　たんぱく質　ビタミン・ミネラル

トマトとしらすのおかゆ

材料

10倍がゆ（➡p.36）
… 大さじ2〜3
トマト … 10g
しらす干し … 小さじ1

作り方

1. トマトは湯むきする（➡p.44）。横半分に切って種を取り除き、裏ごしする。
2. しらす干しは塩抜き（上記「じゃがいもとしらすのおかゆ」参照）して、すりつぶす。
3. 10倍がゆに1、2をのせる。

らくらく　だしを使わずおいしく仕上がる！

トマトとしらす干しはうまみが豊富な食材。調味料を使わない時期は、上手に活用すると、離乳食のおいしさがぐんとアップします。

アレンジレシピ　材料の10倍がゆをさつまいも10〜15gに変えてもよい。「さつまいものすりつぶし」(p.45) を参照して作り、トマトとしらす干しをのせる。

パンがゆに慣れたら野菜を足してみても

炭水化物 ビタミン・ミネラル

ブロッコリーのパンがゆ

材料

食パン（8枚切り・耳を除く）… 1/6枚
湯 … 大さじ3〜4
ブロッコリー … 小房2/3個（10g）

作り方

1. 食パンは軽くトーストする。小さくちぎり、湯を加えてふやかし、混ぜる。湯を加え、かたさを調整する。
2. ブロッコリーは、小房ごと熱湯でやわらかくゆでる。花蕾（からい➡p.44）をすりつぶす。
3. 1に2をのせる。

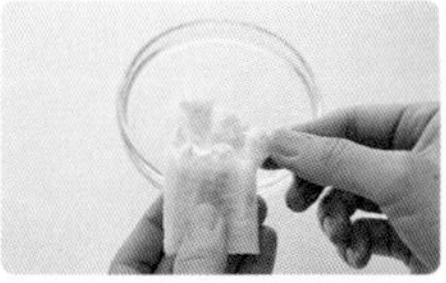

らくらく 洗い物が減る！

食パンはトーストしてからちぎると、湯をかけたときに水分を吸うため、鍋で煮なくてもやわらかくなります。

炭水化物 たんぱく質

アレンジレシピ 材料のひらめを、たい10gに変えてもよい。作り方は同様で、たいに骨や皮がある場合は丁寧に取り除く。

パンがゆにたんぱく源をのせて目先を変えてみて

ひらめのパンがゆ

材料

食パン（8枚切り・耳を除く）… 1/6枚
湯 … 大さじ3〜4
ひらめ … 10g

作り方

1. 食パンは軽くトーストする。小さくちぎり、湯を加えてふやかし、混ぜる。湯を加え、かたさを調整する。
2. ひらめは熱湯でゆでる。すりつぶし、湯を加えてのばす。
3. 1に2をのせる。

あんしん 食べやすい食感に

ゆでた白身魚はそのままではパサついて食べづらいため、湯でのばして飲み込みやすくしましょう。

パンとにんじん、ミルクの甘みが赤ちゃん好み

炭水化物 たんぱく質 ビタミン・ミネラル

にんじんとミルクのパンがゆ

材料

食パン（8枚切り・耳を除く）… 1/6枚
調乳ミルク … 小さじ2
湯 … 大さじ3〜4
にんじん … 10g

作り方

1. 食パンは軽くトーストする。小さくちぎり、湯を加えてふやかし、混ぜる。湯を加え、かたさを調整する。
2. 1に調乳ミルクを混ぜる。
3. にんじんはやわらかくゆでてつぶす。
4. 2に3をのせる。

あんしん 食材に慣れる

赤ちゃんになじみのある調乳ミルクを使うことで食べやすくなります。

米がゆに慣れたらめん類にも挑戦！

炭水化物　ビタミン・ミネラル

キャベツとトマトのめんがゆ

材料

そうめん（乾めん）…5g
湯…適量
キャベツ…5g
トマト…5g

作り方

1. そうめんはやわらかくゆでて冷水にとり、洗う。刻んですりつぶし、湯でのばす。
2. キャベツは熱湯でやわらかくゆでる。トマトは湯むき（➡p.44）し、横半分に切り種を除く。それぞれ裏ごしするかすりつぶす。
3. 1に2をのせる。

あんしん　なめらかにする

めんは刻んでから、すりこぎでたたくようにしてすりつぶすとなめらかにしやすく調理がらくです。

炭水化物　たんぱく質　ビタミン・ミネラル

アレンジレシピ　材料のうどんをそうめん（乾めん）5gに変えてもよい。作り方は同様にする。

食感の違いが楽しい

豆腐とにんじんのうどんがゆ

材料

うどん（乾めん）…5g
湯…適量
豆腐（絹ごし）…10g
にんじん…10g

作り方

1. うどんはやわらかくゆでて冷水にとり、洗う。刻んですりつぶし、湯でのばす。
2. 豆腐はゆでる。にんじんは皮をむいて水からやわらかくゆでる。それぞれ裏ごしするか、すりつぶす。
3. 1に2をのせる。

あんしん　めんは洗ってぬめりを取る

乾めんは塩分や油分を落とすため、やわらかくゆでてから水洗いします。流水で洗ってもOK。

かれいのうまみや塩気で食べやすく

炭水化物　たんぱく質　ビタミン・ミネラル

ほうれん草とかれいのそうめんがゆ

材料

そうめん（乾めん）…5g
湯…適量
ほうれん草（葉先）…3〜4枚（10g）
かれい…5g

作り方

1. そうめんはやわらかくゆでて冷水にとり、洗う。刻んですりつぶし、湯でのばす。
2. かれいはゆでてすりつぶし、湯でのばす。
3. ほうれん草はやわらかくゆでる。冷水にとり、水を換えながら20分ほどさらしてあく抜きする。水気を絞ってこまかく刻む。
4. 1に2、3をのせる。

らくらく　使う分だけ！

少量ずつ使える乾めんは離乳食向き。まとめて下ごしらえして、小分けして冷凍してもOK（➡p.39参照）。

食べる量が少ないときは、いも類を主食に

炭水化物　ビタミン・ミネラル

じゃがいもと白菜のペースト

材料

じゃがいも … 15g
湯 … 適量
白菜 … 10g

作り方

1. じゃがいもは皮をむき20分ほど水にさらし、あく抜きする。水からやわらかくゆでて湯をきり、熱いうちになめらかにつぶす。
2. 白菜は熱湯でやわらかくゆでる。水気を軽く絞って裏ごしする。
3. 1に2をのせる。

らくらく　主食にも副菜にも！

炭水化物が豊富なじゃがいもは、食べる量が少ない5〜6カ月ごろは主食にしても。ビタミンCなども豊富で副菜としても使えます。

アレンジレシピ　材料のじゃがいもをさつまいも15gに変えてもよい。「さつまいものすりつぶし」(p.45）を作り、白菜をのせる。

炭水化物　ビタミン・ミネラル

アレンジレシピ　材料のさつまいもをじゃがいも15gに変えてもよい。「じゃがいものペースト」(p.42）を作り、2のりんごをのせる。

さつまいもとりんごの甘みがおいしいデザート風

さつまいものりんご風味

材料

さつまいも … 15g
湯 … 適量
りんご … 10g

作り方

1. さつまいもは厚めに皮をむいて水に20分ほどさらし、あく抜きする。やわらかくゆでて湯をきり、熱いうちになめらかにつぶす。
2. りんごは皮をむいて種を除き、すりおろす。耐熱容器に入れてラップをかけ、電子レンジ（600W）で20〜30秒加熱する。
3. 1を湯でのばし、2をのせる。

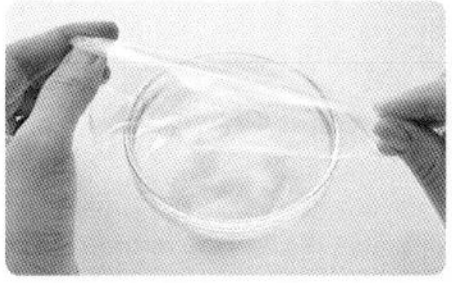

らくらく　電子レンジで下ごしらえ完了！

りんごは皮と種を除き、すりおろしてから20〜30秒電子レンジにかけます。鍋で加熱するより簡単です。

バナナの甘みでトマト嫌いを克服

炭水化物　ビタミン・ミネラル

バナナのとろとろ トマトのせ

材料

バナナ … 15g
湯 … 適量
トマト … 10g

作り方

1. バナナをつぶして小鍋に入れ、湯を加えながらのばし、火を通す。
2. トマトは湯むきする（➡p.44）。横半分に切って種を取り除き、裏ごしする。
3. 1に2をのせる。

あんしん　果物も加熱が必要

バナナは炭水化物が多いので、食べる量が少ない5〜6カ月ごろは主食にしても。つぶして鍋などで加熱して使います。

アレンジレシピ　材料のバナナをじゃがいも15gに変えてもよい。「じゃがいものペースト」(p.42参照）を作り、2のトマトをのせる。

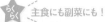

はじめてのたんぱく源におすすめ

たんぱく質

豆腐のとろとろ

材料

豆腐（絹ごし）… 15g
湯 … 適量

作り方

1. 豆腐はゆでる。
2. 1を裏ごし、もしくはすりつぶす。
3. 湯でのばす。

あんしん　豆腐は必ず加熱を

離乳食の始めのころは、豆腐はなめらかに調理しやすい絹ごし豆腐を使います。ゆでたり電子レンジで加熱したりして。殺菌してから使います。

たんぱく質　ビタミン・ミネラル

豆腐+にんじんで甘みが増して食べやすく

豆腐とにんじんのとろとろ

材料

豆腐（絹ごし）… 10g
にんじん … 5g
湯 … 適量

作り方

1. 豆腐はゆでる。裏ごし、もしくはすりつぶす。
2. にんじんは皮をむき、水からやわらかくゆでる。裏ごしするかすりつぶす。
3. 1、2をそれぞれ湯でのばし、盛り合わせる。

らくらく　調理が簡単！

豆腐はやわらかく、すり鉢の中で動いてしまいます。なめらかにしたいときはすりつぶすより裏ごしするほうが調理しやすいです。

成長に合わせてすりつぶし方を変えて

たんぱく質　ビタミン・ミネラル

豆腐とキャベツのとろとろ

材料

豆腐（絹ごし）… 10g
キャベツ … 5g
湯 … 適量

作り方

1. 豆腐はゆでる。裏ごし、もしくはすりつぶす。
2. キャベツは熱湯でやわらかくゆでて、裏ごしする。
3. 1、2をそれぞれ湯でのばし、盛り合わせる。

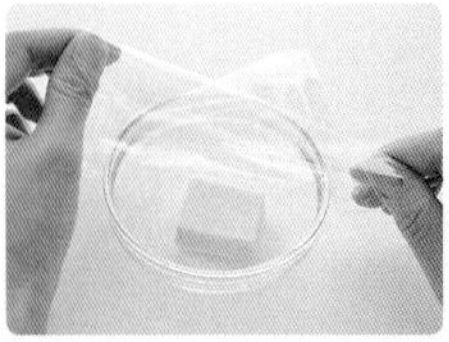

らくらく　20秒で下ごしらえ完了！

豆腐の加熱は電子レンジでもOK。豆腐を切り耐熱容器に入れてラップをかけ、材料の分量なら電子レンジ（600W）で20〜30秒ほど加熱。

アレンジレシピ　材料の豆腐をひらめ5gに変えてもよい。「ひらめのすり流し」（p.57）を作り、作り方3でキャベツと盛り合わせる。

豆腐が苦手な赤ちゃんは他の食材と合わせて

たんぱく質　ビタミン・ミネラル

豆腐とカリフラワーのペースト

材料

豆腐（絹ごし）… 10g
カリフラワー
　… 小房2/3個（10g）
湯 … 適量

作り方

1. 豆腐はゆでる。裏ごし、もしくはすりつぶす。
2. カリフラワーは熱湯でやわらかくゆでて、すりつぶす。
3. 1、2をそれぞれ湯でのばし、盛り合わせる。

あんしん　豆腐の保存法

豆腐は余ったら水を張った密閉容器などに入れて冷蔵庫で保存します。2〜3日のうちに、なるべく大人用の料理で使いきります。

アレンジレシピ　材料の豆腐をたい5gに変えてもよい。たいは熱湯でゆでてすりつぶし、湯を加えてのばす（皮や骨があれば取り除く）。作り方3でカリフラワーと盛り合わせる。

たんぱく質　ビタミン・ミネラル

ブロッコリーの小さいつぶも豆腐で食べやすく

豆腐とブロッコリーのとろとろ

材料

豆腐（絹ごし）… 10g
ブロッコリー
　… 小房1/3個（5g）
湯 … 適量

作り方

1. 豆腐はゆでる。裏ごし、もしくはすりつぶす。
2. ブロッコリーは小房ごと熱湯でやわらかくゆでる。花蕾（からい➡p.44）だけ切り取り、すりつぶす。
3. 1、2をそれぞれ湯でのばし、盛り合わせる。

らくらく　洗い物が減る！

ブロッコリーと豆腐をすりつぶすときは、同じすり鉢で順番にすりつぶしてOKです。

5〜6カ月ごろは低脂肪の白身魚を選んで

たんぱく質

ひらめのすり流し

材料

ひらめ … 10g
湯 … 適量

作り方

1. ひらめは熱湯でゆでる。皮、骨がついている場合はゆでてから丁寧に取り除く。
2. 1をすりつぶす。
3. 湯を加えてのばす。

あんしん　おいしく仕上がる

ひらめなどの白身魚は、ゆでるときに火を通しすぎるとかたくなるので注意して。身が白くなったらゆで上がりなので、引き上げましょう。

たんぱく質 ビタミン・ミネラル

白菜の水分で口当たりがよいペーストに

たいと白菜のペースト

材料

たい … 10g
白菜 … 10g
湯 … 適量

作り方

1. たいは熱湯でゆでる。皮、骨を取り除いてすりつぶし、湯を加えてのばす。
2. 白菜は熱湯でやわらかくゆで、水気を軽く絞って裏ごしする。
3. 1、2を盛り合わせる。

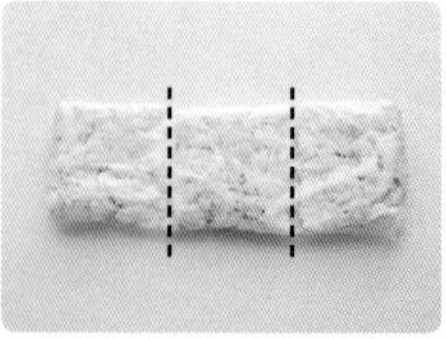

らくらく　まとめ作業で手間なし

魚はまとめて下ごしらえして冷凍が便利。ほぐしてラップで包み、写真の点線のように箸で筋目をつけると1食分を取り分けやすいです。

アレンジレシピ　材料の白菜を大根10gに変えてもよい。「大根のすりおろし」(p.45) を作り、1のたいと盛り合わせる。

たんぱく質 ビタミン・ミネラル

慣れた食材と合わせてお魚メニューを食べやすく

にんじんのすりつぶし ひらめのせ

材料

ひらめ … 10g
にんじん … 10g
湯 … 適量

作り方

1. ひらめは熱湯でゆでる。皮、骨を取り除いてすりつぶし、湯を加えてのばす。
2. にんじんは皮をむいて水からやわらかくゆで、すりつぶす。
3. 2に1をのせる。

あんしん　食材の増やし方

はじめての食材は、食べ慣れた食材と、新しく挑戦する食材を組み合わせると赤ちゃんもあんしんです。

魚のうまみの中に、青菜の甘みを感じる

たんぱく質 ビタミン・ミネラル

かれいのペースト 小松菜のせ

材料

かれい … 10g
小松菜（葉先）
　… 2枚（5g）
湯 … 適量

作り方

1. かれいは熱湯でゆでる。皮、骨を取り除いてすりつぶし、湯を加えてのばす。
2. 小松菜は熱湯でやわらかくゆで、冷水にとって冷まし、こまかく刻む。
3. 1に2をのせる。

らくらく　青菜を克服！

苦手な赤ちゃんが多い青菜ですが、うまみの多い魚と組み合わせると食べてくれやすくなります。

赤ちゃん用イタリアンメニュー！

たんぱく質　ビタミン・ミネラル

トマトとかれいのとろとろ

材料

かれい … 10g
トマト … 10g
湯 … 適量

作り方

1. かれいは熱湯でゆでる。皮、骨を取り除いてすりつぶし、湯を加えてのばす。
2. トマトは湯むきする（➡p.44）。種を取り除いてすりおろす。
3. 1、2を盛り合わせる。

らくらく　魚の扱い方がわかる

離乳食で魚を扱うときは、皮や骨は丁寧に取り除きましょう。加熱前より後のほうが取り除きやすいです。

たんぱく質　ビタミン・ミネラル

アレンジレシピ　材料のたいを豆腐15gに変えてもよい。「豆腐のとろとろ」(p.56）を作り、2のほうれん草と盛り合わせる。

ほうれん草はあく抜きして食べやすく

たいとほうれん草のとろとろ

材料

たい … 10g
ほうれん草（葉先）… 2枚（5g）
湯 … 適量

作り方

1. たいは熱湯でゆでる。皮、骨を取り除いてすりつぶし、湯を加えてのばす。
2. ほうれん草は熱湯でやわらかくゆでる。冷水にとる。水を換えながら20分ほどさらしてあく抜きする。こまかく刻む。
3. 1、2を盛り合わせる。

らくらく　おいしく仕上がる

ほうれん草はあく抜きに時間がかかるため、時間がないときは小松菜を使っても。小松菜やほうれん草は、たいとは別にゆでて。

いろいろな組み合わせで食材に慣れさせて

たんぱく質　ビタミン・ミネラル

かぼちゃのペースト しらすのせ

材料

しらす干し … 小さじ1
かぼちゃ … 10g
湯 … 適量

作り方

1. しらす干しは塩抜きする（➡p.52）。こまかく刻む。
2. かぼちゃは水からやわらかくゆでる。湯をきり、熱いうちに皮を取り除いてなめらかにつぶす。湯でのばす。
3. 2に1をのせる。

あんしん　塩分を除く

しらす干しには塩分が含まれるため、塩抜きしてからこまかく刻みます。釜揚げしらすの場合も同様です。

アレンジレシピ　材料のしらす干しを豆腐（絹ごし）15gに変えてもよい。「豆腐のとろとろ」(p.56）を作り、2のかぼちゃと盛り合わせる。

ほんのり甘くてやさしい味わい

ビタミン・ミネラル

大根とキャベツのペースト

材料

大根 … 10g
キャベツ … 5g
湯 … 適量

作り方

1. 大根は水からやわらかくゆで、フォークでよくつぶす。
2. キャベツは熱湯でやわらかくゆでて裏ごしする。
3. 1、2をそれぞれ湯でのばし、盛り合わせる。

あんしん　少しずつステップアップ

ペーストに慣れたら、やわらかくゆでた大根をフォークでこまかくつぶし、少しだけかたまりを残したものに挑戦していきましょう。

ビタミン・ミネラル

かぼちゃの甘みで青菜の苦味を克服

かぼちゃの小松菜のせ

材料

かぼちゃ … 10g
小松菜（葉先）
… 2枚（5g）
湯…適量

作り方

1. かぼちゃは皮つきのまま、水からやわらかくゆでる。湯をきり、熱いうちに皮を取り除いてなめらかにつぶす。
2. 小松菜は熱湯でやわらかくゆで、冷水にとり、冷ます。こまかく刻む。
3. 1、2をそれぞれ湯でのばし、盛り合わせる。

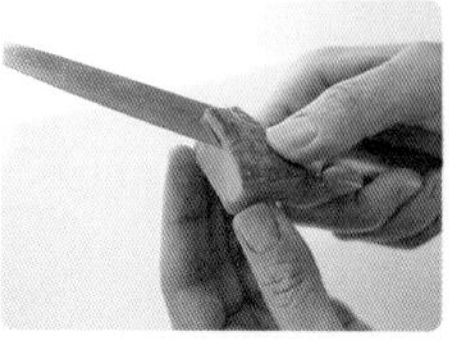

らくらく　時間短縮！

かぼちゃは皮つきのままゆでてOK。加熱した後のほうが、簡単に皮をむくことができます。

かぶの甘さをブロッコリーが引き立てる

ビタミン・ミネラル

かぶとブロッコリーのマッシュ

材料

かぶ … 10g
ブロッコリー
… 小房1/3個（5g）
湯 … 適量

作り方

1. かぶは厚めに皮をむき、水からやわらかくゆでてつぶす。
2. ブロッコリーは、小房ごと熱湯でやわらかくゆでる。花蕾（からい➡p.44）だけ切り取り、すりつぶす。
3. 1、2をそれぞれ湯でのばし、盛り合わせる。

あんしん　少しずつステップアップ

ブロッコリーは、最初は花蕾（からい）をすりつぶして使いますが、慣れてきたら花蕾の先をばらして、つぶのままあげてもOKです。

アレンジレシピ

材料のかぶを白菜10gに変えてもよい。「白菜のスープ」（p.43）を作り、3でブロッコリーと盛り合わせる。

カリフラワーの甘みでトマトの酸味を食べやすく

ビタミン・ミネラル

トマトとカリフラワーのペースト

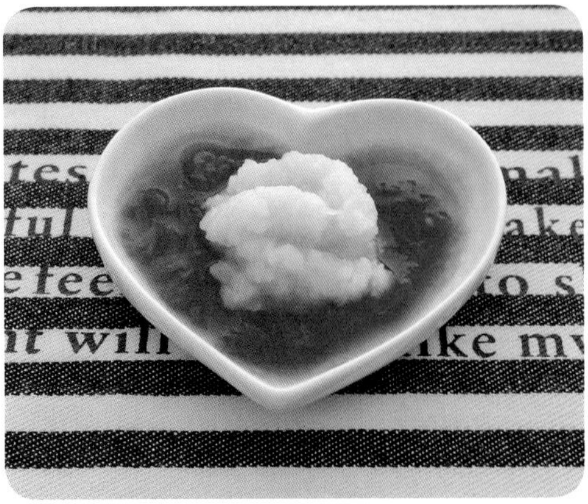

材料

カリフラワー
… 小房2/3個（10g）
トマト … 10g
湯 … 適量

作り方

1. カリフラワーは熱湯でやわらかくゆで、つぶす。
2. トマトは湯むきする（➡p.44）。種を取り除いてすりおろす。
3. 1、2をそれぞれ湯でのばし、盛り合わせる。

らくらく なめらかになる

トマトは湯むきした後、すりおろすと簡単になめらかに。離乳食に使わない分は大人用のトマトソースなどに活用しましょう。

ビタミン・ミネラル

アレンジレシピ 材料のほうれん草を小松菜5gに変えてもよい。熱湯でやわらかくゆでて裏ごしし、作り方1のにんじんにのせる。

元気が出る野菜の組み合わせ！

にんじんとほうれん草のペースト

材料

にんじん … 10g
ほうれん草（葉先）
… 2枚（5g）
湯 … 適量

作り方

1. にんじんは皮をむいて水からやわらかくゆで、すりつぶす。
2. ほうれん草は熱湯でやわらかくゆで、冷水にとる。水を換えながら20分ほどさらしてあく抜きする。こまかく刻む。
3. 1、2をそれぞれ湯でのばし、盛り合わせる。

らくらく 葉物野菜の食べさせ方

苦手な子も多い葉物野菜ですが、にんじんなど甘みのある野菜と合わせると食べてくれるようになることも。

白菜の甘みとトマトのうまみの洋風とろとろ

ビタミン・ミネラル

トマトと白菜のペースト

材料

トマト … 10g
白菜 … 5g
湯 … 適量

作り方

1. トマトは湯むきする（➡p.44）。種を取り除いてすりおろす。
2. 白菜は熱湯でやわらかくゆで、水気を軽く絞って裏ごしする。
3. 1、2をそれぞれ湯でのばし、盛り合わせる。

あんしん おいしく仕上がる

白菜はやわらかくゆでると甘みが増します。外側より中心に近い葉の部分のほうが甘みが強いです。

ステップ1
離乳初期

全国のママ・パパ&赤ちゃんの離乳食生活①

離乳食を進めていると、他の赤ちゃんの様子も気になりますよね。ここでは、実際の5～6カ月ごろの赤ちゃんがどのように離乳食を進めているかをご紹介します。赤ちゃんによってさまざまな個性があるのがわかります。

6カ月ベビー
離乳食を始めて7日目

美優（みゆう）ちゃん

DATA

身長 … 68㎝
体重 … 6520g
母乳 … 6回
ミルク … 0回
離乳食 … 1回(AM10:00)
歯の本数 … 0本

離乳食スタート から7日目

初日は重湯をあげました。7日目の今日も10倍がゆをいただきます。食後の麦茶もいっしょにそえて、お食事スタート！

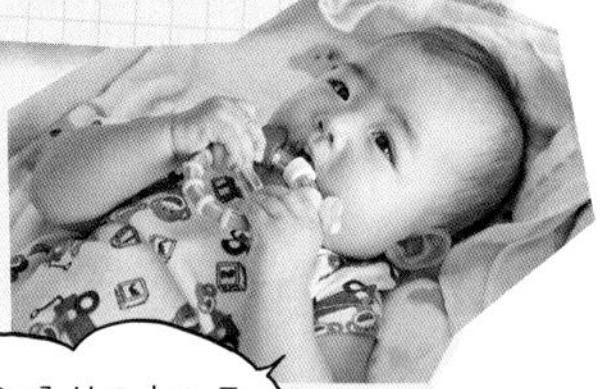

お気に入りのキャラクターが入った歯がためをカミカミするのが大好き！

少しずつ上手にゴックンできるように

いただきまーす！

① ご機嫌な状態で「いただきます!」。上手にスプーンを口に入れられるかな?

② おかゆをうまく口の中に取り込めなくて、ときどきこぼしてしまいます。だけど、あきらめずにトライ！ 何度かくり返すとパクッとスプーンを口に入れてくれました。

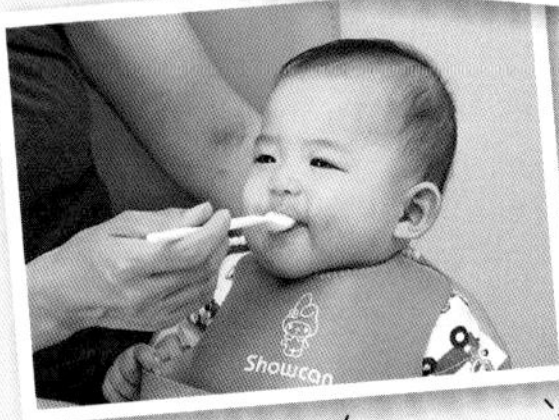

パクッ！

③ 一度おかゆを口の中に取り込んだら、その後は口から出さずに上手にゴックンできました。まだまだ7日目。昨日ははじめて食べたさつまいもを「べべべッ」と出してしまったけれど、少しずつ慣れていっています。

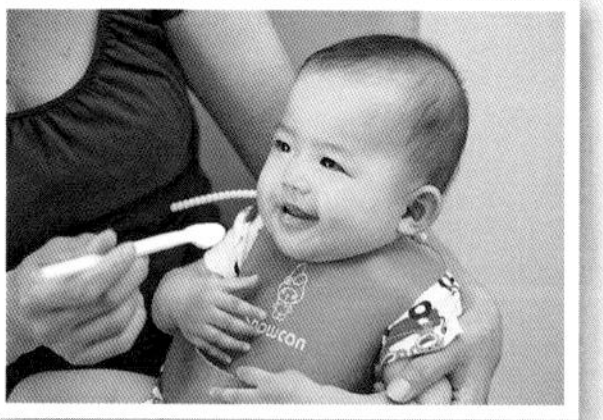

上手にできたよ！

最近の成長と離乳食

生後5カ月になって寝返りができるようになったり、ママのほうを見ることが増えたり、鏡や木のおもちゃに興味を示したりと、成長が感じられる美優ちゃん。生後6カ月11日に当たる日に、離乳食をスタートしました。

6ヵ月ベビー 離乳食1カ月ダイアリー

悠人(ゆうと)くん

DATA
身長 … 67㎝
体重 … 7190g
母乳 … 6回
ミルク … 1回
離乳食 … 1回(AM11:00)
歯の本数 … 0本

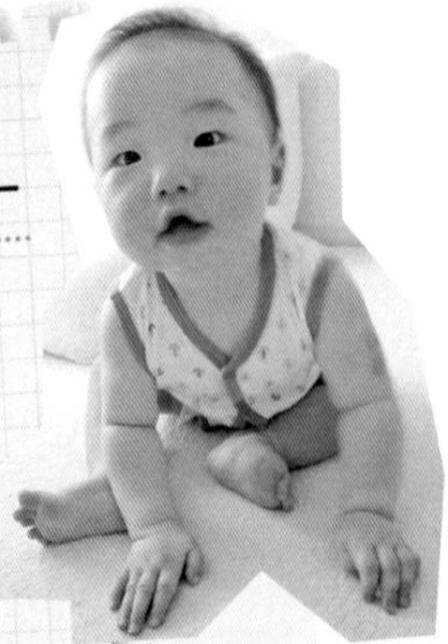

お座りがそれらしい形に。よだれも増えてきたし、離乳食スタートを決めました！

生後5カ月と23日目にスタート！

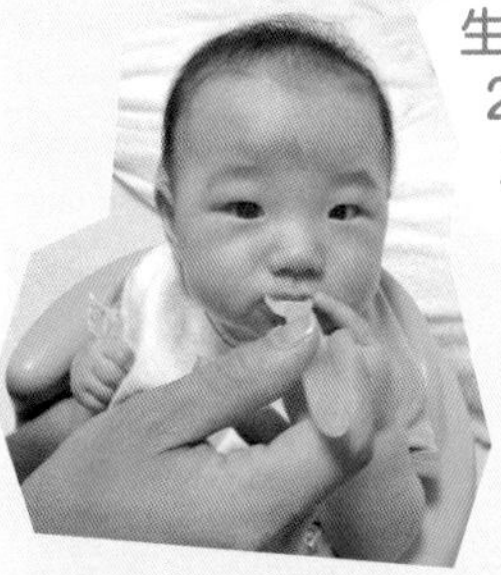

いつものおっぱいと違う味……。何だろう？

1日目 はじめての10倍がゆ

はじめての10倍がゆ。スプーンにパクッと食いつきました。ゴックンも、上手にできたよう。赤ちゃん用スプーンで3さじ、もっと食べたそうでしたが今日はここまで。

3日目 麦茶はあんまり……

おかゆを7さじ食べたら、おなかがいっぱいになったのか、プイッと横を向いておしまい。食後に麦茶をそえましたが、「にがーい」という顔をして飲みませんでした。

6日目 はじめてのおいも！

さつまいものペーストにりんごを混ぜたものをプラス。りんごはBF（ベビーフード）のびん詰めを使って、余ったので冷凍しました。さっぱりした甘さが気に入ったのか、完食！

8日目 はじめての野菜！

BFのりんごに、にんじんの裏ごしを混ぜて、野菜に初チャレンジ！　りんごには慣れていたからか、こちらも上手にゴックンしました。明日はにんじんだけであげてみようかな？

最近の成長と離乳食

離乳食を始めて1カ月間の記録です。始める時期がやや遅めだったからか、上手にゴックンできることが多い気がします。おかゆの水分量や青菜を食べさせる量など迷いながらも少しずつ進んでいます。

いつものおかゆがよかったよ〜

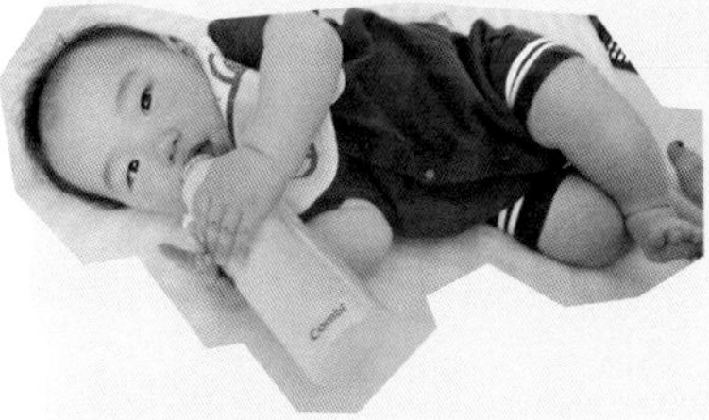

20日目 ちょっと飲み込みづらい…

いつもは10倍がゆをすりつぶしていたけど、それをやめてちょっとぽってりめにしてみました。いつもの半分くらいの食いつき。食後にミルクをたくさん飲みました。

21日目 今日は完食！

おかゆの水分を減らしつつ、いつものようにすりつぶしたら、完食！　ちょっと急にステップアップしすぎたかな？

22日目 ほうれん草がそのまま！

午前中の離乳食で食べたほうれん草がうんちにそのまま出てきてびっくり。食べた量は裏ごししてのばしたのを小さじ1くらい。ちょっと多すぎたかな？

30日目 ごはんの時間、大好き！

離乳食がスタートしてもうすぐ1カ月。食卓につくと、テーブルをトントンとたたいて喜び、ごはんを催促します。

らくらく調理のコツ 1

フリージング

離乳食作りで大活躍するフリージング。ここでは、冷凍に向く食材・向かない食材や、月齢別の冷凍・調理法を紹介します。

フリージングの3つの基本ルール

① 食材選び

冷凍に向く食材を選ぶ

根菜などやわらかくするのに時間がかかる食材は時間があるときにまとめて調理して冷凍保存。魚や肉など傷みやすい食材は新鮮なうちに冷凍すると安全でおいしい状態で活用できます。

冷凍におすすめの食材

おかゆやめん類、だし汁や野菜スープなど……製氷皿を利用（➡p.39参照）。
魚・肉……しらす干しは塩抜きするなど下ごしらえしてから冷凍。
野菜……にんじんやかぼちゃ、ほうれん草などはゆでてから時期に合わせた形状にして冷凍。

冷凍は避けたい食材

豆腐……冷凍するとスが入り食感が変わってしまうのでNG。
卵……生やゆで卵は食感が悪くなります。炒り卵やオムレツならOK。
大根……火を通すか大根おろしにすればOK。
きゅうり……水分が多いので解凍すると水分が抜けて食感が悪くなります。

② 冷凍方法

小分けにして密封して冷凍

熱いうちに小分けにして密封すると、水分が逃げず、解凍したときにパサつきにくくなります。また、**雑菌の繁殖や酸化を防ぐため、空気をしっかり抜くことも大切**です。密封後は冷ましてから冷凍室に入れます。

ペースト状に加工した野菜は冷凍用保存袋に入れて空気を抜き、密封します。薄く平らにして冷凍すると、使いたい量を手で折るだけで取り出せるので便利です。

食材は1回分ずつシリコンカップや紙カップに入れ、保存容器や保存袋に入れて冷凍してもOK。解凍するときはカップから食材を取り出して耐熱容器に移し替えます。

③ 解凍方法

自然解凍はNG

品質や衛生面を考え、**冷凍した食材は1週間程度を目安に使い切ります。**

解凍するときは、電子レンジやガスレンジなどで一気に熱々に加熱します。自然解凍だと、うまみが落ちてしまうだけでなく、雑菌が繁殖してしまうからです。電子レンジで加熱する場合は、加熱後に混ぜてみて冷たい部分が残っていないか確認します。**一度解凍した食材の再冷凍は避けましょう。**

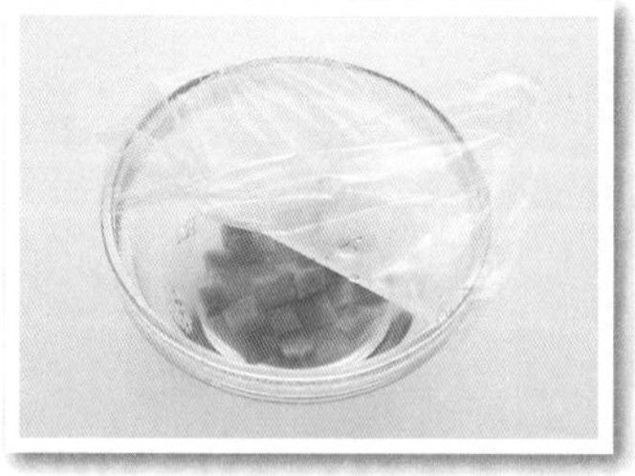

電子レンジで加熱すると水分が抜けてかたくなってしまうことも。耐熱容器に入れて水分を少量加え、ラップをかけて加熱します。

冷凍しておくと便利な食材と月齢別フリージング法

にんじん

緑黄色野菜の中でもβ-カロテンの含有率はトップクラス。いろいろなメニューに使い回しやすいので、時期に合わせた形状に加熱して冷凍しておくと重宝します。

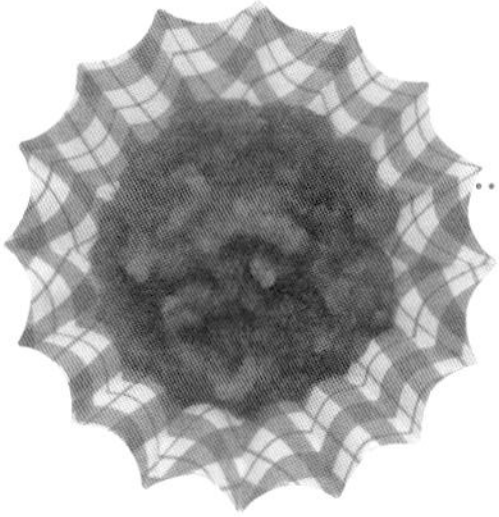

5〜6カ月ごろ（離乳初期）

やわらかくゆでてすり鉢ですりつぶし、湯を少しずつ加えてなめらかにのばす。

7〜8カ月ごろ（離乳中期）

やわらかくゆでてフォークなどで粗くつぶす。

9〜11カ月ごろ（離乳後期）

やわらかくゆでて5mm角に切る。

※離乳後期以降は、せん切りやいちょう切りなどさまざまな形状で冷凍し、料理によって使い分けると便利。

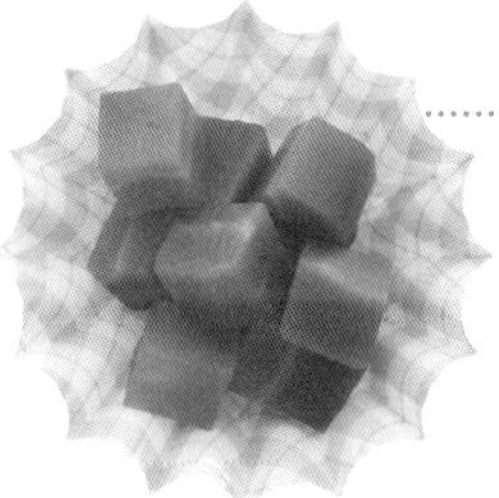

1才〜1才6カ月ごろ（離乳完了期）

やわらかくゆでて1cm角に切る。

ほうれん草

ほうれん草はビタミンCや鉄分、カルシウムなど栄養の宝庫。葉がピンと張った新鮮なうちに調理すると、栄養分の損失も少なくて済みます。あく抜きに時間がかかるので、まとめて調理しておくとらくです。

5〜6カ月ごろ（離乳初期）

葉先だけ使う。やわらかくゆでて水にさらし、すり鉢ですりつぶすか裏ごしする。湯を少しずつ加えてなめらかにのばす。

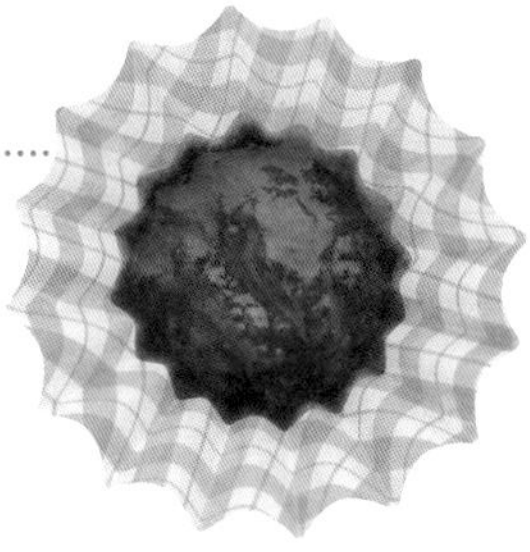

7〜8カ月ごろ（離乳中期）

葉先だけ使う。やわらかくゆでて水にさらす。2〜3mm幅に縦横にこまかく刻む。

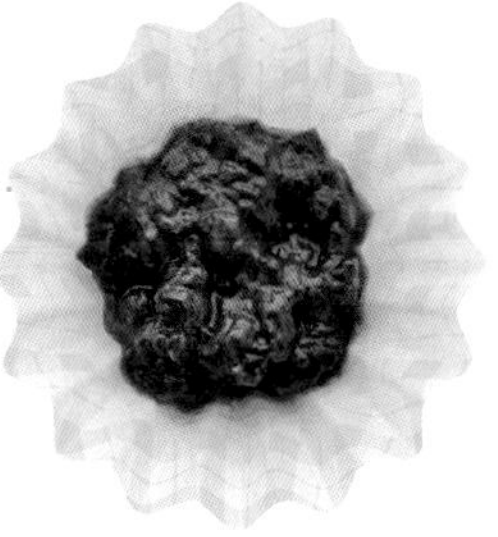

9〜11カ月ごろ（離乳後期）

葉先だけ使う。やわらかくゆでて水にさらす。3〜4mm幅に縦横にこまかく刻む。

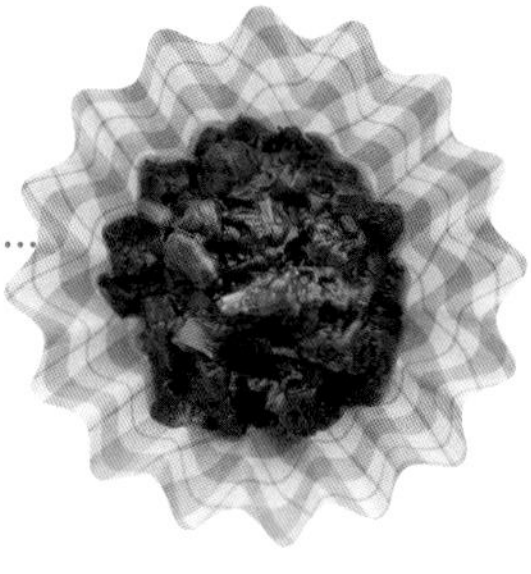

1才〜1才6カ月ごろ（離乳完了期）

やわらかくゆでて水にさらす。7〜8mm幅に縦横にこまかく刻む。

かぼちゃ

甘みが強く、赤ちゃんに人気のかぼちゃ。9〜11カ月ごろ以降は、粗つぶしだけでなく、角切りなどさまざまな形で冷凍し、料理によって使い分けましょう。さまざまなかみ方の練習になります。

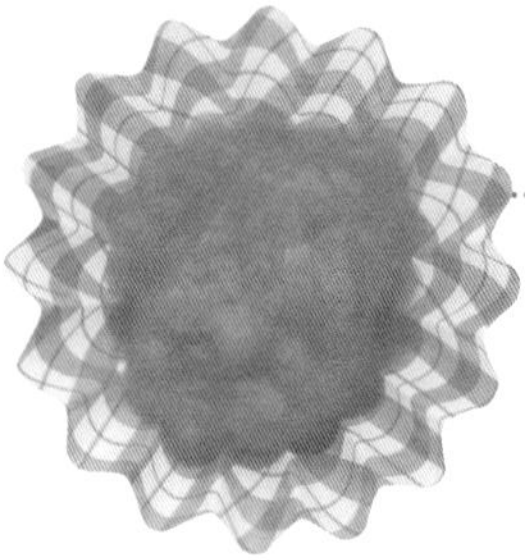

5〜6カ月ごろ（離乳初期）

皮や種、わたを除く。やわらかくゆでてすり鉢ですりつぶし、なめらかにのばす。

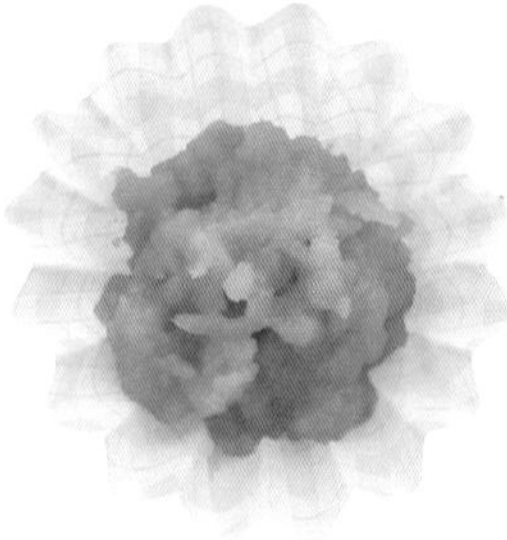

7〜8カ月ごろ（離乳中期）

皮や種、わたを除く。やわらかくゆでてフォークなどでこまかくつぶす。

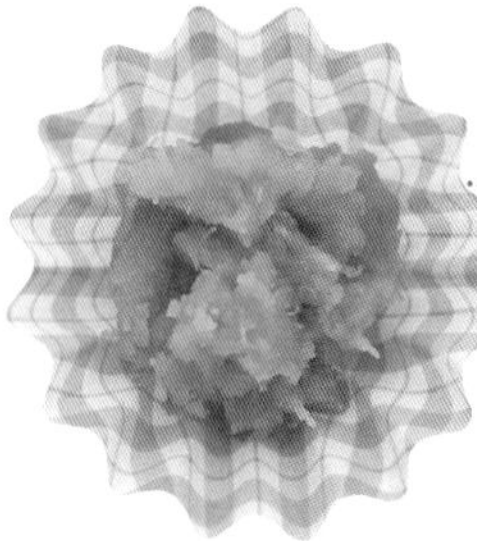

9〜11カ月ごろ（離乳後期）

皮や種、わたを除く。やわらかくゆでてフォークなどで粗くつぶす。または5㎜角程度に切る。

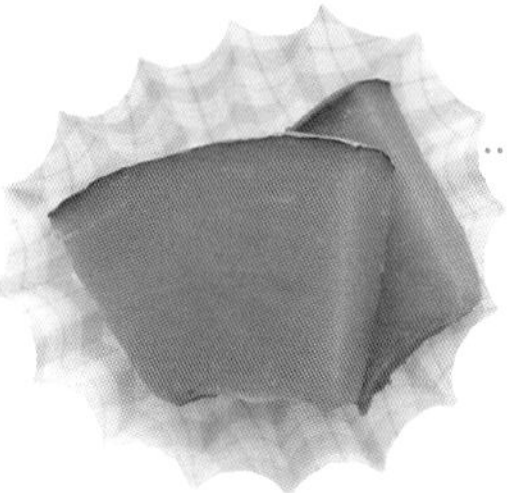

1才〜1才6カ月ごろ（離乳完了期）

種、わたを除く。やわらかくゆでて7㎜幅のいちょう切りにする。

白身魚

離乳食は1回に食べる量が少ないので、白身魚などの傷みやすい食材はまとめて下ごしらえして冷凍しておきましょう。9〜11カ月以降に食べられるようになる、まぐろ、かつおなど青背の魚も同様の調理・冷凍方法でストックできます。

6カ月ごろ（離乳初期後半）

ゆでて骨や皮を除く。すり鉢ですりつぶし、湯を少しずつ加えてなめらかにのばす。

7〜8カ月ごろ（離乳中期）

ゆでて骨や皮を除く。フォークなどでこまかくつぶす。

9〜11カ月ごろ（離乳後期）

ゆでて骨や皮を除く。フォークなどで粗くほぐす。

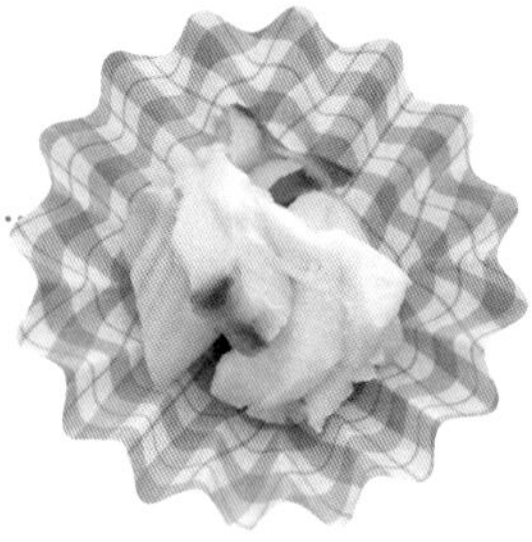

1才〜1才6カ月ごろ（離乳完了期）

ゆでて骨や皮を除く。食べやすい大きさにほぐす。

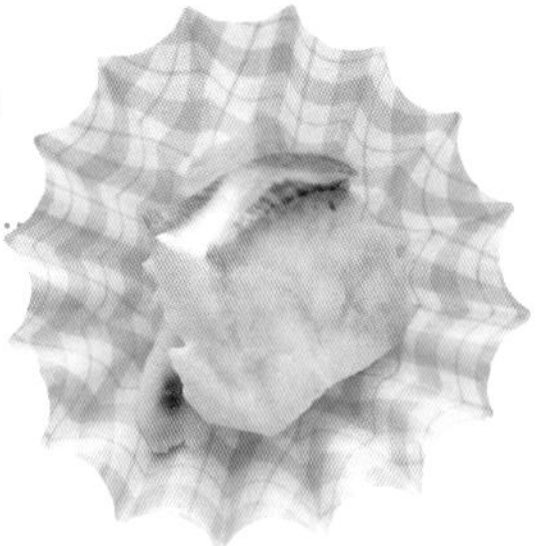

鶏ささみ

高たんぱく、低脂肪の鶏ささみは離乳食にぴったりの食材。下ごしらえの際はゆでた鍋の中で冷ましてから冷凍しましょう。解凍の際は少々の水を加えて加熱すると、パサつきを防ぐことができます。

5〜6カ月ごろ（離乳初期）

まだ食べさせられません。

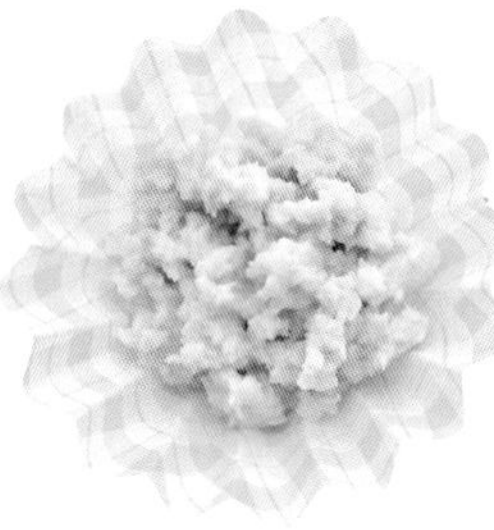

7〜8カ月ごろ（離乳中期）

ゆでてすりつぶす。またはみじん切りにする。

9〜11カ月ごろ（離乳後期）

ゆでて5〜6㎜角程度にほぐす。

1才〜1才6カ月ごろ（離乳完了期）

ゆでて1㎝角程度に切る。

フリージングQ&A

Q 食材をおいしく冷凍するコツは？

A ラップは保存袋で密封して急速冷凍を。

冷凍食材は加熱するとパサついたりかたくなったりしてしまいがち。それを防ぐために、以下の2つに注意しましょう。**1つめは、できるだけ空気に触れさせないこと。**ラップで包んだ後、さらに冷凍用保存袋などに入れます。包むときに空気を抜くことも大切です。**2つめは、できるだけ急速冷凍すること。**熱伝導のよいアルミやステンレスのトレーにのせて冷凍室に入れると短時間で冷凍できます。

Q 冷凍食材を使って作った離乳食を冷凍してもよい？

A 衛生面や風味の劣化が心配なので避けて。

冷凍食材を加熱調理したものを再度冷凍すると雑菌が繁殖しやすくなり、衛生面が心配です。また、風味や食感も変わってきてしまいます。冷凍食材で作った離乳食が余ってしまったら、もったいないですが、処分するか大人が食べましょう。

5～6カ月ごろ（離乳初期）

加熱するだけで1品完成！

かぼちゃとほうれん草のとろとろ

ビタミン・ミネラル

材料

かぼちゃ（冷凍➡p.66）… 5g
ほうれん草（冷凍➡p.65）… 5g

たんぱく源と野菜が1品でとれる

にんじんとかぼちゃのたいのせ

たんぱく質　ビタミン・ミネラル

材料

にんじん（冷凍➡p.65）… 5g
かぼちゃ（冷凍➡p.66）… 5g
たい（冷凍➡p.66）… 5g

作り方　※左2つのメニュー共通

小鍋で加熱する場合

材料を鍋に入れ、水少々（分量外）を加え弱火にかける。溶け始めたら混ぜ、煮立たせる（材料はそれぞれ火にかけても、いっしょに加熱してもOK。鍋肌に張りつきやすいので、適宜水を足しながら十分に加熱する）。器に盛り合わせる。
離乳食作りに慣れない離乳初期のころは、多めに作って味見や温度の確認をする。

らくらく　**電子レンジの場合**

材料を耐熱容器に入れ、水少々（分量外）を加えて様子を見ながら10秒ぐらいずつ、電子レンジ（600W）で加熱する。中まで温まっているのを確認して器に盛り合わせる。

7～8カ月ごろ（離乳中期）

たいのうまみでほうれん草が食べやすく

ほうれん草のペーストたいのせ

たんぱく質　ビタミン・ミネラル

材料

たい（冷凍➡p.66）… 10g
ほうれん草（冷凍➡p.65）… 10g

手間のかかる主菜は冷凍食材を活用

かぼちゃとにんじんのマッシュ ささみのせ

たんぱく質　ビタミン・ミネラル

材料

かぼちゃ（冷凍➡p.66）… 5g
にんじん（冷凍➡p.65）… 10g
鶏ささみ（冷凍➡p.67）… 10g

作り方　※左2つのメニュー共通

小鍋で加熱する場合

離乳初期のメニュー（上記）と同様に、材料を鍋に入れ、水少々（分量外）を加え弱火にかける。溶け始めたら混ぜ、煮立たせる（材料はそれぞれ火にかけても、いっしょに加熱してもOK。鍋肌に張りつきやすいので、適宜水を足しながら十分に加熱する）。器に盛り合わせる。

らくらく　**電子レンジの場合**

離乳初期のメニュー（上記）と同様に、材料を耐熱容器に入れ、水少々（分量外）を加えて様子を見ながら10秒ぐらいずつ、電子レンジ（600W）で加熱する。

9～11カ月ごろ（離乳後期）

油で炒めることでコクが増す

たいとにんじんの炒め煮

たんぱく質
ビタミン・ミネラル

材料

たい（冷凍➡p.66）
…15g
にんじん（冷凍➡p.65）
…10g
油…少々

作り方

1. フライパンを温めてサラダ油をなじませる。たいとにんじんを凍ったまま入れ、水少々（分量外）を加えてふたをする。溶けたら、たいをほぐしながら水気がなくなるまで炒める。

マッシュしたかぼちゃがソースに変身

鶏ささみのかぼちゃソース

たんぱく質
ビタミン・ミネラル

材料

鶏ささみ（冷凍➡p.67）
…15g
かぼちゃ（冷凍➡p.66）
…10g
湯…適量

作り方

1. 鶏ささみ、かぼちゃはそれぞれ耐熱容器に入れ、水少々（分量外）を加えて10秒ぐらいずつ、中心が温まるくらいまで電子レンジで加熱して解凍する。
2. 1のかぼちゃを湯でのばし、ソース状にする。
3. 1の鶏ささみと2のかぼちゃを盛り合わせる。

1才～1才6カ月ごろ（離乳完了期）

好みで油で炒めてから蒸してもOK

たいのソテー　ほうれん草ソース

たんぱく質
ビタミン・ミネラル

材料

たい（冷凍➡p.66）…20g
ほうれん草（冷凍➡p.65）
…10g
しょうゆ…1～2滴

作り方

1. たい、ほうれん草はそれぞれ耐熱容器に入れ、水少々（分量外）を加えて10秒ぐらいずつ、中心が温まるくらいまで電子レンジで加熱して解凍する。しょうゆをふる。

ほんのり塩味のきいた

鶏ささみとにんじんの煮浸し

たんぱく質
ビタミン・ミネラル

材料

鶏ささみ（冷凍➡p.67）
…20g
にんじん（冷凍➡p.65）
…15g
湯…50mℓ
塩…少々

作り方

1. 鍋に湯、凍ったままの鶏ささみ、にんじんを入れふたをして煮る。溶けたら混ぜながら煮てなじませ、塩をふる。

離乳初期

5〜6カ月ごろ

気がかり解消Q&A

Q 3カ月で標準より体が大きめ。離乳食を早めに始めてもよい？

A まだ消化器官は未発達。5カ月ごろまで待ちましょう。

体が大きくても、3カ月の赤ちゃんの消化器官は離乳食を消化できるほど発達していません。また、首がすわらないとスプーンから食べ物を取り込んで飲み込むことができません。

口に入ってきたものを舌で押し出してしまうこともあるので、離乳食開始は5カ月ごろまで待ちましょう。

体が大きめだから離乳食スタートも早めていいの？

Q 泣くので母乳をほしがるだけあげてしまい離乳食をあまり食べません。

A 赤ちゃんの欲求サインを察し、少しずつ授乳間隔を空けて。

赤ちゃんはおなかが空いたとき以外にも、抱っこしてほしい、暑い、寒い、おむつが濡れているなどのサインを出し、最終的に泣くことで伝えます。**赤ちゃんの欲求を満たしてあげましょう。**母乳はほしがるだけあげても大丈夫です。5カ月を過ぎるとおっぱいを吸う力がついて、まとまった量を飲めるようになり、徐々に授乳間隔が空いてくるでしょう。

Q 離乳食の前に母乳やミルクをほしがって泣きます。

A 抱っこしたり、離乳食の前に少し飲ませて落ち着かせて。

赤ちゃんはおなかが空きすぎていると、すぐにおなかを満たせる母乳やミルクをほしがります。少し飲ませて赤ちゃんを落ち着かせてから、離乳食を食べさせてもよいでしょう。

泣いている赤ちゃんに離乳食をあげても、気持ちがともなわないので食べようとはしないものです。抱っこなどでまずは気分を落ち着かせてあげましょう。

Q 1才ごろから離乳食を始める国もあるらしいのですが、遅く始めたほうがよい？

A 栄養が不足しないようタイミングよくスタートを。

国や地域によって、いろいろな考え方があると思いますが、日本の厚生労働省による「授乳・離乳の支援ガイド」では、①首がすわる、②支えがあれば座れる、③食べ物に興味を示す、④スプーンなどを舌で押し返す反射がなくなる、これらの条件を満たすようなら、離乳食の始めどきとされています。

生後6カ月を過ぎると、不足しがちな鉄・ビタミンDを食事で補う必要も出てきます。とくに母乳育児の場合は、これらの栄養を離乳食からとる必要があります。赤ちゃんの様子を見ながら、タイミングよく始めましょう。

Q 離乳食を始めたらうんちがゆるくなったのですが、このまま続けてもよい？

A 無理に進めず様子を見ましょう。

この時期の赤ちゃんは、消化器官が未発達のため、うんちがゆるくなることはよくあります。

離乳食開始直後にゆるくなった場合は、2～3日離乳食をお休みしてもよいでしょう。 慣れてきた時期に急にゆるくなった場合は、新しい食材には挑戦せず、そのときの離乳食の形状ややわらかさをキープ。そして、**食べたものをメモして、赤ちゃんの様子をよく観察してください。**

何日も続く、赤ちゃんの機嫌が悪い、水様便になるなどが見られたら小児科を受診し、医師の指示に従いましょう。

Q 離乳食をあげても口を開けなかったり、ベーッと出してしまいます……。

A 「待つ」ことも大事。あせらなくても大丈夫です。

赤ちゃんの下唇に、スプーンをチョンチョンと触れさせ、自分の意思で食べ物を取り込むのを「待つ」のも、この時期は大事なことです。**自分の意思で取り込んだものは、吐き出さず、しっかり飲み込んでくれることが多く、満足した表情を見せてくれます。**

また、ママやパパがおいしそうに食べている様子を見せることも大切。赤ちゃんも少しずつ食べることが楽しくなっていくと思います。

離乳食の進み方には個人差がありますが、1才を過ぎるころにはほぼ同じような段階になるケースが多いです。ゆっくり赤ちゃんのペースで進めましょう。

Q 離乳食開始時からずっと食べる量が少なくて心配です。

A 食べる量よりも赤ちゃんのペースを大事にしましょう。

この時期は母乳やミルクで栄養をとっているので**食べる量は気にしなくても大丈夫です。食材の種類を少しずつ増やしていくことを意識しましょう。**

もともと小食のこともあるので、赤ちゃんのペースで進ませますが、ポイントとしては、ママやパパが笑顔でリラックスすること。食材の形状が適切か、スプーンのサイズや材質、赤ちゃんの座る姿勢なども見直してみましょう。

Q かぼちゃやりんごなど、甘い味のものは食べますが、おかゆや青菜はいやがります……。

A **甘みのあるものから、少しずつ慣らしましょう。**

母乳には乳糖という甘み成分があるので、赤ちゃんにとって甘みはなじみやすい味。反対に、**甘みの少ないものは味に慣れていないため、いやがるのは自然なこと**ですので、赤ちゃんの意思を尊重しましょう。おかゆが苦手な赤ちゃんは、かぼちゃやりんごなどを進めてもOKです。慣れたら、にんじんやかぶなど、ほのかな甘みのある野菜にし、さらに次はほうれん草など甘みの少ない青菜に……というように、徐々に挑戦してみましょう。おかゆの代用にじゃがいもなどでも。この時期は食材そのものの味を体験し、覚える大切な時期なので、あせらず、ゆっくり進めましょう。

Q 2回食にしたいのにタイミングがつかめません。

A **無理に2回食にしなくても大丈夫。徐々に生活リズムを作りましょう。**

この時期は無理に2回食にしなくても大丈夫ですが、食べたがるようなら進めても。1回目が午前10時ごろ、2回目は午後2時か6時ごろが目安です。母乳だけの場合、鉄やビタミンDが不足傾向になるといわれていますから、しらす、卵黄などで少し補ってもよいでしょう。湯で溶いた粉ミルクを離乳食に使うのもひとつのやり方です。毎日同じ時間に食べさせ、お散歩タイムを決めるなど、徐々に生活リズムを作っていきましょう。

Q 食べる量が少ないのですが、食材の種類は増やすべき？

A **ゴックンと飲み込めるなら食材の種類を増やしていきましょう。**

食べる量が少なくても、食べ物を口の中に取り込んで飲み込めるなら、少しずつ食材の種類を増やしていきましょう。**はじめての食材はひとさじずつ、皮膚やうんちの様子を観察しながら、問題なければ量を少しずつ増やしていきましょう。**

この時期はこれくらいのなめらかさがいいんだ！

Q BF《ベビーフード》はおいしそうに食べるけど、手作りするといやがります。

A **BFはなめらかなので食べやすいのかもしれません。**

手作りの離乳食は、ベビーフード（以下BF）とくらべるとざらついた感じが残りやすいもの。赤ちゃんが気に入っているBFのなめらかさを参考にして、野菜スープや湯などでのばし、とろとろにしてみましょう。

BFはとても便利ですが、BFだけでは食材の味や香りの体験が足りません。新鮮な食材を混ぜて食べさせるなど、上手に活用しましょう。

ステップ2 離乳中期 7〜8カ月ごろ

2回食に慣れていく時期。栄養は母乳やミルク中心ですが、食べられる食材が増える時期なので、いろいろな食材の味や香りを体験させてあげましょう。

少しずつ
かたまりを残して
モグモグの練習を

とろみづけで食べやすく

少しずつ水分を減らし、やわらかく小さく刻んだものをプラスします。食べにくい食材はとろみづけしたり別の食材と合わせたりするなど食べやすくする工夫を。

片栗粉以外にも
とろみづけの
方法はさまざま！

食べ慣れたメニュー＋挑戦メニューで少しずつステップアップ

食べる量よりも、モグモグできているかをチェック。1食の中で、赤ちゃんが食べ慣れた飲み込みやすいメニューと、モグモグの練習になる挑戦メニューを組み合わせ、少しずつステップアップしましょう。

ステップ2 離乳中期 7〜8カ月ごろ

はじめてママ&パパの ここが心配 ここがギモン

この時期の離乳食と母乳・ミルクは?

2回食に慣れる時期。はじめての食材は午前中に

離乳中期の前半は、2回食に慣れていく時期。**1回目が午前10時ごろ、2回目が午後2時もしくは6時ごろが目安**です。始めのころは、**午前中の離乳食はいつも通りの量**を食べさせます。はじめての食材は、午前中の回に。**午後は1／3から1／2ぐらいの量から**始め、少しずつ量を増やします。1日2回食が定着すると、睡眠の時間など、少しずつ生活リズムが整ってきます。

この時期に必要なエネルギーや栄養は、母乳・ミルクだけでは足りなくなってくるので、**約30%を離乳食で補っていく**ように。離乳食からとる栄養はまだ少ない時期ですが、バランスを意識し、献立を考え始めて。授乳は食後の分も含めて1日5回が目安ですが、母乳はさらに1〜2回増えることも。

タイムスケジュール例

AM
4:00 ねんね
6:00
母乳・ミルク①
8:00
10:00 離乳食①＋母乳・ミルク②
お散歩
はじめて食べるものは平日の午前中に。1日1品ひとさじから徐々に。
PM
正午
14:00 母乳・ミルク③
お昼寝
16:00
午後の離乳食は1/3〜1/2くらいの量からスタート。
18:00 離乳食②＋母乳・ミルク④
おふろ
20:00 母乳・ミルク⑤
22:00 ねんね

食材の種類や食べさせ方は？

口の動きに注目して いろいろな食材に挑戦

生ざけ、ツナの水煮、納豆、鶏のささみ、卵など、いろいろな種類の主菜が少しずつ食べられるようになります。離乳初期で食べ慣れたものに新しい食材をプラスして、バリエーションを広げましょう。離乳初期に引き続き、新しい野菜に挑戦したり、食パン、そうめん、うどんなど、**米がゆ以外の主食も取り入れていきます。**

この時期、生まれたころは上あごより引っ込んでいた下あごが徐々に前に出て、上下のあごがそろってきます。歯が生える準備のためにあごの高さも増し、口の中が広くなって舌を動かしやすくなります。**口を閉じて口の中で舌を前後上下に動かし、舌で離乳食を上あごに押し当ててつぶすことができるように**なります。そのうえで、唾液と混ぜ合わせて飲み込みます。

離乳食を食べさせるときは、**食べる量よりも、丸のみせずにしっかりモグモグできているかに注目**してください。食べ物を次々に押し込むと丸のみしてしまうので注意しましょう。

この時期の舌の動き

舌が、上下にも動くようになり、少し形のあるものも、舌と上あごでつぶして食べられるように。

離乳食の食べさせ方

ママやパパは赤ちゃんの正面に座り、**口の動きをよく見ながら**食べさせます。

口に含んで数秒モグモグしているのを確認し、**飲み込んだことを確認してから次を。**

支えがなくてもベビーチェアに座れるようになったら、背もたれを立てて、赤ちゃんが前にずり落ちないように**ベルトで姿勢を安定させて**あげましょう。

食材を増やすときのポイント

卵はかたゆでの卵黄からスタート

卵のアレルゲンの多くは卵白に含まれるので、**離乳中期の前半は卵黄のみ、慣れたら少しずつ全卵に。**また、卵は生や半熟だとアレルギーが出やすいため、**しっかり火を通します。**この順番と調理法を守りましょう。

パサつきがちな食材はとろみづけでサポート

この時期から食べられるようになる鶏ささみや生ざけ、ツナなどはそのままだとパサつきがち。とろみづけなどで食べやすく調理しましょう（➡p.76参照）。

混ぜたり単品で食べさせたり さまざまな食の体験を

右上の写真のように複数の食材を混ぜた1品を作ったり、右下の写真のように1種類ずつ盛り合わせるなど食材に変化をつけてみましょう。それぞれの食材の味や食感の違いを教えることにもつながります。

食材の形状や調理のコツは？

少しずつ水分を減らし、かたまりを残して

前半　水分の少ないマッシュや、やわらかいみじん切りを

水分の少ないボッテリとしたマッシュや、やわらかく煮てみじん切りにした野菜、角切りにした絹ごし豆腐などを増やします。パサつきがちな白身魚や野菜はとろみづけして食べやすくしましょう。

あんしん　葉物野菜は縦横に刻んで

ほうれん草や小松菜などは、やわらかくゆでてから縦横に刻むことで繊維を断つことができ、飲み込みやすくなります。

らくらく　とろみづけのバリエーション

片栗粉を使うのが一般的ですが、その他にもさまざまな方法があります。料理に合わせて使い分けましょう。

ヨーグルト（無糖）

加熱せず使えるので便利です。

片栗粉

片栗粉と水を1：2の割合で混ぜ、煮立たせます。冷めるとかたくなるのでゆるめにするのがコツ。

麩《ふ》、高野豆腐

そのまますりおろして煮込むととろみがつきます。じゃがいもも同様に使えます。

後半　ランダムな形状のものに慣らして

２回食に進んで１カ月ぐらいが経過し、みじん切り程度のやわらかいものを舌でつぶして飲み込めるようになったら、フォークで粗くつぶした野菜や、粗くほぐした白身魚など、ランダムな大きさや形のものを増やします。絹ごし豆腐や卵焼きなどは、大きめにすくって食べることに挑戦。そのままでは飲み込めない大きさを、飲み込めるようにかんでつぶす練習になります。

らくらく　フォークでランダムに

食材はフォークを使うと、包丁で刻むよりも簡単に粗くつぶせます。

離乳後期に進む目安は？

離乳中期卒業の3つのポイント

食欲旺盛だけどモグモグしないで丸のみしやすい、形があるとモグモグしてもゴックンできないなど、ステップアップのタイミングがつかみにくい時期です。赤ちゃんの食べ方が次のようになったら、離乳後期に進みましょう。

ポイント1　9カ月になり、絹ごし豆腐程度のかたさのものを、口をモグモグ動かして食べられる

すべての食べ物をモグモグできなくても、ある程度できていればステップアップして大丈夫です。ほとんどモグモグしていない場合は、かたさや食べさせ方を見直してみましょう。

ポイント2　1回の離乳食の量を合わせると子ども茶碗半分くらい食べられる

小食でも機嫌よくモグモグして上手にゴックンできていれば、少しずつ離乳後期に進めて大丈夫。

ポイント3　1日2回の離乳食が食べられるようになる

散歩やお昼寝などの生活リズム全体が整い、1日2回の離乳食タイムがしっかり定着したらステップ3の離乳後期に進みましょう。

この時期の食事量の目安は？

おもな食材の１食分の目安量

１食あたり、どのようなものをどれくらい食べるか、主食・主菜・副菜別に見てみましょう。食べる量は個人差があります。量は様子を見ながら増やしていきます。

主食（炭水化物）

米がゆだけでなく、パンやうどん、そうめんなどを取り入れましょう。少しずつ水分量を減らし、こまかく刻んでかたまりを残します。

下記のいずれか1種

おかゆ（7倍がゆ）
大さじ3〜5（50〜80g）

食パン（8枚切り）
1/4〜1/3枚（耳を除く）

うどん（乾めん）
1/5束（10g。ゆでたもの30g）

主菜（たんぱく質）

鶏ささみ、納豆などが仲間入り。１食で食材を２種類使うときは、それぞれ半量にして使用するなどとりすぎに注意します。

下記のいずれか1種

豆腐
30〜40g

白身魚
10〜15g（刺身1〜2切れ）

鶏ささみ
10〜15g（1/4〜1/3本）

副菜（ビタミン・ミネラル）

根菜、葉物野菜、果菜と、さまざまな野菜を組み合わせて取り入れましょう。おいしく、栄養価も高い旬の野菜を使うのがおすすめ。

組み合わせて20〜30g

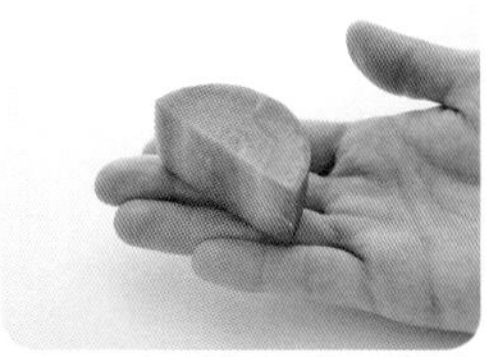

にんじん
20g（1/8本）

トマト
20g（1/4個。皮と種を除く）

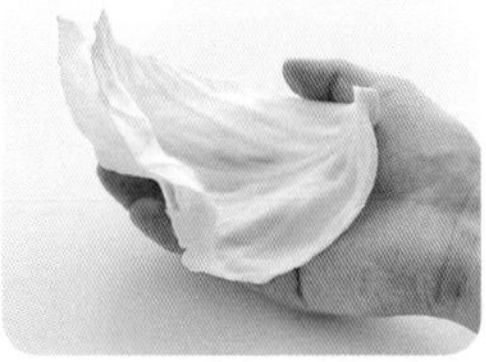

キャベツ
20g（葉小2枚）

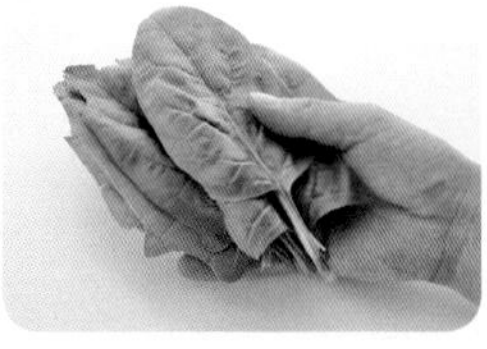

ほうれん草
20g（葉４〜５枚）

あんしん　卵や乳製品について

卵の目安量は、前半が卵黄1個分、後半が全卵1/3個分。プレーンヨーグルトやカッテージチーズもこの時期から使えるようになりますが、少量を風味づけ程度に。牛乳は加熱して使います。調乳ミルクを利用しても。

あんしん　調味料について

８カ月ごろになるとごく少量の塩やしょうゆ、みそ、砂糖などの調味料を使えるようになります。ただし食が進まないときに限るなど、基本的には食材本来の味を体験させましょう。

あんしん　主食は米をメインに

食パンやめんは製造過程で塩や油脂を使います。米にはそうしたものが含まれないので赤ちゃんの消化にも負担がかかりません。主食はパンやめんも取り入れて食の体験を広げつつも、米をメインにするのがおすすめです。

主食の作り方

食べる量が増える時期です。
主食をしっかりあげるようにしましょう。

米：水＝1：7

7倍がゆ

10倍がゆより少し水分を減らして、粒を残していきます。

炊飯器で作る場合

らくらく　炊飯器で簡単に！

食べる量が増えてきたら、おかゆは炊飯器で作るとらく。もちろん、米から鍋で作るのもおいしいのでおすすめです。

材料　※作りやすい分量。

米 … 1/2合
水 … 630mℓ

作り方

1. 米はとぎ、分量の水とともに炊飯器の内がまに入れる。

2. おかゆモードで炊く（お持ちの炊飯器の設定に合わせてください）。

※米から鍋で作る場合の作り方は、上記と同じ分量で、作り方はp.36参照。

※鍋でごはんから作る場合、電子レンジで作る場合は、ごはん30ｇに対して水180mℓを使用。作り方はp.37参照。

あんしん　舌でつぶせるかたさに

5～6カ月のころより水分を減らし、米粒を残して少しずつステップアップします。

形状の目安

後半

← 少しずつ水分を減らす

前半

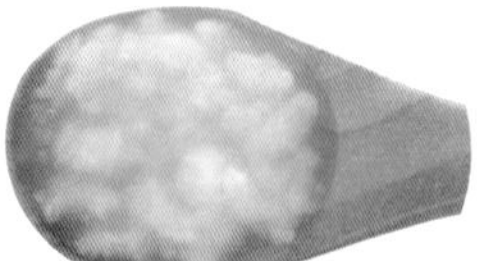

らくらく　おじやを献立のベースに

7倍がゆに、魚や豆腐などたんぱく質がとれる食材や、野菜を混ぜると簡単に栄養バランスがとれます。パサつきやすい食材もおかゆと混ぜると食べやすくなります。

めんがゆ

そうめんの他、うどんを使ってもOK。作り方は同様です。

あんしん 消化しやすく！

乾めんはゆでてたらしっかり水洗いして塩分と油分を除きましょう。

材料

そうめん（乾めん）… 10g
湯 … 大さじ2～3

作り方

1. そうめんは、やわらかくゆでる。冷水にとってしっかりと洗い、ぬめりをとる。
2. 水気をきって、1㎜ほどに刻む。

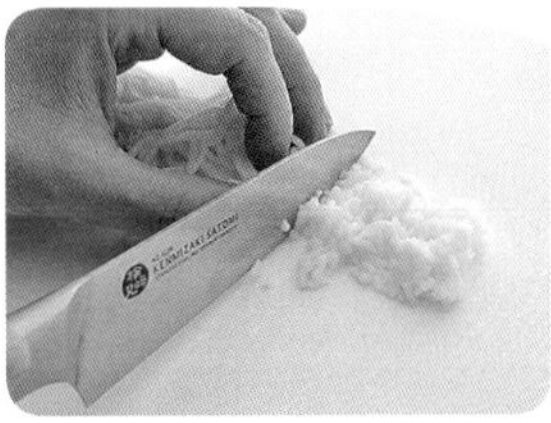

形状の目安

後半

約3㎜に刻む

前半

約1㎜に刻む

パンがゆ

5～6カ月のころより少し水分を減らします。

らくらく メニューに変化がつけやすい！

赤ちゃんが飲み慣れた調乳ミルクでパンがゆを作ってもOK。

材料

食パン（8枚切り・耳を除く）
… 1/4枚
湯 … 大さじ3～4

作り方

1. 食パンは軽くトーストする。手で小さくちぎる。
2. 湯を加えてなじませてふやかす。赤ちゃんが食べづらそうなら、下の写真のようにフォークの背などでつぶす。

形状の目安

後半

前半

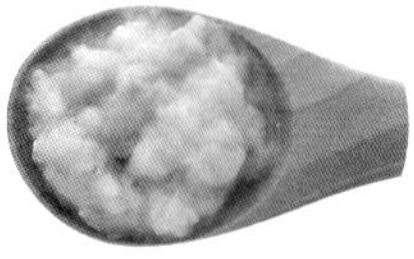

少しずつ水分を減らす

まねして使える!

1週間の献立例

7～8カ月ごろ（離乳中期）前半の献立プラン。水分の減らし方や具材の大きさは、赤ちゃんの様子を見ながら少しずつステップアップさせましょう。

※食べる量は個人差があるので、赤ちゃんの様子を見ながら調整してください。母乳育児の場合は、鉄やビタミンDが不足しないよう、湯で溶いた粉ミルクを離乳食に利用してもよいでしょう。

月曜日

● ポイント ●

2回目の献立のように、主食のメニューに副菜となるビタミン・ミネラル源の野菜が使われている場合は、必ずしも主食・主菜・副菜の3品を作る必要はありません。

1回目

主食 7倍がゆ（➡p.78）

主菜 豆腐と鶏のスープ煮（➡p.85）

副菜 ブロッコリーのみそ煮（➡p.90）

2回目

主食 大根と青菜のおかゆ（➡p.82）

主菜 モグモグ豆腐 しらすのせ（➡p.85）

火曜日

● ポイント ●

豆腐など、冷凍できない食材は組み合わせる食材を変えたり、だしで風味づけしたり、趣向を変えて登場させます。食材に慣れるとともにマンネリにならないような工夫をして使い切っていきましょう。

1回目

主食 7倍がゆ（➡p.78）

主菜 豆腐と小松菜のだし汁煮（➡p.85）

副菜 かぶのマッシュ しらすのせ（➡p.88）

2回目

主食 さけとじゃがいものおかゆ（➡p.84）

副菜 小松菜のおかかあえ（➡p.88）

水曜日

● ポイント ●

はじめての食材は午前中の1回目に食べさせます。午前中なら、アレルギー症状が出ても医療機関を受診しやすいからです。はじめての食材はひとさじずつ食べさせることも忘れずに。

1回目

主食 菜種がゆ（➡p.82）

主菜 ブロッコリー入り納豆汁（➡p.86）

2回目

主食 たらのパンがゆ（➡p.83）

副菜 3色野菜の炊き合わせ（➡p.90）

木曜日

● ポイント ●

離乳食は咀《そ》嚼《しゃく》の練習であることも意識して、少しずつ水分を減らしたり粒を大きくしていきます。鶏ささみなど飲み込みづらい食材は、最初はおかゆに混ぜるなど、少しずつ段階を踏むことを意識して。

1回目

主食 7倍がゆ (➡p.78)
主菜 たらと玉ねぎの洋風煮 (➡p.87)
副菜 にんじんのヨーグルトソース (➡p.89)

2回目

主食 ささみとにんじんのおかゆ (➡p.82)
副菜 ブロッコリーのみそ煮 (➡p.90)

金曜日

● ポイント ●

7〜8カ月ごろからは使える食材のバリエーションが増えるので、いろいろな食材に挑戦していきましょう。カッテージチーズやヨーグルトなどの乳製品はアレルゲンになることもあるので、はじめてのときは午前中に。

1回目

主食 7倍がゆ (➡p.78)
主菜 たいとなすの炊き合わせ (➡p.86)
副菜 カッテージチーズ入りかぼちゃサラダ (➡p.89)

2回目

主食 やわらかなす入りそうめん (➡p.83)
主菜 ツナとにんじんのおろし煮 (➡p.87)

土曜日

● ポイント ●

5〜6カ月ごろは裏ごしして湯でのばしていた青菜も、7〜8カ月ごろはこまかく刻み、水分を減らして少しずつステップアップ。さけやほうれん草など水分が少ない食材はヨーグルトでとろみづけして飲み込みやすくします。

1回目

主食 7倍がゆ (➡p.78)
主菜 モグモグ豆腐 しらすのせ (➡p.85)
副菜 小松菜のおかかあえ (➡p.88)

2回目

主食 7倍がゆ (➡p.78)
主菜 さけとほうれん草のヨーグルトソース (➡p.87)
副菜 なすの煮浸し (➡p.88)

日曜日

● ポイント ●

主食の食材も、米だけではなく、パンやめんなどを取り入れていきましょう。主食が米かパン、めんのいずれかによって、組み合わせる主菜や副菜も変わり、献立も考えやすくなります。

1回目

主食 バナナヨーグルトパンがゆ (➡p.84)
主菜 ひらめのトマトソース (➡p.86)

2回目

主食 にんじんとしらすのうどん (➡p.84)
副菜 大根の納豆あえ (➡p.90)

すりつぶした野菜からこまかく刻んだものに

大根と青菜のおかゆ

炭水化物　ビタミン・ミネラル

材料

7倍がゆ（➡p.78）…50g
大根…10g
ほうれん草（葉先）…2枚（5g）

作り方

1. 大根は皮を厚めにむいて水からやわらかくゆで、つぶす。
2. ほうれん草は熱湯でやわらかくゆで、こまかく刻む。
3. 7倍がゆに1、2をのせる。

あんしん　少しずつステップアップ

5〜6カ月ごろはペースト状にすりつぶしたり裏ごししたりしていた野菜も、かたまりを残したりこまかく刻んだり少しずつステップアップ。

炭水化物　たんぱく質　ビタミン・ミネラル

はじめての肉は脂肪分が少ない鶏ささみを

ささみとにんじんのおかゆ

材料

7倍がゆ（➡p.78）…50g
鶏ささみ…10g
にんじん…5g

作り方

1. 鶏ささみは熱湯でゆでる。ゆで湯の中で冷まし、すりつぶす。
2. にんじんは皮をむいて水からやわらかくゆで、つぶす。
3. 7倍がゆに1、2をのせる。

アレンジレシピ

材料の鶏ささみをたい10gに変えてもよい。たいはゆでて粗めにすりつぶす。作り方3でにんじんとともに7倍がゆにのせる。

らくらく　パサパサにならない

鶏ささみは湯の中で冷ますと、水分を含んだまましっとりと仕上がり、赤ちゃんが食べやすくなります。

パサつく卵黄はおかゆで食べやすくして

菜種がゆ

炭水化物　たんぱく質

材料

7倍がゆ（➡p.78）…50g
かたゆで卵の卵黄…1/4個

作り方

1. 卵黄はフォークでくずす。
2. 7倍がゆに1をのせる。

あんしん　卵の食べさせ方

卵は最初は卵黄のみ、しっかり火を通して食べさせます。そのままだとパサつくので、おかゆに混ぜてなめらかにして食べやすく。

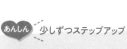

トマトの酸味でさっぱりとしたパンがゆに

トマトのパンがゆ

炭水化物　ビタミン・ミネラル

材料

食パン（8枚切り・耳を除く）… 1/4枚
湯 … 大さじ3〜4
トマト … 10g

作り方

1. 食パンは軽くトーストする。小さくちぎり、湯を加えてなじませてふやかし、混ぜてとろとろにする。水分が少なければさらに湯（分量外）を加える。
2. トマトは湯むきする（➡p.44）。種を取り除いて適度につぶし、ペースト状にする。
3. 1に2をのせる。

らくらく　洗い物が減る！

食パンはトーストしてからちぎり、湯でふやかしましょう。鍋で煮なくてもやわらかくなります。

炭水化物　たんぱく質

たらは少しずつパンに混ぜると食べやすい

たらのパンがゆ

材料

食パン（8枚切り・耳を除く）… 1/4枚
湯 … 大さじ3〜4
たら（生）… 10g

作り方

1. 食パンは軽くトーストする。小さくちぎり、湯を加えてなじませてふやかし、混ぜてとろとろにする。水分が少なければさらに湯（分量外）を加える。
2. たらは熱湯でゆでる。皮、骨を取り除き、粗めにすりつぶす。
3. 1に2をのせる。

あんしん　少しずつステップアップ

たらのすりつぶし方は、赤ちゃんが上手にモグモグできているようなら、少しずつ粗くしていきましょう。

そうめんはすりつぶさず1㎜刻みに

やわらかなす入りそうめん

炭水化物　ビタミン・ミネラル

材料

そうめん（乾めん）… 10g
なす … 10g
だし汁（➡p.26）… 大さじ2〜3

作り方

1. そうめんはやわらかくゆでて冷水にとり、洗う。1㎜ほどに刻む。
2. なすは皮をむいて、水にさらし20分おいてあく抜きする。熱湯でやわらかくゆでてつぶす。
3. 1にだし汁を加え、2をのせる。

らくらく　おいしく仕上がる

なすはあく抜きするとえぐみがなくなり食べやすくなります。切ったらすぐ水にさらすことで色もきれいに仕上がります。

アレンジレシピ　材料のそうめんを7倍がゆ（➡p.78参照）50gに変えてもよい。2のなすをのせる。

しらす干しを加えてうまみアップ！

炭水化物 たんぱく質 ビタミン・ミネラル

にんじんとしらすのうどん

材料

うどん（乾めん）
…10g
にんじん…5g
しらす干し
…小さじ1
だし汁（➡p.26）
…大さじ2〜3

作り方

1. うどんはやわらかくゆでて冷水にとり、洗う。1mmほどに刻む。
2. にんじんは皮をむいてからやわらかくゆで、刻む。
3. しらす干しは塩抜きする（➡p.52）。こまかく刻む。
4. 1にだし汁を加え、2、3をのせる。

あんしん 少しずつステップアップ

1つの食材はペースト、1つは食感を残してこまかくするなど、少しずつステップアップしましょう。

炭水化物 たんぱく質 ビタミン・ミネラル

じゃがいもとさけは大人も好きな組み合わせ

さけとじゃがいものおかゆ

アレンジレシピ 材料のじゃがいもをカリフラワー10gに変えてもよい。カリフラワーは熱湯でやわらかくゆでてつぶし、作り方3でさけとともに7倍がゆにのせる。

材料

7倍がゆ（➡p.78）
…40g
じゃがいも…10g
さけ（生）…10g

作り方

1. じゃがいもは皮をむいて水からやわらかくゆでて、つぶす。
2. さけはゆでる。皮、骨を取り除いて粗めに刻む。
3. 7倍がゆに1、2をのせる。

あんしん 食材選びで迷わない

さけは、赤ちゃんがたいやひらめなどに慣れたら、その次に挑戦する食材としておすすめ。生ざけを選び、塩で加工されていないものを使って。

赤ちゃんの好きな組み合わせをおかゆに

炭水化物 たんぱく質 ビタミン・ミネラル

バナナヨーグルトパンがゆ

材料

食パン（8枚切り・
耳を除く）…1/4枚
湯…大さじ3〜4
バナナ…1/5本（20g）
ヨーグルト（無糖）
…大さじ1/2

作り方

1. 食パンは軽くトーストする。小さくちぎり、湯を加えてなじませてふやかし、混ぜてとろとろにする。水分が少なければさらに湯（分量外）を加える。
2. バナナをつぶす。
3. 1、2を盛り合わせヨーグルトをのせる。

あんしん 食材選びで迷わない

ヨーグルトはたんぱく質やカルシウムが豊富。離乳食では砂糖が入っていないタイプを使います。

小さなかたまりを残した豆腐でかむ練習を

たんぱく質

モグモグ豆腐 しらすのせ

材料

豆腐（絹ごし）… 30g
しらす干し … 小さじ1
湯 … 適量

作り方

1. 豆腐はゆでて粗くつぶし、湯を加える。
2. しらす干しは塩抜きする（➡p.52）。こまかく刻む。
3. 1に2をのせる。

あんしん 栄養のポイント

しらす干しはカルシウムとその吸収を高めるビタミンDが豊富。風味づけにも使えるお役立ち食材です。

たんぱく質　ビタミン・ミネラル

だしのきいたとろみあんで食べやすい

豆腐と小松菜のだし汁煮

アレンジレシピ　材料の小松菜をにんじん10gに変えてもよい。にんじんはやわらかくゆでてつぶし、作り方 1 の豆腐と盛り合わせる。

材料

豆腐（絹ごし）… 30g
小松菜（葉先）
… 3〜4枚（10g）
だし汁（➡p.26）
… 大さじ2〜3
片栗粉 … 少々

作り方

1. 豆腐はゆでて、粗くつぶす。
2. 小松菜はやわらかくゆでて、こまかく刻む。
3. 冷たいだし汁に片栗粉を溶かし、ひと煮立ちさせ、とろみをつける。
4. 2に3を加える。
5. 1、4を盛り合わせる。

らくらく 失敗知らずのとろみづけ

最初にとろみのついたあんを作り、調理済みの野菜に混ぜてみましょう。かたすぎたりゆるすぎたりせず、ぴったりのとろみ具合になります。

鶏と野菜スープで作ったベビー用肉豆腐

たんぱく質

豆腐と鶏のスープ煮

材料

豆腐（絹ごし）… 20g
鶏ささみ … 5g
野菜スープ（➡p.27）
… 適量

作り方

1. 豆腐はゆでて、粗くつぶす。
2. 鶏ささみはゆでる。ゆで湯の中で冷まし、すりつぶす。
3. 1、2に野菜スープを加え、盛り合わせる。

あんしん モグモグの練習に

豆腐と鶏ささみ、食感の異なる食材を盛り合わせることで、口の動きの練習にもつながります。

納豆でうまみアップ！　とろみづけもバッチリ

たんぱく質　ビタミン・ミネラル

ブロッコリー入り納豆汁

材料

納豆（ひきわり）
… 小さじ1（5g）
だし汁（➡p.26）
… 大さじ2
ブロッコリー
… 小房2/3個（10g）

作り方

1. 納豆は粗くつぶし、だし汁でのばす。
2. ブロッコリーは、小房ごと熱湯でやわらかくゆでる。花蕾（からい➡p.44）だけ切り取り、粗くつぶす。
3. 1、2を合わせる。

らくらく　冷凍保存も可能！

納豆はたんぱく質だけでなくビタミンやミネラルなど栄養バランスがよい食材。1パックを小分けにして冷凍保存も可能。

アレンジレシピ　材料の納豆を鶏ささみ5ｇに変えてもよい。鶏ささみは熱湯でゆでてすりつぶし、だし汁でのばす。

たんぱく質　ビタミン・ミネラル

たいとなす、異なる食感を味わう1品

たいとなすの炊き合わせ

材料

たい（刺身用）… 10g
なす … 10g
湯 … 適量

作り方

1. たいは熱湯でゆでる。皮、骨を取り除いて粗めにすりつぶし、湯を加える。
2. なすは皮をむいて、水にさらし20分おいてあく抜きする。熱湯でやわらかくゆでて、つぶす。
3. 1、2を盛り合わせる。

あんしん　おいしく仕上がる

なすはあく抜きするとえぐみがなくなります。水にさらすときは、浮いてきてしまうので、皿などで押さえておきましょう。

トマトのとろみでひらめをまとめて

たんぱく質　ビタミン・ミネラル

ひらめのトマトソース

材料

ひらめ … 10g
トマト … 10g
湯 … 適量

作り方

1. ひらめは熱湯でゆでる。皮、骨を取り除いて粗めにすりつぶす。
2. トマトは湯むきする（➡p.44）。種を取り除き、適度につぶす。
3. 1、2に湯を加え、盛り合わせる。

あんしん　食べやすい形状に

すりつぶしたひらめをトマトの水分で食べやすくまとめます。トマトのかたまりを少し残すことで口の動きの練習にもなります。

すりおろした麩《ふ》のとろみで食べやすく

たんぱく質　ビタミン・ミネラル

たらと玉ねぎの洋風煮

材料

たら（生）… 10g
玉ねぎ … 10g
野菜スープ（➡p.27）… 適量
麩（ふ）… 少々

作り方

1. たらは熱湯でゆでる。皮、骨を取り除いて粗めにすりつぶす。
2. 玉ねぎは熱湯でやわらかくゆで、つぶす。
3. 1、2を合わせ、野菜スープを加える。
4. 麩をすりおろして加えて温める程度にさっと煮て、麩のかたさを調整する。

らくらく　やわらかくなる

玉ねぎはしっかり煮込むことで甘みが出ます。舌でつぶせるかたさまでやわらかくしましょう。

たんぱく質　ビタミン・ミネラル

アレンジレシピ　材料のさけをたい10gに変えてもよい。作り方は同様で、たいに骨や皮がある場合は丁寧に取り除く。

ホワイトソースを作るより簡単！

さけとほうれん草のヨーグルトソース

材料

さけ（生）… 10g
ヨーグルト（無糖）… 小さじ1（5g）
ほうれん草（葉先）… 2枚（5g）

作り方

1. さけは熱湯でゆでる。皮、骨を取り除いて粗めにすりつぶす。
2. ほうれん草は熱湯でやわらかくゆで、こまかく刻む。
3. 1、2、ヨーグルトを盛り合わせる。

らくらく　簡単とろみづけ！

ヨーグルトはこの時期、とろみづけにも使いやすい食材です。

白身魚に慣れたらツナにも挑戦！

たんぱく質　ビタミン・ミネラル

ツナとにんじんのおろし煮

材料

ツナ缶（水煮）… 大さじ1弱（10g）
大根 … 5g
にんじん … 5g

作り方

1. 大根はすりおろす。ざるに入れて軽く洗って水気をきる。
2. ツナは水気をきってほぐす。
3. にんじんは皮をむいてやわらかくゆで、つぶす。
4. 1、2を合わせて鍋に入れて中火にかけ、火を通す。
5. 4と3をあえる。

あんしん　食材選びで迷わない

DHAやEPAなど栄養豊富なツナは、水煮のものを。塩分が多いものもあるので、食塩無添加の缶詰を選ぶとあんしんです。

やわらかくしたかぶは、小さなかたまりを残して

たんぱく質　ビタミン・ミネラル

かぶのマッシュ しらすのせ

材料

かぶ … 20g
しらす干し … 小さじ1/2
湯 … 適量

作り方

1. かぶは皮を厚めにむいて、水からやわらかくゆでる。つぶして、湯を加える。
2. しらす干しは塩抜きする（➡p.52）。こまかく刻む。
3. 1に2をのせる。

らくらく　食材選びのコツ

かたまりを残す場合でも、かたさは「豆腐ぐらい」を守りましょう。やわらかくしやすい、かぶなどの野菜を活用すると調理がらくです。

ビタミン・ミネラル

水分量は赤ちゃんの様子を見ながら調節を

小松菜のおかかあえ

アレンジレシピ　材料の小松菜をにんじん20ｇに変えてもよい。にんじんは水からやわらかくゆでてつぶして使う。

材料

小松菜（葉先）
　… 6〜7枚（20g）
削り節 … 少々

作り方

1. 小松菜は熱湯でやわらかくゆで、こまかく刻む。
2. 削り節はから炒りし、パリッとさせた後、指先でもんでこまかくする。
3. 2で1をあえる。

らくらく　ひと手間で飲み込みやすく！

削り節は風味づけになりますが、大きいままだと口の中で張りついて飲み込みづらいので、手でもんでこまかくしましょう。

だし汁のうまみも教えられる、なすのお浸し

ビタミン・ミネラル

なすの煮浸し

材料

なす … 20g
だし汁（➡p.26）… 適量

作り方

1. なすは皮をむいて、水にさらし20分おいてあく抜きする。熱湯でやわらかくゆで、つぶす。
2. 1にだし汁を加える。

らくらく　ひと手間減らす！

より風味を増すなら、なすはだし汁で煮てもOK。やわらかくするには時間がかかるので、だし汁をつぎ足しながら煮ます。

カッテージチーズでなめらかに

たんぱく質　ビタミン・ミネラル

カッテージチーズ入り かぼちゃサラダ

材料

かぼちゃ … 20g
湯 … 適量
カッテージチーズ（裏ごしタイプ） … 大さじ1/2（5g）

作り方

1. かぼちゃは水からやわらかくゆで、皮を取り除いてつぶす。湯を加える。
2. 1とカッテージチーズを合わせる。

アレンジレシピ

材料のかぼちゃをブロッコリー20ｇに変えてもよい。熱湯でやわらかくゆでて花蕾(からい➡p.44)だけ切り取ってつぶし、カッテージチーズと合わせる。

あんしん　チーズはカッテージから

チーズはカルシウムが豊富ですが、種類によっては塩分や脂肪分も多め。最初は塩分・脂肪分が少ないカッテージチーズがおすすめです。

ビタミン・ミネラル

異なる食感の食材を組み合わせて

カリフラワーのマッシュ ほうれん草のせ

材料

カリフラワー … 小房大1個（20g）
ほうれん草（葉先） … 2枚（5g）
湯 … 適量

作り方

1. カリフラワー、ほうれん草は、それぞれ熱湯でやわらかくゆでる。カリフラワーはつぶして、ほうれん草はこまかく刻む。
2. それぞれ湯を加える。
3. 2を盛り合わせる。

らくらく　まとめ作業で手間なし！

ほうれん草は甘みがありますが、あくが強いので水にさらしてあく抜きを。まとめて下ごしらえをしておくと便利。

さわやかな甘みの赤ちゃん用おしゃれサラダ

たんぱく質　ビタミン・ミネラル

にんじんのヨーグルトソース

材料

にんじん … 20g
湯 … 適量
ヨーグルト（無糖） … 小さじ1（5g）

作り方

1. にんじんは皮をむいて水からやわらかくゆで、つぶす。湯を加える。
2. 1を盛り、ヨーグルトを回しかける。

あんしん　食材選びで迷わない

ヨーグルトは乳酸菌やビフィズス菌の発酵によって、牛乳より消化しやすい食材です。はじめて挑戦する乳製品としてもおすすめ。

ほんのりみその風味を感じる1品

ビタミン・ミネラル

ブロッコリーのみそ煮

材料

ブロッコリー
… 小房大1個（20g）
湯 … 適量
みそ … 少々

作り方

1. ブロッコリーは小房ごと、熱湯でやわらかくゆでる。花蕾（からい➡p.44）だけ切り取り、粗くつぶす。
2. 湯を加えて、みそを溶く。

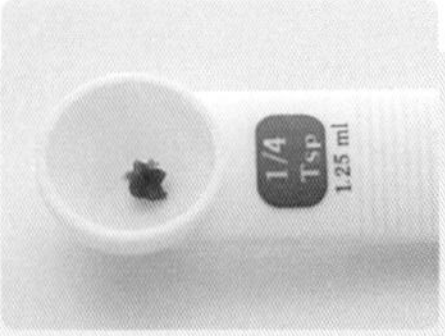

あんしん 調味料の量の目安

この時期は食材の味や香りを体験させたいので、調味料は風味づけ程度に。写真（小さじ1/4スプーン）のように、みそはほんの少しに。

ビタミン・ミネラル

1種類ずつ盛れば、食べるときに混ぜられる

3色野菜の炊き合わせ

材料

白菜 … 10g
トマト … 10g
さつまいも … 5g
だし汁（➡p.26）
…適量

作り方

1. 白菜は熱湯でやわらかくゆでる。水気を軽く絞ってこまかく刻む。
2. トマトは湯むきする（➡p.44）。種を取り除き、適度につぶす。
3. さつまいもは厚めに皮をむいて、あく抜きする。水からやわらかくゆでて湯をきり、熱いうちになめらかにつぶす。
4. 1、2、3それぞれにだし汁を加えて盛る。

アレンジレシピ 材料のさつまいもをじゃがいも5ｇに変えてもよい。皮をむいて水からやわらかくゆでて、つぶして使う。

らくらく さまざまな食の体験

食材は組み合わせると風味が増しますが、食材単品の味や香りも体験したいので、別々に盛り、食べるときに混ぜても。

納豆のつぶつぶと大根のマッシュでかむ練習

たんぱく質 ビタミン・ミネラル

大根の納豆あえ

材料

大根 … 20g
納豆（ひきわり）
… 小さじ1弱（3g）
だし汁（➡p.26）… 適量

作り方

1. 大根は皮を厚めにむいて、水からやわらかくゆで、つぶす。納豆も粗くつぶす。
2. 1にだし汁を加え、混ぜて盛る。

あんしん 食べやすい形状に

この時期は、食材の大きさも大事ですが、やわらかさにも注意を。舌でつぶせるかたさに調理しましょう。豆腐程度のかたさが目安です。

独特の風味の納豆を食べ慣れたおかゆに混ぜて

炭水化物　たんぱく質

納豆のおかゆ

材料

7倍がゆ（➡p.78）… 50g
納豆（ひきわり）… 小さじ1 (5g)

作り方

1. 納豆は粗くつぶす。またはそのまま。
2. 7倍がゆに1をのせる。

あんしん　赤ちゃんの食が進む

添付のたれやしょうゆは使わず調理しましょう。納豆だけでもうまみが強いので風味づけになります。

炭水化物　たんぱく質

たらのほのかな塩気で食が進み、食欲アップ

たらのおかゆ

材料

7倍がゆ（➡p.78）… 50g
たら（生）… 10g

作り方

1. たらは熱湯でゆでる。皮、骨を取り除き、こまかくほぐす。
2. 7倍がゆに1をのせる。

あんしん　アレルギーに注意

たらは低脂肪でくせがないので離乳食向きですが、まれにアレルギー症状を引き起こすことがあります。はじめてのときは少量を食べさせて。

さけは水煮缶を利用しても

炭水化物　たんぱく質

さけのおかゆ

材料

7倍がゆ（➡p.78）… 50g
さけ（生）… 10g

作り方

1. さけは熱湯でゆでる。皮、骨を取り除き、こまかくほぐす。
2. 7倍がゆに1をのせる。

らくらく　魚を食べやすく！

魚はすりつぶしたものからスタートして、徐々に形が残るよう、こまかくほぐしてステップアップを。おかゆに混ぜるとモグモグして飲み込みやすくなります。

おかゆに牛乳で風味づけして変化をつけて

ミルクがゆのトマトのせ

炭水化物　ビタミン・ミネラル

材料

7倍がゆ（➡p.78）
… 50g
牛乳 … 大さじ1
トマト … 10g

作り方

1. トマトは湯むきする（➡p.44）。種を取り除き、粗くつぶす。
2. 牛乳を温め、7倍がゆに加える。
3. 2に1をのせる。

あんしん　牛乳は必ず加熱して

牛乳は加熱すると消化吸収しやすくなり、甘みが出ます。アレルギーの発症予防や殺菌の観点からも1才までは加熱して使いましょう。湯で溶いた粉ミルクで代用すると不足しがちなビタミンDも補給できます。

炭水化物　ビタミン・ミネラル

かぼちゃの甘みとチーズの塩気が好相性

かぼちゃパンがゆ チーズ風味

材料

食パン（8枚切り・
耳を除く）… 1/3枚
かぼちゃ … 10g
湯 … 適量
粉チーズ … 少々

作り方

1. 食パンは軽くトーストし、小さくちぎって、湯を加えてやわらかくふやかす。
2. かぼちゃは皮つきのまま水からゆで、皮を取り除き、つぶす。
3. 1に2をのせ、粉チーズを散らす。

あんしん　チーズは塩分に注意

チーズはカルシウムが豊富なたんぱく源。ただし粉チーズは塩分が多いので、風味づけ程度に少量使うくらいに控えましょう。

ツナはほぐして食べやすく。パンとからめて

ツナのパンがゆ

炭水化物　たんぱく質

材料

食パン（8枚切り・
耳を除く）… 1/3枚
ツナ（水煮）
… 大さじ1弱（10g）
湯 … 適量

作り方

1. 食パンは軽くトーストし、小さくちぎって、湯を加えてやわらかくふやかす。
2. ツナはこまかくほぐす。
3. 1に2をのせる。

あんしん　かつおフレークでもOK！

ツナはかつおのフレークでもOK。いずれも味がついていない水煮のものを選びましょう。

アレンジレシピ

材料のツナを鶏ささみ10gに変えてもよい。鶏ささみは熱湯でゆでて、ゆで湯の中で冷まし、粗くすりつぶす。

たいと小松菜の風味がきいたぜいたくなそうめん

炭水化物 たんぱく質 ビタミン・ミネラル

たいと小松菜のそうめん

材料

そうめん（乾めん）… 10g
たい … 10g
小松菜（葉先）… 2枚（5g）
だし汁（➡p.26）… 大さじ3〜4

作り方

1. そうめんはやわらかくゆでて冷水で洗い、3㎜ほどに刻む。
2. たいは熱湯でゆでる。皮、骨を取り除き、こまかくほぐす。
3. 小松菜は熱湯でゆでて、こまかく刻む。
4. 1にだし汁を加えてなじませ、2、3をのせる。

あんしん アレルギーに注意

そうめんやうどんの原料は小麦粉。小麦アレルギーがある場合は注意して。最初は少量ずつ試して様子見を。

炭水化物 たんぱく質 ビタミン・ミネラル

鶏肉のうまみとトマトの酸味をだし汁でまとめて

鶏肉とトマトのうどん

アレンジレシピ 材料のうどんを7倍がゆ（➡p.78参照）50gに変えてもよい。

材料

うどん（乾めん）… 10g
鶏ささみ … 10g
トマト … 10g
だし汁（➡p.26）… 大さじ3〜4

作り方

1. うどんはやわらかくゆでて冷水で洗い、3㎜ほどに刻む。
2. 鶏ささみは熱湯でゆでる。ゆで湯の中で冷まし、ほぐして粗くつぶす。
3. トマトは湯むきする（➡p.44）。種を取り除き、粗くつぶす。
4. 1にだし汁を加えてなじませ、2、3をのせる。

らくらく お手ごろ食材で代用！

鶏ささみは脂肪分の少ない胸肉でも代用可能。パサつきがちなので、ゆでた湯の中で冷ますとしっとりとした食感に仕上がります。

卵とほうれん草。彩りも栄養バランスも抜群

炭水化物 たんぱく質 ビタミン・ミネラル

卵とほうれん草のうどん

材料

うどん（乾めん）… 10g
ほうれん草（葉先）… 2枚（5g）
溶き卵 … 小さじ2
だし汁（➡p.26）… 大さじ3〜4

作り方

1. うどんはやわらかくゆでて冷水で洗い、3㎜ほどに刻む。
2. ほうれん草は熱湯でゆでて、こまかく刻む。
3. だし汁を煮立て、溶き卵を流し入れてしっかりと火を通す。
4. 1、2、3を盛り合わせる。

あんしん アレルギーに注意

卵黄を食べられるようになり1カ月程度たったら全卵にもチャレンジ。しっかり火を通して使いましょう。

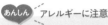

だし汁の香りで赤ちゃんの食が進む

たんぱく質　ビタミン・ミネラル

豆腐とほうれん草の煮物

材料

豆腐（絹ごし）… 20g
ほうれん草（葉先）
　… 2〜3枚（10g）
だし汁（➡p.26）
　… 大さじ1〜2

作り方

1. ほうれん草は熱湯でゆでて、こまかく刻む。
2. 豆腐は粗くつぶし、鍋に入れる。だし汁、1を加えて、温める程度にさっと煮る。

あんしん　モグモグの練習に

5〜6カ月ごろはなめらかなペースト状だった豆腐も、少しずつかたまりを残しましょう。舌と上あごでつぶす練習になります。

たんぱく質

みそは風味づけ程度に。素材の味を生かして

モグモグ豆腐とさけのみそ煮

材料

豆腐（絹ごし）… 20g
さけ（生）… 10g
みそ … 少々

作り方

1. さけは熱湯でゆでる。皮、骨を取り除き、こまかくほぐす。
2. 豆腐は粗くつぶし、鍋に入れて温める程度にさっと煮て、みそを混ぜる。
3. 1、2を盛り合わせる。

あんしん　調味料はごく少量を

みその風味がさけや豆腐のおいしさを引き立ててくれますが、塩分が含まれるのでとりすぎには注意。調味料は風味づけ程度に（➡p.90参照）。

鶏肉をトマトのあんでまとめて食べやすく

たんぱく質　ビタミン・ミネラル

鶏肉のトマトあんかけ

材料

鶏ささみ … 10g
トマト … 10g
だし汁（➡p.26）
　… 大さじ1〜2
片栗粉 … 少々

作り方

1. 鶏ささみは熱湯でゆでる。ゆで湯の中で冷まし、ほぐして粗くつぶす。
2. トマトは湯むきする（➡p.44）。種を取り除く。粗くつぶして、だし汁、片栗粉を混ぜてひと煮立ちさせ、とろみをつける。
3. 1、2を盛り合わせる。

らくらく　とろみづけのコツ

片栗粉でとろみづけするときは、しっかり混ぜてから火にかけるとダマになりません。

アレンジレシピ　材料のトマトをほうれん草10gに変えてもよい。ほうれん草は熱湯でゆでてこまかく刻む。

ほんのりミルク味で白菜の甘みがアップ

たんぱく質　ビタミン・ミネラル

たらと白菜のミルクスープ

材料

たら（生）… 10g
白菜 … 10g
牛乳 … 小さじ2

作り方

1. たらは熱湯でゆでる。皮、骨を取り除き、こまかくほぐす。
2. 白菜は熱湯でゆでて、こまかく刻む。
3. 牛乳を温め、1、2にあえ、盛り合わせる。

らくらく　電子レンジで下ごしらえ完了！

ここでは、たらや白菜をゆでた鍋で牛乳を温めて洗い物を少なくしています。電子レンジを使う場合は耐熱容器に入れ、急に沸騰しないよう注意しながら、数秒ずつ様子を見て、湯気がでるくらいまで温めます。

炭水化物　たんぱく質　ビタミン・ミネラル

野菜スープを合わせるとより複雑な風味に

さけとじゃがいものスープ

材料

さけ（生）… 10g
じゃがいも … 10g
野菜スープ（➡p.27）… 適量

作り方

1. さけは熱湯でゆでる。皮、骨を取り除き、こまかくほぐす。
2. じゃがいもは皮をむいて水からゆでて、粗くつぶす。野菜スープを加える。
3. 2に1を盛りつける。

アレンジレシピ　材料のさけをたい10gに変えてもよい。たいは熱湯でゆでてこまかくほぐす。

あんしん　飲み込みやすい

じゃがいもはつぶすだけだとパサついて飲み込みにくいので、だし汁や野菜スープでのばします。風味も増すので苦手な赤ちゃんにもおすすめ。

しっかりゆでた野菜は苦味が減り食べやすい

たんぱく質　ビタミン・ミネラル

鶏肉とキャベツ、ピーマンの炊き合わせ

材料

鶏ささみ … 10g
キャベツ … 10g
ピーマン … 1/8個（3g）
湯 … 適量

作り方

1. 鶏ささみは熱湯でゆでる。ゆで湯の中で冷まし、ほぐして粗くつぶす。
2. キャベツ、ピーマンはそれぞれ熱湯でゆで、こまかく刻む。
3. 1、2それぞれに湯を加えて、盛り合わせる。

あんしん　食べやすい形状に

キャベツやピーマンは、つぶす際のかたまりの大きさより、やわらかくゆでることに重点をおいて。舌と上あごでつぶせるかたさにすることが大切。

たいのうまみとにんじんの甘みでだし汁いらず

たい・カリフラワー・にんじんの炊き合わせ

たんぱく質　ビタミン・ミネラル

材料

たい … 10g
カリフラワー
　… 小房2/3個（10g）
にんじん … 5g
湯 … 適量

作り方

1. たいは熱湯でゆでる。皮、骨を取り除き、こまかくほぐす。
2. にんじんは水から、カリフラワーは熱湯でそれぞれゆで、粗くつぶす。
3. 1、2にそれぞれ湯を加えて、盛り合わせる。

らくらく　鍋ひとつでOK！

食材を何種類か使うときは、まとめてひとつの鍋で加熱し、やわらかくなったものから引き上げてもOK。「とろとろ小松菜のかぶのせ」(p.49)を参照してください。

たんぱく質　ビタミン・ミネラル

すりおろした高野豆腐でとろみづけ

まぐろの高野豆腐あん

材料

まぐろ（赤身・刺身用）
　… 10g
ほうれん草（葉先）
　… 2〜3枚（10g）
高野豆腐 … 少々
湯 … 適量

作り方

1. まぐろは熱湯でゆでて、ほぐす。鍋に入れて湯を加え、高野豆腐をすりおろして加え、煮立たせる。
2. ほうれん草は熱湯でゆでて、こまかく刻む。
3. 1、2を盛り合わせる。

あんしん　まぐろは脂の少ない部位を

まぐろ、かつおなど、白身魚以外の魚に挑戦するときは脂の少ないものを選んで。まぐろは赤身、かつおは背の部分を使いましょう。

ふわふわ、とろとろで、食感の違いが楽しい

納豆とトマトの卵ふわとろ炒め

たんぱく質　ビタミン・ミネラル

材料

納豆（ひきわり）
　… 小さじ1（5g）
トマト … 20g
溶き卵 … 大さじ1/2
湯 … 少々

作り方

1. 納豆は粗くつぶす。またはそのまま。
2. トマトは湯むきする（➡p.44）。種を取り除き、粗くつぶす。
3. 鍋に1、2を合わせて入れ、湯でのばし、火にかける。煮立ったところに溶き卵を流し入れ、しっかり火を通す。

あんしん　卵黄に慣れたら少しずつ全卵に

卵黄は卵白にくらべるとアレルゲンとなるたんぱく質が少なめですが、加熱すると、そのたんぱく質が壊れやすいのが特徴です。かたゆでの卵黄に慣れたら、全卵にしっかり火を通して食べさせましょう。

アレンジレシピ　材料の納豆をたら5gに変えてもよい。たらは熱湯でゆでてこまかくほぐす。

野菜をだし汁で煮て、たくさん食べられる

炭水化物　ビタミン・ミネラル

にんじん・じゃがいも・ほうれん草のだし汁煮

材料

- にんじん … 10g
- じゃがいも … 10g
- ほうれん草（葉先）… 1～2枚（5g）
- だし汁（➡p.26）… 適量

作り方

1. にんじん、じゃがいもはそれぞれ水からゆでて、粗くつぶす。ほうれん草は熱湯でゆでて、こまかく刻む。
2. 1にそれぞれだし汁を加えて、盛り合わせる。

あんしん　あせらなくても大丈夫

苦手な野菜がある場合は、だし汁などで味つけしたり、他の食材と混ぜたりして風味を変えて。日をおいてチャレンジしても。

ビタミン・ミネラル

アレンジレシピ　材料の大根をにんじん10gに変えてもよい。にんじんは水からやわらかくゆでて粗つぶしにする。

しょうゆで風味づけしてうまみを覚える

大根と小松菜のお浸し

材料

- 大根… 10g
- 小松菜（葉先）… 2枚（5g）
- だし汁（➡p.26）… 適量
- しょうゆ … 1～2滴

作り方

1. 大根は水から、小松菜は熱湯で、それぞれゆでる。大根は粗くつぶし、小松菜はこまかく刻む。
2. 1にそれぞれだし汁を加えて、しょうゆを加え、盛り合わせる。

らくらく　風味づけで食欲アップ！

しょうゆもみそと同様、使うのはごく少量。いずれも香りを生かすため、料理の仕上げに入れましょう。

わかめなどの海藻はごく少量からスタート

炭水化物　ビタミン・ミネラル

白菜とさつまいも、やわらかわかめの煮物

材料

- 白菜 … 20g
- さつまいも … 5g
- わかめ（カット）… 少々
- だし汁（➡p.26）… 適量

作り方

1. 白菜は熱湯でゆでて、こまかく刻む。
2. さつまいもは厚めに皮をむいて、あく抜きする。水からゆでて、粗くつぶす。
3. 1、2にそれぞれだし汁を加える。
4. わかめは水で戻し、とろとろにゆでて刻む。
5. 3、4を盛り合わせる。

あんしん　小さく刻んで消化しやすく

わかめなどの海藻はミネラルが豊富ですが消化しづらい食材。やわらかくゆで、こまかく刻んで少量からスタートしましょう。

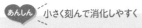

すりおろした麩《ふ》のとろみで食べやすく

炭水化物　ビタミン・ミネラル

彩り野菜とお麩のだし汁煮

材料

ほうれん草（葉先）
…2枚（5g）
にんじん…10g
麩（ふ）…少々
だし汁（➡p.26）…適量

作り方

1. にんじんは皮をむいて水からゆでて、粗くつぶす。ほうれん草は熱湯でゆでて、こまかく刻む。
2. 麩はすりおろす。
3. 鍋に1、2、だし汁を入れ、混ぜながら温める程度にさっと煮て、麩のかたさを調整する。

らくらく　簡単とろみづけ！

麩は乾物のまますりおろし、鍋で煮るととろみづけに使えます。高野豆腐も同様にとろみづけに使えます。

たんぱく質　ビタミン・ミネラル

キャベツの甘みととろみで牛乳がシチュー風に

キャベツのミルク煮

材料

キャベツ…15g
牛乳…小さじ2

作り方

1. キャベツは熱湯でゆでて、こまかく刻む。
2. 1に牛乳を合わせて、温める程度にさっと煮る。

らくらく　ちょっとの工夫でマンネリ解消！

だし汁や野菜スープではなく、牛乳と合わせることで野菜の甘みが強調されます。だしやスープ風味に飽きてしまった子にぜひ試してみて。

さけと野菜スープでうまみ、風味アップ

たんぱく質　ビタミン・ミネラル

かぶとさけのマッシュ

材料

かぶ…20g
さけ（生）…5g
野菜スープ
（➡p.27）…適量

作り方

1. かぶは水からゆでて、粗くつぶす。
2. さけは熱湯でゆでる。皮、骨を取り除き、こまかくほぐす。
3. 1、2にそれぞれ野菜スープを加え、盛り合わせる。

アレンジレシピ　材料のかぶを大根20gに変えてもよい。大根は水からやわらかくゆでて、粗くつぶして使う。

らくらく　かぶはお助け食材！

かぶは短時間でやわらかく調理しやすく、味にもくせがないのが特徴。離乳食向きの食材です。

ヨーグルトをドレッシング代わりに

たんぱく質 ビタミン・ミネラル

なすのヨーグルトサラダ

材料

なす … 20g
湯 … 適量
ヨーグルト（無糖）
… 小さじ1（5g）

作り方

1. なすは皮をむいてあく抜きをし、熱湯でゆでる。粗くつぶし、湯を加える。
2. 1にヨーグルトをのせる。

らくらく まとめ作業で手間なし！

あく抜きが必要ななすなど、下ごしらえに時間がかかる野菜はまとめて調理して冷凍しておくと便利です。

ビタミン・ミネラル

ほんのりとした酸味と甘みが赤ちゃん好み

キャベツとりんごの蒸し煮

材料

キャベツ … 10g
りんご … 10g
湯 … 適量

作り方

1. キャベツは熱湯でゆでて、こまかく刻む。
2. りんごは皮、芯を取り除き、薄く切る。鍋に水少々（分量外）を入れてふたをし、火にかけてやわらかく蒸し煮にする。粗くつぶす。
3. 1、2に湯を加えて、盛り合わせる。

あんしん 食材は大きめにカット

りんごはこまかく刻んでから火にかけるより、ある程度の大きさで加熱したほうがやわらかくなります。

ほのかな甘じょっぱさが赤ちゃんをとりこに

ビタミン・ミネラル

かぼちゃと玉ねぎのチーズ風味

材料

かぼちゃ … 15g
玉ねぎ … 5g
粉チーズ … 少々
湯 … 適量

作り方

1. かぼちゃは大きめに切って皮つきのまま水からゆでる。皮を取り除き、粗くつぶす。
2. 玉ねぎは熱湯でゆで、粗くつぶす。
3. 1、2に湯を加える。盛り合わせ、粉チーズをちらす。

らくらく 味を変えて食欲アップ！

玉ねぎや粉チーズで、かぼちゃ単品と違った味わいに。かぼちゃが苦手な赤ちゃんも、味や香りが変わると食べることも。

アレンジレシピ 材料のかぼちゃをブロッコリー15gに変えてもよい。ブロッコリーは熱湯でゆでて粗くつぶす。

ステップ2
離乳中期

全国のママ・パパ&赤ちゃんの離乳食生活②

7～8カ月の赤ちゃんの実際の離乳食は、どのような様子でしょうか。2回食になると、そろそろおでかけの時間と離乳食のタイミングも重なるころ。おでかけの際の離乳食はどうしているかも、ママ・パパに聞いてみました。

7カ月ベビー

聖玲奈(せれな)ちゃん

DATA

身長…71㎝
体重…8200g
母乳…5回
ミルク…1回
離乳食…2回(正午・PM6:00)
歯の本数…0本

お座りが上手になってきました！

後追いで、キッチンに立つのもひと苦労

ママのことが大好きで、ママのかばんからものを出したり、いつも追いかけてきたり。キッチンまではいはいでついてくるので、料理をするときにちょっと困ってしまうことも。

ママ、待ってー！

離れちゃイヤ！

大きなお口で「あーん！」

離乳食は大きなお口を開けて、「いただきます」。上手にモグモグできます。食後のミルクやおっぱいは、日によって飲んだり飲まなかったりします。

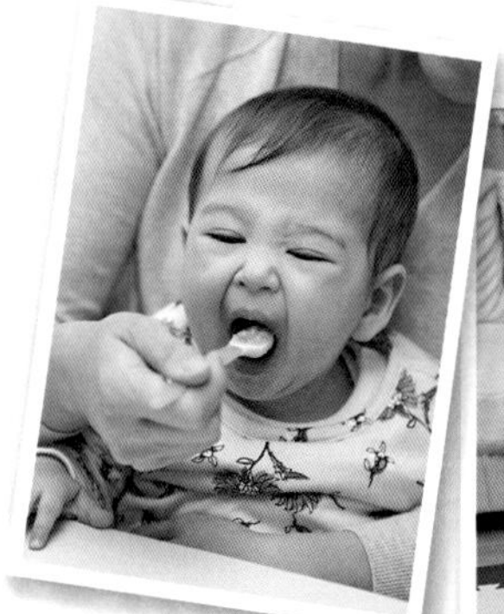

大きなお口で「あーん！」

ごはんの後はおっぱい！

最近の成長と離乳食

離乳食は生後6カ月からスタートしました。最近は2回食。お昼と夕方に食べて、その後はミルクかおっぱいを飲んで就寝します。おっぱいも大好き。お昼寝など、ねんねのときはおっぱいを飲みながら寝つきます。

みんなの おでかけ 離乳食

おでかけのときの離乳食はどうしてる？　赤ちゃんの安全を守るために、
管理栄養士の小池澄人先生にもポイントを聞いてみました。

奏(そう)くんの場合

おでかけのときは市販のＢＦ《ベビーフード》を持参

長時間のおでかけはまだ大変なので、おでかけのときは10時くらいに離乳食を食べさせてから、ということが多いです。２回目の午後２時の離乳食とおでかけが重なるときは、持ち歩いても傷む心配がない市販のBF(ベビーフード)を持参しています。手作りのお弁当を持っていきたい気持ちもありますが、ベビーも喜んで食べているので、しばらくはこの形で……と考えてます。

外出先で離乳食を食べさせるときに持っていくものは？

お出かけのバッグは両手があくリュックが便利！

離乳食
市販のベビーフードとスプーン、マグを持参。まとめて密閉袋に入れておくと、使った後も放り込むだけでらく♪

おやつ
気分を変えたいときにあげることも。鞄のなかでバリバリに割れてしまわないよう、ケースに入れて。

スタイ
エプロンタイプのスタイで洋服をガード。着替えもいっしょにビニール袋に入れて持参

他のママ・パパ&赤ちゃんはどうしてる？

外出時はレトルトを使用。魔法びんにお湯を入れていっしょに持って行き、外出先で湯せんして温めていました。(けんたくんママ＆パパ)

BFが苦手な子だったので、冷凍したものを持参して、赤ちゃん休憩室の電子レンジで解凍(ちょっと大変でした……)。１才になった今は、うどんを取り分けてあげることが多いです。ヌードルカッター(➡p.153参照)で短くカットして、お湯を持参して、薄めてあげています。(みほちゃんママ＆パパ)

小池先生教えて！

おでかけ離乳食のポイント

手作りはどんなに頑張っても雑菌が残りますし、離乳食は水分が多いので持ち歩くと雑菌が繁殖しやすいのが心配。外出先ではBFを食べさせるのが安心。１才を過ぎるころからは、外食しても取り分けられるメニューがあるので、p.184も参考にしてください。

らくらく調理のコツ 2

取り分け調理

大人の食事と離乳食を別々に調理するより、大人用の食事を作る過程で離乳食もいっしょに作ってしまえば毎日の調理がぐっとらくに。3つのルールさえ覚えれば、じつはとても簡単です。

取り分けの3つの基本ルール

① 食材選び

赤ちゃんが食べられる食材を使う

大人用のメニューを考えるときは、赤ちゃんが食べられる食材を盛り込みます。使う食材が全部取り分けられなくてもOKです。

② タイミング

味つけ前に取り分ける

材料を切った後や、やわらかく煮た後、味をつける前に赤ちゃん用を取り分けます。1才以上の赤ちゃんの離乳食なら、最初に薄味で作り、取り分けた後に大人用に味を調えてもOK。

③ 形状

赤ちゃんが食べられる形状に

取り分けた後、赤ちゃんの月齢に応じてすりつぶしたりこまかく刻んだりします。

赤ちゃん用に取り分け

豚汁（大人用）

材料 (2人分)

豚ロース薄切り肉 … 100g
大根 … 100g
にんじん … 70g
れんこん … 50g
しいたけ … 50g
だし汁 … 2カップ
みそ … 大さじ2
長ねぎ … 1/2本

作り方

1. 豚肉はひと口大に切る。大根、にんじん、れんこんは5㎜厚さの半月切り、しいたけは食べやすい大きさに切る。長ねぎは小口切りにする。
2. 鍋にだし汁を煮立たせ、1の豚肉を入れてあくをとる。1の大根、にんじんを入れやわらかくなるまで煮る。
3. れんこん、しいたけを加えひと煮し、みそを溶き入れる。
4. 火を止めて長ねぎを加える。

5〜6カ月ごろ（離乳初期）

だしの風味で赤ちゃんも大満足

大根とにんじんのペースト

ビタミン・ミネラル

材料

大根 …5g
にんじん …5g

作り方

1. 大人用の豚汁の作り方2で大根とにんじんを取り分ける。それぞれすりつぶしてとろとろにし、器に盛り合わせる。

7〜8カ月ごろ（離乳中期）

ほんのりみその香りで根菜をおいしく

大根とにんじんのマッシュ

ビタミン・ミネラル

材料

大根 … 10g
にんじん … 10g

作り方

1. 大人用の豚汁の作り方3で大根とにんじんを取り分ける（取り出すときに汁気をきる）。それぞれ粗つぶしにし、器に盛り合わせる。

9〜11カ月ごろ（離乳後期）

時期に合わせた形状に切るだけで完成！

大根・にんじん・豚肉のみそ風味

たんぱく質
ビタミン・ミネラル

材料

大根 … 10g
にんじん … 5g
豚肉 … 10g
みそ汁の上澄み … 30㎖

作り方

1. 大人用の豚汁の作り方3で大根、にんじん、豚肉を取り分ける。大根、にんじんは5㎜角に切る。豚肉は脂身を除いて軽くすりつぶし、肉の繊維をほぐしてこまかくする。
2. 大人用の豚汁のみそがしずんだところで、上澄みをそっとすくう。1に加える。

1才〜1才6カ月ごろ（離乳完了期）

みそ汁の濃さは大人の1/3が目安

赤ちゃん豚汁

たんぱく質
ビタミン・ミネラル

材料

大根 … 20g
にんじん … 20g
豚肉 … 10g
みそ汁の上澄み … 50㎖

作り方

1. 大人用の豚汁の作り方3で大根、にんじん、豚肉を取り分ける。大根、にんじんはそのまま。豚肉は脂身を取り除いて、7㎜角に切る。
2. 大人用の豚汁のみそがしずんだところで、上澄みをそっとすくう。1に加える。

赤ちゃん用に取り分け

ポテトサラダ（大人用）

材料 （2人分）

じゃがいも … 2個（250g）
にんじん … 1/4本（50g）
ツナ缶（水煮） … 小1缶
玉ねぎ … 1/4個（40g）
きゅうり … 1/2本（50g）
マヨネーズ … 大さじ3

作り方

1. じゃがいもはひと口大に切る。にんじんは1cm角に切る。いっしょにやわらかくゆで、湯をきり、じゃがいもを粗くつぶす。
2. ツナは缶の汁気をきる。
3. 玉ねぎは薄切り、きゅうりは5mm角に切る。合わせて塩少々（分量外）を振って混ぜ、しんなりさせ、水気を絞る。
4. 1、2、3を合わせ、マヨネーズであえる。

取り分けQ&A

Q 取り分け調理ってむずかしそう。

A まずはみそ汁から始めてみて。

取り分け離乳食でおすすめなのがみそ汁。**5～6カ月ごろはみそを入れる前に、7～8カ月以降はみそを入れた後に取り分けて赤ちゃん用に調理するだけで1品できあがり。**旬の野菜を使ったみそ汁ならマンネリにならず、大人も赤ちゃんも野菜がたっぷりとれます。

Q 取り分けのメニューがワンパターンになってしまいます。

A 食材を上手に入れ替えて!!

じゃがいもをさつまいも、さといも、かぼちゃなど、同じような食材にチェンジ。豚汁も牛肉の赤身、鶏ささみ、鮭、たらなどに。料理名にとらわれないで。

Q 取り分ける前に間違えて味つけしちゃった!

A 湯を足すなど味を薄めて。

1才以降なら、味つけした後の取り分けもできます。湯を足したり、湯で洗ったりゆで直したりして味を薄めます。**大人の料理の1/3程度の濃さが目安です。**

5〜6カ月ごろ（離乳初期）

この時期はじゃがいもが主食にもなる

じゃがいもとにんじんのペースト

炭水化物
ビタミン・ミネラル

材料

じゃがいも … 5g
にんじん … 5g
湯 … 少々

作り方

1. 大人用のポテトサラダの作り方1で湯をきったじゃがいもとにんじんを取り分ける。それぞれすりつぶし、湯でのばしてとろとろにする。器に盛り合わせる。

7〜8カ月ごろ（離乳中期）

ツナのコクで食が進む

じゃがいも・にんじん・ツナのマッシュ

炭水化物
たんぱく質
ビタミン・ミネラル

材料

じゃがいも … 10g
にんじん … 10g
ツナ … 5g
湯 …少々

作り方

1. 大人用のポテトサラダの作り方1で湯をきったじゃがいもとにんじんを取り分ける。それぞれつぶす。
2. 大人用のポテトサラダの作り方2のツナを取り分け、すりつぶす。湯でのばし、かたさを整える。
3. 1、2を盛り合わせる。

9〜11カ月ごろ（離乳後期）

炭水化物
たんぱく質
ビタミン・ミネラル

マヨネーズの代わりにヨーグルトを使って

じゃがいも・にんじん・ツナのヨーグルトあえ

材料

じゃがいも … 10g
にんじん … 5g
ツナ … 10g
ヨーグルト（無糖）… 5g

作り方

1. 大人用のポテトサラダの作り方1で湯をきったじゃがいもとにんじんを取り分ける。それぞれ粗つぶしにする。
2. 大人用のポテトサラダの作り方2のツナを取り分け、すりつぶす。
3. 1、2をヨーグルトであえる。

1才〜1才6カ月ごろ（離乳完了期）

マヨネーズにヨーグルトを加えて赤ちゃん向けに

赤ちゃんポテトサラダ

炭水化物
たんぱく質
ビタミン・ミネラル

材料

じゃがいも … 20g
にんじん … 20g
ツナ … 10g
ヨーグルト（無糖）… 5g
マヨネーズ … 少々

作り方

1. 大人用のポテトサラダの作り方1で湯をきったじゃがいもとにんじんを取り分ける。それぞれ食べやすい大きさにつぶす。
2. 大人用のポテトサラダの作り方2のツナを取り分け、こまかくほぐす。
3. 1、2をヨーグルトであえ、マヨネーズを加える。

離乳中期

7〜8カ月ごろ

気がかり解消Q&A

Q 小食ですが2回食にしました。かたさは離乳初期のまま？

A 2回食のリズムに慣れたら少しずつステップアップを。

この時期は食べる量より、1日2回食べる生活リズムに慣れたり、舌でつぶして食べる練習をすることが大切です。小食でも2回食にしてみましょう。

2回食にして1週間〜半月くらいは離乳初期のかたさのままあげて、2回食のリズムに慣れたら、少しずつ離乳中期のかたさに近づけていきます。

Q 新しい食材に挑戦していますが、なかなか慣れてくれません。

A 食べ慣れた食材に混ぜたり、食べやすく調理したりしてみて。

離乳食は赤ちゃんにとってはじめてのことだらけ。新しい食材は、無理せず、ゆっくりと慣らしていきましょう。

7〜8カ月ごろから食べられる納豆や生ざけ、鶏ささみなどは、独特のにおいがあったり、パサついたりと、赤ちゃんにとってハードルが高い食材なのかもしれません。赤ちゃんの好みもあります。

くせのある食材は、これまで食べてきた好物の食材に少量混ぜてみてもよいでしょう。**パサつきやすい食材は、まだ唾液と上手に混ぜられないので、とろみをつけるのもよい方法です。**

Q 離乳食を2回用意するのは大変。1回目に作った残りを2回目に食べさせてOK？

A 赤ちゃんの安全に気をつけながら調理を。

調理後に時間をおくと細菌感染の可能性が高まるので、赤ちゃんの安全を守るためにも、**離乳食は作りたてを食べさせたいものです。**でも、離乳食を2回用意するのは大変。1回目でゆでた野菜を冷蔵庫で保存し、2回目で十分に再加熱して使い、他のメニューにアレンジしても。

いろいろな味を経験したり、咀嚼《そしゃく》の練習をしてゆくので、同じ食材でも切り方を変えたり、だし汁で風味づけするなど、調理法を変える工夫をしましょう。

Q 2回食にして1カ月たったのですが、急に小食に……。

A 元気に過ごせて体重が増えているなら大丈夫。

離乳食に慣れて「中だるみ」しているのかもしれません。**元気に過ごせていて、体重が増えているなら大丈夫。**大人がいつも同じ食欲とは限らないように、赤ちゃんも食欲にムラがあります。ママやパパとのスキンシップや遊びの時間を増やすと、食欲がわいてくるかもしれません。

Q たくさん食べる日があれば、ほとんど食べない日も。食べムラが気になります。

A **食事の時間が一定で生活リズムが整っていれば大丈夫。**

食事の時間が一定で生活リズムが整っているなら食べムラは心配しなくて大丈夫。よく食べる日も少ない日もあります。**食べないからと無理にスプーンを押し込んで食べさせたりせず、笑顔で「ごちそうさま」「よく食べたね」と声かけを。**栄養不足が心配なら母乳やミルクで補っても。

Q よく「オエッ」となります。このまま進めて大丈夫？

A **進め方が少し早いのかも。形状や食べさせ方を見直してみましょう。**

「オエッ」となってしまうときは、食べさせるスピードが速すぎたり、食材が**かたすぎたり大きすぎたり、進め方が少し早いのかもしれません。**

食材は、絹ごし豆腐などのやわらかくてつぶしやすいものから始めます。慣れたら、いも類やかぼちゃをやわらかく煮て粗くつぶしたものなど、舌と上あごでつぶしやすい食材に、段階を追って進めてみましょう。**葉物野菜や魚などは、片栗粉でとろみをつけると、飲み込みやすくなります。**

また、一度に食べさせる量が多いことも考えられます。スプーンの先のほうにのせて、赤ちゃんが唇をしっかり閉じて食べやすい分量をあげましょう。「モグモグしようね」と声をかけながら、ゴックンと飲み込むのを確認したら、次を口に運びます。咀嚼《そしゃく》を促すことも大切です。

Q メニューがマンネリになりがちです。

A **使える食材の調理法を工夫していきましょう。**

マンネリだと思っていても、喜んで食べていればOKです。7～8カ月ごろの赤ちゃんなら、この時期から使えるようになった食材を少しずつプラスして、楽しい離乳食を続けましょう。

食べ慣れた食材でも、和風だしや野菜スープなどで風味づけすれば、ひと味違ったものになります。また、同じ食材でも、たとえば大根なら小さくつぶしたり、おろしたりして調理するなど、切り方を変えるのもよいでしょう。

主食を米からパン、うどんやそうめんに変えても、変化をつけやすくなります。たとえば主食をパンにすると、自然と組み合わせる主菜は洋風になってくるでしょう。主食が変わると、組み合わせる主菜や副菜も変わるので、献立を考えやすくなります。

Q 2回食に慣れましたが、うんちがかたくなり、便秘が心配です。

A 食べる量が増えて、うんちがまとまって見えるためです。

2回食になって食べる量が増えると、うんちのかさが増え、うんちがまとまってかたくなったように感じますが、ほとんどが便秘ではないので心配ありません。ただし、**体重増加とともに必要な水分量も増えるので、水分不足になり、便秘がちになる赤ちゃんもいます。**汁物を足したり、麦茶などをそえたりして、水分補給を心がけましょう。

食物繊維の多い野菜、果物、いも類や、お通じを促す効果のあるヨーグルトを離乳食に取り入れるのもよい方法です。

Q 離乳食が思ったように進まずあせってしまいます。

A 離乳食の進み方はひとりひとり違います。

昨日は新しい食材が食べられたのに、今日は食べ慣れたものをいやがる。目安通りに進まない。赤ちゃんのことを思えばこそ悩みは尽きません。そんなときは笑顔で赤ちゃんの目を見ながら聞いてみては。食べるのは赤ちゃんなので、何らかのサインを出してくることも。**機嫌がよいようなら、あせらず無理強いしないで赤ちゃんのペースで待つことも大切。**

Q 食べても食べてもほしがり、丸のみも気になります。

A 咀嚼《そしゃく》の練習になるよう、食べさせ方を見直してみましょう。

7～8カ月は比較的よく食べる時期。でも、**赤ちゃんがほしがるままどんどんあげると丸のみになりがちで、咀嚼《そしゃく》の練習になりません。**スプーンにのせる量を少なめにし、赤ちゃんが口をしっかり閉じて自分で取り込むまで待ちます。しっかり飲み込み終わったら、「おいしいね」と声かけをし、笑顔で喜びを共有します。8カ月ごろになり、**大人の食事をほしがるときや食べるスピードが速すぎるときは、少しかたさをアップしましょう。**

Q 離乳中期から後期への移行がなかなかうまくいきません。

A 献立の中に少しずつ離乳後期のメニューを取り入れましょう。

じつはこの時期のステップアップはタイミングがつかみづらく、悩むママやパパも多いようです。9カ月ごろになり、**1日2回の離乳食がきちんととれ、絹ごし豆腐くらいのかたさのものを、口をモグモグして食べられればOK。**急にすべてを離乳後期のメニューにせず、1回目は献立の中に1、2品取り入れて挑戦し、2回目は慣れたメニューにするなど、徐々に変えましょう。

ステップ3 離乳後期 9〜11カ月ごろ

離乳食は1日3回、少しずつ大人と同じ食事時間に近づけていきます。栄養の半分以上は離乳食からとるようになるため、栄養バランスを意識していきましょう。

お椀→コップの順に慣れる

最初はお椀で汁物を飲む練習からスタート。慣れたらコップ飲みに挑戦を。こぼしたりむせたりするときはコップの代わりに小皿で飲ませるなど、少しずつ慣らして。

さまざまな調理法や切り方を

「煮る」「ゆでる」以外に「炒める」「焼く」調理法も挑戦できます。食材もさまざまな切り方で口の動きのトレーニングを。

手づかみ食べを積極的に

手づかみ食べが盛んになります。スティック野菜など手づかみメニューを定番にしましょう。慣れてきたらミニおにぎりでも。

赤ちゃんが食べやすいカトラリーを

赤ちゃんの発達に合わせ、くぼみのあるスプーンや握りやすいスプーン・フォークを用意しましょう。

はじめて パパ&ママの ここが心配 ここがギモン

ステップ3 離乳後期 9〜11カ月ごろ

この時期の離乳食と母乳・ミルクは？

2回食から3回食に。少しずつ大人の食事時間に近づけましょう

1日2回食が定着し、散歩や遊び、ねんねなどの生活リズムが整ってきたら、そろそろ3回食に。始めは7〜8カ月ごろの時間帯に合わせて午前10時ごろに朝食、午後2時ごろに昼食、午後6時ごろに夕食を食べさせます。これが定着したら、徐々に離乳食の間隔を空け、大人の食事の時間に近づけていきます。この時期になると、

「主食」「主菜」「副菜」がそろうような献立を意識して、離乳食からしっかり栄養をとるようになってきます。離乳食を毎回手作りするのは大変なので、フリージング（P.66）や取り分け（P.102）を上手に活用したり、1品で主食・主菜・副菜がとれるメニューで、赤ちゃんが喜び、ママやパパが疲れないように上手に息抜きを。

タイムスケジュール例

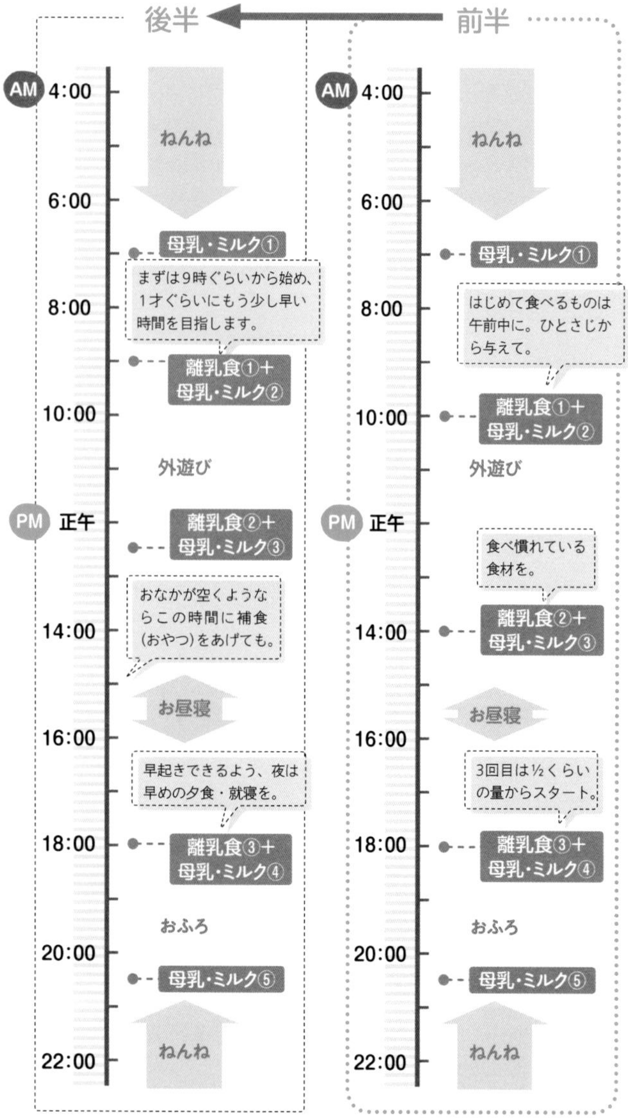

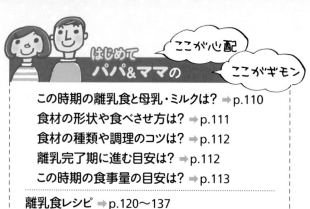

食材の形状や食べさせ方は？

手づかみ食べや遊び食べが始まるころ

この時期の赤ちゃんは食べることへの興味がどんどん広がり、ママが使っているスプーンや食べているものに手を伸ばしてきます。**手に持ったものを自分で口に運ぶことは、食べる意欲を高めます。**スティック野菜など手づかみ食べをしやすいものを出して持たせてみましょう。

かと思えば、離乳食を食べることに飽きて、「中だるみ」するのもこの時期の特徴。遊んでばかりで食べない、好き嫌いなどの悩みも増えてきます。反対に、今まで食べなかった子が急に食べだして、ペースアップすることもあります。

成長期の赤ちゃんは、発達とともに日々変化しています。**今日は食べなかったメニューも、しばらく日にちをおいてから出すと、ペロリと食べてしまうことが**あります。また、味が嫌いなのではなく、食べにくくて嫌いという場合も多いので、**食べないときは形状を見直してみるのも大切**です。調味料も使える時期なので、活用してもよいでしょう。

この時期の舌の動き

舌を前後上下に加えて左右にも動かせるようになり、舌でつぶせない食べ物を歯ぐきでかんでつぶせるように。食材のかたさはバナナ程度が目安です。

お椀→コップの順に

円筒形のコップは底が見えず、傾けると液体があふれ出てくることもあるので、いやがる赤ちゃんもいます。**最初は、お椀で汁物などを飲む練習から始めましょう。**あるいはさかずきやしょうゆ皿のような、やや開いた形の器で飲ませても。スプーンのように上下の唇をはさみやすいので、ファーストチャレンジにおすすめです。

手づかみ食べの進め方

1

最初は手の力加減が上手にできないので、**にんじん、大根、トースト**などギュッとにぎってもつぶれにくいものがおすすめ。**かじき**など身がしまった魚も向いています。

2

スティックの次に挑戦したいのが**小判形**のお焼き。バナナ程度のかたさが目安。

3

もっと器用になると**ボール形**のおにぎりや肉だんごなども手で持ってひと口ずつかじれるようになります。いろいろな形、サイズのものに挑戦してみましょう。

きれいに食べなくてもOK　あんしん

ポイッと投げることがあっても、まずは自分で握ることが大切。握る分をきれいに食べきらなくてもかまいません。口から出したらほぐす、割るなどして食べやすくしてあげましょう。

食材の種類や調理のコツは?

鉄、ビタミンD豊富な食材を。調理は「炒め煮」が◎

鉄とビタミンDが不足しがち。レバーやほうれん草を

消化吸収機能が発達してくるので、あじやさんまなどの青背の魚や、牛や豚の赤身肉なども少しずつ食べられるようになります。しっかり栄養を補いたいので、鉄が豊富な**赤身肉、まぐろ、レバー、小松菜やほうれん草など、ビタミンDが豊富な生ざけ、しらす、卵黄などを献立に取り入れましょう。**

まぐろステーキ丼に!

蒸しパンに青菜をプラスして鉄分アップ!

いろいろな形状で〝カミカミゴックン〟の練習を

ひと口の量を少しずつ覚えていく時期でもあります。**じゃがいもやかぼちゃなどは5～7㎜角程度に切ってやわらかく煮て、咀嚼《そしゃく》の練習をしましょう。**薄いいちょう切りやせん切りなども取り入れます。**大きく切ってやわらかく加熱したものを、食卓で切りながらあげても。**どれくらいのサイズなら食べやすいのか、赤ちゃんの様子を確認できるのでおすすめです。

少量の植物油やバターが使えるように。「炒め煮」がおすすめ

9～11カ月ごろからは**少量の植物油やバターが使えるようになり、焼く・炒めるという新しい調理法が増え、メニューのバリエーションが広がります。**ただし、野菜は焼いたり炒めたりするだけではやわらかくなりにくいので、**炒めてから水などを加えて蒸し煮にする「炒め煮」がおすすめ。**使う調味料が少量でも、料理全体に味を行き渡らせることができます。

あんしん 炒め煮でやわらかく仕上げる

1 油はごく少量使います。

2 食材を炒めます。油とからめることでコクが増します。

3 水を加え、ふたをして蒸すことで食材がやわらかく仕上がります。

離乳完了期に進む目安は?

離乳後期卒業の2つのポイント

手づかみ食べを体験したり、丸のみをしてオエッとなったりと、経験や失敗を重ねて食べ方を獲得していきます。離乳完了期に向けて十分な練習を。そして、赤ちゃんの食べ方が次のようになったら、離乳完了期に進みましょう。

ポイント1 バナナ程度のかたさのものを食べられる

1才ごろになり、口を動かしてバナナ程度のかたさのものを、歯ぐきでしっかりつぶせるようになるのが目安。唇が片方に寄ったり、片側の頬がふくらんだりしているのは、かもうとしている証拠。でも、ステップアップを急ぐと食べなくなったり、丸のみしたりするので、食べやすいメニューからゆっくり進めます。うまくかめていない場合は、もう少し離乳後期のメニューを続けてもよいでしょう。

ポイント2 1日3回の離乳食を食べられる

離乳完了期では、1日3回の離乳食と補食(おやつ)で1日の栄養のほとんどを補います。生活リズムを整え、3食しっかり食べることを習慣づけましょう。

この時期の食事量の目安は?

おもな食材の1食分の目安量

主食・主菜・副菜別に1食の目安量を紹介します。離乳食も3回食になり、栄養の半分以上を離乳食からとるようになります。栄養バランスにも気を配りましょう。

主食（炭水化物）

おにぎりやスティックトースト、小麦粉で作るお焼きなどの手づかみ食べできるメニューが、この時期におすすめです。

下記のいずれか1種

おかゆ（5倍がゆ）
子ども茶碗1杯（90g）
※後半は軟飯子ども茶碗2/3杯分（80g）

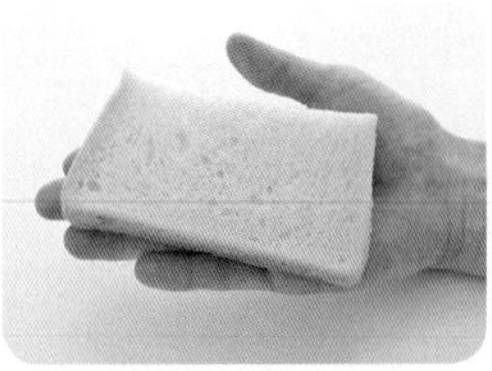

食パン（8枚切り）
1/2枚（耳を除く）

うどん（乾めん）
2/5束（20g。ゆでたもの60g）

主菜（たんぱく質）

食べられる肉や魚の種類が増え、あじやさわらなど青背の魚や豚、牛の赤身肉がOKに。鉄が豊富なので、ぜひ献立に取り入れて。

下記のいずれか1種

豆腐
45g

白身魚
15g（刺身2切れ）

鶏ささみ
15g（1/3本）

副菜（ビタミン・ミネラル）

根菜、葉物野菜、果菜などのさまざまな野菜と果物を組み合わせて使いましょう。ミネラルが豊富な海藻にも少しずつ挑戦して。

組み合わせて30〜40g

にんじん
30g（1/5本）

トマト
30g（1/3個。皮と種を除く）

キャベツ
30g（葉3枚）

ほうれん草
30g（葉6〜7枚）

あんしん **調味料について**

9〜11カ月ごろになると少量のバターや油も使えるようになります。調味料の使用量はp.115も参考にしてください。

らくらく **その他の主菜について**

主菜の1食の目安量を紹介します。食材のバリエーションを増やす際の参考にしてください。

- ▷卵　全卵1/2個
- ▷ひき肉　15g（大さじ1）
- ▷レバーペースト　15g（大さじ1）
- ▷納豆　約1/3パック（13g）
- ▷ヨーグルト（無糖）　80g

離乳食の基本
ステップ1 離乳初期
5カ月ごろ
6カ月ごろ
7カ月ごろ
8カ月ごろ
ステップ3 離乳後期
9カ月ごろ
10カ月ごろ
11カ月ごろ
ステップ4 離乳完了期
1才ごろ
1才1カ月ごろ
1才2カ月ごろ
1才3カ月ごろ
1才4カ月ごろ
1才5カ月ごろ
1才6カ月ごろ
ぐあいが悪いときの離乳食
食材別さくいん

主食の作り方

3回食になると、おかゆの作りおきの消費ペースが早くなります。多めに作っておくとらくですよ。

あんしん　**主食にも手づかみメニューを**

手づかみ食べを積極的にさせたい時期。おかゆや軟飯をベースにしながら、スティックトーストや小麦粉を使ったお焼きなどのメニューも取り入れていきましょう。

スティックトースト

握ってもつぶれにくい食パンは赤ちゃんが手づかみしやすい。

材料

食パン（8枚切り・耳を除く）… 1/2枚

作り方

1. 食パンは軽くトーストして、スティック状に切る。

めん

そうめんより太いので、うどんはやわらかくゆでると舌でつぶしやすい大きさになります。ただし、コシのあるものは避けましょう。

材料　※作りやすい分量。

うどん（乾めん）… 20g
湯 … 適量

作り方

1. うどんは、やわらかくゆでる。冷水にとってしっかりと洗い、ぬめりを取る。
2. 水気をきって、5㎜程度に刻む。

形状の目安

後半
約7㎜に刻む

前半
約5㎜に刻む

5倍がゆ

米：水＝1：5

おかゆの水分も離乳初期の半分程度に。徐々に水分を減らし、後半は軟飯（➡p.152参照）にしていきます。

炊飯器で作る場合

材料　※作りやすい分量。

米 … 1/2合　水 … 450㎖

作り方

1. 米をとぎ、分量の水とともに炊飯器の内がまに入れる。
2. おかゆモードで炊く（お持ちの炊飯器の設定に合わせてください）。

※米から鍋で作る場合の作り方は、上記と同じ分量で、作り方はp.36参照。

※鍋でごはんから作る場合、電子レンジで作る場合は、ごはん30gに対して水120㎖を使用。作り方はp.37参照。

形状の目安

後半

前半

少しずつ水分を減らす

離乳食の基本
ステップ1 離乳初期
5カ月ごろ
6カ月ごろ
ステップ2 離乳中期
7カ月ごろ
8カ月ごろ
ステップ3 離乳後期
9カ月ごろ
10カ月ごろ
11カ月ごろ
ステップ4 離乳完了期
1才ごろ
1才1カ月ごろ
1才2カ月ごろ
1才3カ月ごろ
1才4カ月ごろ
1才5カ月ごろ
1才6カ月ごろ
ぐあいが悪いときの離乳食
食材別さくいん

column

9〜11カ月ごろの離乳食作りで多い疑問をまとめました

食材・食品の種類・量、使い方は？

Q 海藻の量の目安は？

A 消化しづらいので少量を。

貴重なビタミン・ミネラル源。おなかの様子を見ながら少しずつ取り入れていきましょう。うんちにそのまま出てきても、栄養は吸収されています。**乾燥わかめなら小さじ1/2〜1、ひじきなら小さじ1/4程度が目安です。**

Q 主食にパスタやマカロニを使うときのコツは？

A 塩は入れずに長めにゆでて

パスタやマカロニを使う場合も、うどんやそうめん同様20gが目安です（下記写真参照）。**ゆでるときに塩は入れません。**袋の表示時間より長めにゆで、歯ぐきでつぶせるかたさにします。小麦粉などでお焼きを作る場合も同様に20g、大さじ2程度が目安。

Q 果物の量の目安は？

A 食べすぎないよう20〜30gを目安に。

ビタミン・ミネラルが豊富ですが、糖分も多め。**1日1回食べさせる程度を目安に。**

Q 9〜11カ月ごろの調味料の目安は？

A しょうゆなら1〜2滴。ごくわずかです。

この時期になると味覚も発達してくるので、味や風味が物足りないと食が進まないことも。離乳のステップに合わせて調味料を取り入れていきましょう。右記の調味料は1回の使用量の上限です。併用する場合はそれぞれ量を減らしましょう。

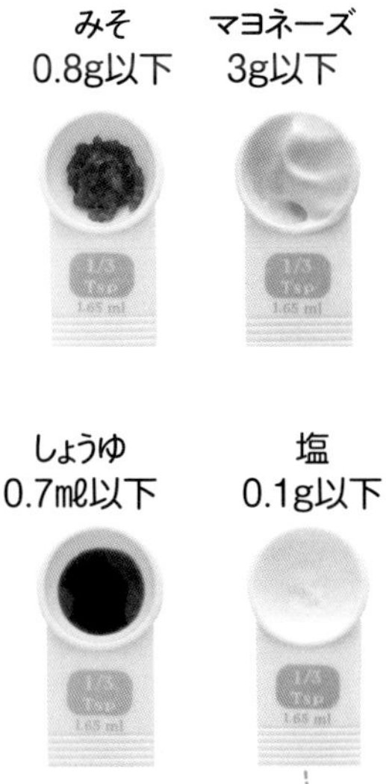

※写真は小さじ1/3のスプーンを使用。

Q レタスやきゅうりは生でOK？

A 加熱しましょう。

この時期の赤ちゃんには加熱して食べさせましょう。きゅうりは皮をむくと食べやすいです。

らくらく 計量スプーン不要

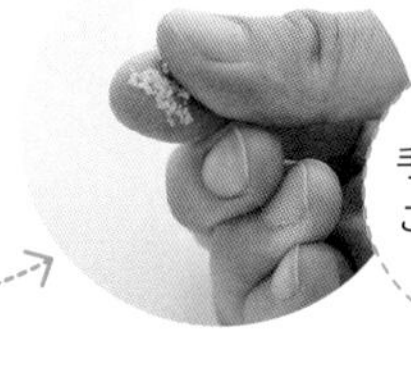

手ばかりならこれくらい！

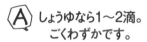

まねして使える！

1週間の献立例

9～11カ月ごろ（離乳後期）前半の献立プランです。主食・主菜・副菜の食材が献立の中に入るように意識しましょう。

※食べる量は個人差があるので、赤ちゃんの様子を見ながら調整してください。

献立を考えるときのヒント

ヒント1

あんしん

3回食の食事量は少しずつ増やす

離乳初期で、2回食に増やしたときと同様に考えます。3回食に進めるときは、増やした1回の食事は他の食事の1/3～1/2量から始め、徐々に量を増やしていきましょう。

ヒント2

らくらく

手づかみできれいに食べきらなくてもOK

手づかみメニューはポイッと投げたりぐちゃっと握りしめたりして遊ぶことがほとんど。きちんと食べきらなくてもOKです。きれいに食べきれないことを考えて、食卓には多めに出しても。

月 曜日

● ポイント ●

手づかみメニューを積極的に取り入れたい時期。「おかゆのお焼き」などのようなメニューにするとともに、「かぶのスープ煮」はやわらかく煮た後、食べやすいスティック状に切るなど切り方を工夫してみてもよいでしょう。

1回目

- 主食 5倍がゆ（➡p.114）
- 主菜 さけのちゃんちゃん焼き風（➡p.125）
- 副菜 かぶのスープ煮（➡p.126）

2回目

- 主食 おかゆのお焼き（➡p.120）
- 主菜 彩り野菜と豚だんごのポトフ（➡p.125）

3回目

- 主食 まぐろステーキ丼（➡p.121）
- 副菜 にんじんのごまあえ（➡p.127）

水曜日

ポイント

1回目の献立は、主食の「スティックトースト」だけでなく、主菜や副菜のさつまいもやじゃがいもにも炭水化物が豊富。食べムラがある子は、負担にならない程度にいろいろ用意して、どれか食べれば栄養になるくらいの気持ちで。

1回目

主食 スティックトースト（➡p.122）
主菜 たいとさつまいものソテー（➡p.124）
副菜 ポテトグラタン（➡p.128）

2回目

主食 5倍がゆ（➡p.114）
主菜 かれいの煮つけ（➡p.123）
副菜 なすとわかめの煮浸し（➡p.127）

3回目

主食 鶏ひき肉のふわふわ親子丼（➡p.121）
副菜 小松菜とにんじんの煮浸し（➡p.126）

火曜日

ポイント

3回食になると朝からきちんと作るのは大変です。「カラフル炒り豆腐」のように、1品で使う食材の種類が多く、火が通りやすい食材で手早く作れるメニューを中心に考えると負担が軽くなります。

1回目

主食 5倍がゆ（➡p.114）
主菜 カラフル炒り豆腐（➡p.125）
副菜 なすとわかめの煮浸し（➡p.127）

2回目

主食 トマトリゾット（➡p.120）
主菜 たらのクリーム煮（➡p.124）

3回目

主食 5倍がゆ（➡p.114）
主菜 かぼちゃのそぼろ煮（➡p.123）
副菜 やわらか玉ねぎのおかかあえ（➡p.127）

木曜日

ポイント

そろそろ栄養面にも気を配りたい時期です。1回目は豆腐、2回目は肉、3回目は魚……といったように、使う食材にバリエーションをつけると栄養バランスも取りやすくなります。使う量が少ないので、冷凍を上手に活用しましょう。

1回目

- 主食 5倍がゆ (➡p.114)
- 主菜 豆腐のおろし煮 (➡p.123)
- 副菜 にんじんのごまあえ (➡p.127)

2回目

- 主食 青菜の蒸しパン (➡p.120)
- 主菜 彩り野菜と豚だんごのポトフ (➡p.125)

3回目

- 主食 5倍がゆ (➡p.114)
- 主菜 たらのクリーム煮 (➡p.124)
- 副菜 ほうれん草のカッテージチーズあえ (➡p.128)

金曜日

ポイント

3回食になると3回ともきちんと主食・主菜・副菜をそろえるのは大変。1品に主食・主菜・副菜になる食材が入った「ほうとう風うどん」など、2回目で紹介しているようなメニューを上手に取り入れていきましょう。

1回目

- 主食 青菜の蒸しパン (➡p.120)
- 主菜 蒸し鶏とトマトのヨーグルトソース (➡p.124)

2回目

- 主食 ほうとう風うどん (➡p.122)
- 副菜 やわらか玉ねぎのおかかあえ (➡p.127)

3回目

- 主食 5倍がゆ (➡p.114)
- 主菜 カラフル炒り豆腐 (➡p.125)
- 副菜 かぶのスープ煮 (➡p.126)

日 曜日

● ポイント ●

9～11カ月ごろになると、油やバターなども少量使えるようになります。使う分量はほんの少しですが、食が細い赤ちゃんはそうした油脂類でコクを出すと食が進み、カロリー摂取にもつながります。

1回目

主食 5倍がゆ (➡p.114)
主菜 たらのクリーム煮 (➡p.124)
副菜 ポテトグラタン (➡p.128)

2回目

主食 そうめんチャンプルー (➡p.122)
主菜 かぼちゃのそぼろ煮 (➡p.123)

3回目

主食 5倍がゆ (➡p.114)
主菜 豆腐のおろし煮 (➡p.123)
副菜 小松菜とにんじんの煮浸し (➡p.126)

土 曜日

● ポイント ●

「トマトとチンゲン菜、卵の3色スープ」などのように、汁物は手持ちの食材で簡単に作れて栄養バランスがとりやすいです。食べさせるときは具を先に、スープは最後にして、水分でおなかがいっぱいにならないようにしましょう。

1回目

主食 5倍がゆ (➡p.114)
主菜 たいとさつまいものソテー (➡p.124)
副菜 トマトとチンゲン菜、卵の3色スープ (➡p.128)

2回目

主食 5倍がゆ (➡p.114)
主菜 かれいの煮つけ (➡p.123)
副菜 小松菜とにんじんの煮浸し (➡p.126)

3回目

主食 きゅうりとしらすのやわらかずし (➡p.121)
主菜 さけのちゃんちゃん焼き風 (➡p.125)

角切りのトマトでさっぱりしたおかゆに

トマトリゾット

炭水化物　ビタミン・ミネラル

材料

5倍がゆ(➡p.114) … 90g
トマト … 10g

作り方

1. トマトは湯むきする(➡p.44)。種を取り除き5㎜角に切る。
2. 5倍がゆに1を混ぜる。

あんしん　カミカミの練習に

食材はこの時期、歯ぐきでつぶしやすいかたさに。皮をむいたトマト程度のかたさが目安です。

炭水化物　たんぱく質

おかゆを焼きかためて手づかみメニューに

おかゆのお焼き

材料

5倍がゆ（➡p.114） … 90g
溶き卵 … 小さじ2
削り節 … 少々
油 … 少々

作り方

1. 5倍がゆに溶き卵、削り節を混ぜる。
2. フライパンを温め、油をなじませる（下記参照）。
3. 1をスプーンで丸く落とし入れる。少し火を弱めてふたをして、底がこんがりするまで4〜5分焼く。裏返しさらに3〜4分ふたをして焼き両面をこんがりとさせ、中までしっかり火を通す。

あんしん　油のなじませ方

温めたフライパンに油小さじ1/4〜1/2を入れます。油の粘りがとれてサラサラになったら、ペーパータオルで全体に塗り広げると、余分な油が吸収され、ムラなく均一に油を広げられます。

お弁当や手づかみ食べにおすすめ

青菜の蒸しパン

炭水化物　たんぱく質　ビタミン・ミネラル

材料　※2回分4個

A
- 薄力粉 … 40g
- ベーキングパウダー … 大さじ1/4

B
- 砂糖 … 大さじ1
- 牛乳 … 大さじ1
- 卵 … 1/2個

小松菜（葉先）… 25g
白すりごま … 大さじ1/2
白炒りごま … 少々

作り方

1. 小松菜は熱湯でやわらかくゆで、こまかく刻み、水気を絞る。
2. Aをふるい合わせる。
3. Bをボウルに合わせ、泡立て器で混ぜる。2を加えてゴムベラでさっくりと切るように混ぜ、1、白すりごまを混ぜる。
4. 電子レンジで加熱できるカップ4個に3を分け入れる。ラップをかけて、電子レンジ（600W）で1分30秒加熱する（4個同時に加熱する）。仕上げに白炒りごまをふる。

アレンジレシピ　材料の小松菜をにんじん15gに変えてもよい。にんじんは水からゆでて粗つぶしにして作り方3で加える。

※常温で翌日まで保存可能。冷凍する場合は1週間以内に食べさせてください。

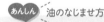

鶏ひき肉で赤ちゃん向けに

鶏ひき肉のふわふわ親子丼

炭水化物　たんぱく質　ビタミン・ミネラル

材料

- 5倍がゆ（➡p.114）… 90g
- 鶏ひき肉 … 大さじ1/2 (8g)
- 玉ねぎ … 10g
- だし汁（➡p.26）… 50mℓ
- 溶き卵 … 小さじ2
- 青のり … 少々

作り方

1. 玉ねぎは5mm角に切る。
2. 鍋にだし汁、1を入れ、ふたをしてやわらかく煮る。
3. 鶏ひき肉を加えて火を通し、溶き卵を流し入れ、しっかり火を通す。
4. 5倍がゆを盛って3をのせ、青のりを散らす。

らくらく　風味づけ食材で手軽に味つけ！

青のりやすりごま、削り節など風味のでる食材を調味料の代わりに活用すると、食が進むことも。

炭水化物　たんぱく質　ビタミン・ミネラル

食べさせながら小さくほぐし分けて

まぐろステーキ丼

材料

- 5倍がゆ（➡p.114）… 90g
- まぐろ（赤身）… 15g
- バター（無塩）… 小さじ1/8 (0.5g)
- ほうれん草（葉先）… 3〜4枚（10g）
- にんじん … 適宜

作り方

1. フライパンを温めてバターを溶かし、まぐろを焼いて火を通す。
2. ほうれん草は熱湯でやわらかくゆで、こまかく刻んで水気を絞る。
3. 5倍がゆを盛って1、2をのせる。お好みで薄切りのにんじんを型で抜いてやわらかくゆで、飾る。

らくらく　食卓で簡単に！

大きめに調理して盛りつけると、赤ちゃんの様子を見ながら食べやすい大きさにほぐしたりつぶしたりしてあげられます。

ほんのりお酢をきかせた赤ちゃん用おすし

きゅうりとしらすのやわらかずし

炭水化物　たんぱく質　ビタミン・ミネラル

材料

- 5倍がゆ（➡p.114）… 90g
- A 酢 … 小さじ1/2
  湯ざまし … 小さじ1/2
- きゅうり … 5g
- しらす干し … 小さじ1/2

作り方

1. きゅうりは皮をむいて、5mm角に切り、ゆでる。しらす干しは塩抜き（➡p.52）して、刻む。
2. Aを混ぜて、5倍がゆに加えてさっと混ぜて盛る。1をその上にのせる。

あんしん　おいしく仕上がる

酢は同量の湯ざましで薄めて酸味をやわらげます。5倍がゆに混ぜるときは、粘り気がでないように箸で混ぜるのがおすすめ。

アレンジレシピ　材料のきゅうりをトマト5gに変えてもよい。トマトは湯むき（➡p.44）して種をとり、5mm角に切って2でのせる。

スティック状に切ると手づかみしやすい

炭水化物

スティックトースト

材料

食パン（8枚切り・耳を除く）… 1/2枚
カッテージチーズ（裏ごしタイプ）… 小さじ1（3g）
にんじん … 適宜（ゆでてつぶす）
ほうれん草（葉先）… 適宜（ゆでて刻む）
※トマト、ブロッコリーなど手持ちの野菜でもOK。

作り方

1. 食パンはスティック状に切り、軽くトーストする。
2. カッテージチーズを塗り、好みでにんじん、ほうれん草をのせる。

あんしん　トーストを食べやすく

カッテージチーズは塩分が少なく低脂肪。トーストに塗るとしっとりとして食べやすくなります。

炭水化物　たんぱく質　ビタミン・ミネラル

1品で栄養バランス◎

ほうとう風うどん

材料

うどん（乾めん）… 20g
鶏ささみ … 10g
かぼちゃ … 10g
白菜 … 10g
だし汁（➡p.26）… 100mℓ
みそ … 少々

作り方

1. うどんはやわらかくゆで、5㎜に刻む。
2. かぼちゃ、白菜は5㎜角に切り、鶏ささみは5㎜幅に切っておく。
3. だし汁を煮立たせ、鶏ささみに火を通し、取り出す。かぼちゃ、白菜を入れてふたをして、やわらかく煮る。
4. 鶏ささみは粗熱がとれたらほぐす。
5. 3にみそを溶き、1、4を加えてさっと煮る。

らくらく　1品でOK！

毎食献立を考えるのは大変。主食・主菜・副菜を1品にまとめたメニューも上手に取り入れましょう。

野菜は炒めてから蒸して食べやすく

炭水化物　たんぱく質　ビタミン・ミネラル

そうめんチャンプルー

材料

そうめん（乾めん）… 20g
にんじん … 10g
キャベツ … 10g
溶き卵 … 小さじ2
油 … 少々

作り方

1. そうめんはやわらかくゆで、5㎜に刻む。
2. にんじん、キャベツは2㎝の細切りにする。
3. フライパンを温め、油をなじませる。2を炒め、水大さじ2（分量外）を加え、ふたをして蒸して火を通す。
4. 野菜がやわらかくなったら、溶き卵を入れて火を通し、1を加えて炒め合わせる。

あんしん　少しずつステップアップ

ゆでる、煮るだけでなく、炒める、蒸す調理も取り入れましょう。炒めた後に蒸すとやわらかくなります。

アレンジレシピ　材料のそうめんを軟飯80gに変えてもよい。作り方は同様で、炒めご飯にする。

淡白な豆腐に大根おろしの風味が引き立つ

たんぱく質　ビタミン・ミネラル

豆腐のおろし煮

材料

豆腐（絹ごし）… 30g
小麦粉 … 少々
油 … 少々
だし汁（➡p.26）… 50mℓ
大根おろし … 大さじ1と1/3
しょうゆ … 1〜2滴
水溶き片栗粉 … 少々
小松菜（葉先）… 適宜

作り方

1. フライパンを温めて油をなじませ、豆腐の広い2面に小麦粉をつけ、こんがり焼いて取り出す。
2. 1のフライパンにだし汁、大根おろしを入れ、7〜8分煮て火を通す。
3. しょうゆを加え水溶き片栗粉でとろみをつける。1を戻し入れ、さっと煮る。好みで小松菜をやわらかくゆでてそえる。

あんしん　カミカミの練習に

小松菜の葉先はやわらかくゆで、赤ちゃんにあげるときに大人が小さく刻んであげます。

たんぱく質

皮つきで調理すると栄養・風味アップ

かれいの煮つけ

材料

かれい … 10g
A｜昆布だし … 100mℓ
　｜しょうゆ … 1〜2滴
オクラ … 適宜

作り方

1. 鍋にAを合わせ、煮立たせたところにかれいを入れる。ふたをして7〜8分煮て火を通す。
2. かれいを煮汁の中で冷ましてから取り出す。骨を取り除く。
3. 好みでオクラはやわらかくゆで、小口切りにしてそえる。

あんしん　歯ぐきでつぶせるやわらかさに

オクラは歯ぐきでつぶせるくらいやわらかくゆでます。食べさせるときにフォークの背でつぶし、魚と混ぜるととろみがついて食べやすく。

かぼちゃの甘みでお砂糖いらず

たんぱく質　ビタミン・ミネラル

かぼちゃのそぼろ煮

材料

かぼちゃ … 20g
鶏ひき肉
　… 小さじ2（10g）
A｜水 … 50mℓ
　｜しょうゆ … 1〜2滴

作り方

1. かぼちゃは皮つきで1cm厚さの大きめに切り、ゆでる。
2. 鍋にAを合わせて煮立たせる。鶏ひき肉を加えて火を通す。1を加え、4〜5分煮る。

らくらく　カットの手間を減らす！

かぼちゃは大きめに切って調理すると、赤ちゃんに食べさせるときにくずしやすくなります。赤ちゃんの様子を見ながら皮つきにも挑戦してみましょう。

アレンジレシピ　材料の鶏ひき肉をツナ缶（水煮）大さじ1弱（10g）に変えてもよい。ツナはほぐして作り方2で加える。

ミルクのほんのりとした甘さを味わう

たんぱく質 ビタミン・ミネラル

たらのクリーム煮

材料

- たら（生）… 15g
- 玉ねぎ … 5g
- 油 … 少々
- 小麦粉 … 小さじ1
- 野菜スープ（➡p.27）… 50㎖
- 牛乳 … 10㎖
- アスパラガス … 5g

作り方

1. 玉ねぎは5㎜角に切る。
2. フライパンを温め、油をなじませる。玉ねぎ、たらを炒める。小麦粉を振り入れて炒め、野菜スープを加えてよく混ぜる。ふたをして5～6分煮る。
3. 玉ねぎがやわらかくなりとろみがついたら、牛乳を加え混ぜ、温める程度にさっと煮る。
4. アスパラガスはゆでて5㎜幅に切り、2に散らす。穂先は長めに残し、手づかみ食べ用にする。

炭水化物 たんぱく質 ビタミン・ミネラル

魚の塩気と、いもの甘みが好相性

たいとさつまいものソテー

アレンジレシピ　材料のたいをひらめ15gに変えてもよい。同様に作る。

材料

- たい（刺身用）… 15g
- さつまいも … 10g
- 油 … 少々

作り方

1. さつまいもは7㎜厚さに切って水からゆで、好みで型で抜く。
2. フライパンを温めて油をなじませ、たい、1をソテーする。

らくらく　簡単アレンジで食が進む！

型抜きなどを使い、形を変えてみると、いつも食べないメニューも赤ちゃんが手を伸ばすことも。

パサつきがちなお肉にヨーグルトでとろみを

たんぱく質 ビタミン・ミネラル

蒸し鶏とトマトのヨーグルトソース

材料

- 鶏ささみ … 10g
- 水 … 大さじ2
- アスパラガス … 5g
- トマト … 10g
- ヨーグルト（無糖）… 小さじ1（5g）

作り方

1. 鶏ささみは、5㎜幅に切って水といっしょに鍋に入れ、ふたをして蒸しゆでにする。鍋の中で冷まし、ほぐす。
2. アスパラガスはゆでる。トマトは湯むき（➡p.44）し、種を取り除いて5㎜角に切る。
3. 1にヨーグルトを混ぜ、2をそえて盛る。

あんしん　味つけのコツ

調味料をあまり使わない離乳食の時期は、上記のヨーグルトソースなどを活用して風味づけをしましょう。

野菜たっぷりで彩りも栄養バランスも◎

たんぱく質　ビタミン・ミネラル

カラフル炒り豆腐

材料

- 豆腐（絹ごし）… 20g
- 小松菜（葉先）… 3枚（10g）
- パプリカ（赤）… 5g
- 油 … 少々
- だし汁（➡p.26）… 50mℓ
- しょうゆ … 1〜2滴
- 溶き卵 … 小さじ2

作り方

1. 小松菜、パプリカは熱湯でゆで、5mm角に切る。
2. フライパンを温め、油をなじませる。豆腐をくずし入れ、1も加えて炒める。だし汁、しょうゆを加えて水分がほとんどなくなるまで煮る。
3. 溶き卵を流し入れ、手早く混ぜてしっかりと火を通す。

あんしん　カミカミの練習に

ランダムな形状の豆腐やふわふわの卵、肉厚のパプリカ、青菜。いろいろな食感を体験することでかむ練習にもつながります。

たんぱく質　ビタミン・ミネラル

切り分けても、手づかみさせてもOK！

彩り野菜と豚だんごのポトフ

アレンジレシピ　材料の豚ひき肉を鶏ひき肉（皮なし、むね肉）大さじ1（15g）に変えてもよい。同様に作る。

材料

- 豚ひき肉 … 大さじ1（15g）
- 玉ねぎのみじん切り … 大さじ1/2
- 溶き卵 … 小さじ1/3
- パン粉 … 小さじ1/4
- かぶ … 10g
- にんじん … 10g
- ブロッコリー … 小房2/3個（10g）
- 野菜スープ（➡p.27）… 100mℓ

作り方

1. かぶは皮をむきくし形に切る。にんじんは5mm厚さに切り好みで型で抜く。
2. 1、ブロッコリーはゆでる。
3. 玉ねぎはパン粉を混ぜる。豚ひき肉、溶き卵を合わせてよく混ぜる。
4. 野菜スープを煮立たせ、3を丸めて入れる。色が変わったら2を加え7〜8分煮る。

あんしん　食材選びで迷わない

ひき肉はなるべく赤身が多い部分を選んで使うと、脂肪分が少なく赤ちゃんの消化の負担になりません。

炒めてから蒸すと、少量の調味料でも味がからむ

たんぱく質　ビタミン・ミネラル

さけのちゃんちゃん焼き風

材料

- さけ（生）… 15g
- 玉ねぎ … 5g
- にんじん … 5g
- さやいんげん … 5g
- 水 … 大さじ1
- 油 … 少々
- みそ … 少々

作り方

1. 玉ねぎ、にんじんは2cm長さの細切りにする。さやいんげんは斜めに薄く切る。
2. フライパンを温め、油をなじませる。1を炒めてしんなりしたらさけを入れて水を加える。ふたをして5〜6分蒸し煮にし、火を通す。
3. さけの皮、骨を取り除きみそを加え、さけをほぐしながら、全体を炒め合わせる。

あんしん　さまざまな食の体験

やわらかく煮た角切りは歯ぐきでつぶしやすいですが、少しずつ細切りの野菜にも挑戦を。歯ぐきでかみつぶしやすいやわらかさに。

手づかみ食べしてもOK！

ビタミン・ミネラル

かぶのスープ煮

材料

かぶ … 20g
にんじん … 5g
野菜スープ（➡p.27）… 50mℓ

作り方

1. かぶは皮をむいて7㎜幅の半月切りにする。にんじんは好みで型で抜く。
2. 鍋にかぶ、にんじん、野菜スープを入れて中火にかけ、ふたをしてやわらかく煮る。

らくらく　カミカミも手づかみも！

赤ちゃんの様子を見ながら食卓で小さく切ったりくずしたりしても、手づかみさせても。大きめに切るとやわらかく加熱しやすいです。

アレンジレシピ　材料のかぶをかぼちゃ20gに変えてもよい。かぼちゃは皮つきで7㎜厚さに切り、同様に作る。

ビタミン・ミネラル

栄養たっぷり野菜をだし汁で煮て風味アップ

小松菜とにんじんの煮浸し

材料

小松菜（葉先）… 3枚（10g）
にんじん … 10g
だし汁（➡p.26）… 50mℓ

作り方

1. にんじん、小松菜は1.5㎝長さの細切りにする。にんじんは水から、小松菜は熱湯でそれぞれゆでる。
2. 鍋にだし汁、1を入れ5〜6分煮る。

あんしん　栄養摂取のポイント

小松菜は、この時期、積極的にとりたい食材。鉄分やカルシウムなどの栄養素を豊富に含みます。

ゆで野菜を油で炒めるとコクがアップ

ビタミン・ミネラル

大根といんげんのコロコロ炒り煮

材料

大根 … 15g
さやいんげん … 1本（5g）
油 … 少々
だし汁（➡p.26）… 30mℓ

作り方

1. 大根は拍子木切りやいちょう切りにして水からゆでる。さやいんげんは熱湯でゆでる。それぞれ5㎜角に切る。
2. フライパンを温め、油をなじませ、1を炒める。だし汁を加え、汁気がなくなるまで煮る。

らくらく　冷凍活用で時短調理！

野菜は冷凍（➡p.64）を用意しておけば、油で炒めて中まで火を通せばよいので簡単。また、ゆでた野菜を少量の油で炒めるとコクが増すので赤ちゃんの食が進むことも。

だしとわかめのうまみがなすにしみた1品

ビタミン・ミネラル

なすとわかめの煮浸し

材料

なす … 20g
わかめ（乾燥）… 少々
だし汁（➡p.26）… 30mℓ

作り方

1. わかめは水で戻し、やわらかくゆでてこまかく刻む。
2. なすは、皮をむいて5mm角に切り、あく抜きする。
3. 鍋にだし汁、2を入れやわらかく煮る。1を加えて温める程度にさっと煮る。

あんしん 消化しやすく

ミネラルや食物繊維が豊富でうまみたっぷりのわかめですが、赤ちゃんには消化しづらい食材。やわらかくゆでて刻み、消化しやすくしてあげましょう。

ビタミン・ミネラル

玉ねぎの甘みが味わえる

やわらか玉ねぎのおかかあえ

材料

玉ねぎ … 20g
削り節 … 少々

作り方

1. 玉ねぎは5mm角に切って、熱湯でゆでる。
2. 削り節は軽く炒って、もんで小さくし、1にあえる。

あんしん 食べやすい形状に

削り節は口に入れたとき、上あごにくっつかないように、手でもんで小さくするとよいでしょう。

ごまの香ばしさとにんじんの甘みがマッチ

ビタミン・ミネラル

にんじんのごまあえ

材料

にんじん … 20g
白すりごま … 少々
だし汁（➡p.26）
　… 小さじ1～2
しょうゆ … 1～2滴

作り方

1. にんじんは水からゆでて、5mm角に切る。
2. だし汁にしょうゆを加え、白すりごまを混ぜる。1にあえる。

らくらく あと1品ほしいときに！

ごまあえは青菜や根菜など、いろいろな野菜で簡単においしく作れます。あと1品追加したいときには重宝するメニューなので覚えておくと便利です。

アレンジレシピ

材料のにんじんをほうれん草20gに変えてもよい。ほうれん草は熱湯でゆでて5mmに刻み、同様に作る。

カッテージチーズでさっぱり

ビタミン・ミネラル

ほうれん草のカッテージチーズあえ

材料

ほうれん草（葉先）… 20g
油 … 少々
カッテージチーズ（裏ごしタイプ）
… 小さじ1（3g）

作り方

1. ほうれん草は熱湯でゆで、5㎜長さに刻む。
2. フライパンを温めて油をなじませ、1を炒める。くたくたになったら、冷ましてカッテージチーズを混ぜる。

らくらく 電子レンジで下ごしらえ完了！

ほうれん草はゆでる代わりにラップで包み、電子レンジ（600W）で20～30秒程度、様子を見ながら加熱。その後水にさらして水気を絞り、刻んでもOK。

炭水化物 ビタミン・ミネラル

マッシュポテトに牛乳を混ぜてなめらかに

ポテトグラタン

材料

じゃがいも … 15g
にんじん … 10g
玉ねぎ … 5g
油 … 少々
牛乳 … 小さじ2

作り方

1. じゃがいもはあく抜きして水からゆでる。かたまりが残るようにつぶす。にんじんは水から、玉ねぎは熱湯でゆでて、それぞれ5㎜角に切る。
2. フライパンを温めて油をなじませ、1を炒める。牛乳を加えて混ぜる。
3. 耐熱容器に移し、オーブントースター（1000W）で7～8分焼く。

アレンジレシピ 材料のじゃがいもをかぼちゃ15gに変えてもよい。かぼちゃは皮つきで水からゆでてつぶして使う。

赤、黄色、緑。彩りがよく見た目もおいしい

たんぱく質 ビタミン・ミネラル

トマトとチンゲン菜、卵の3色スープ

材料

トマト … 15g
チンゲン菜 … 10g
溶き卵 … 大さじ1/2強
野菜スープ（➡p.27）
… 50㎖

作り方

1. トマトは湯むきする（➡p.44）。種を取り除き、5㎜角に切る。チンゲン菜は5㎜角に切る。
2. 鍋に野菜スープ、1を入れて煮る。チンゲン菜がやわらかくなったら溶き卵を流し入れ、しっかり火を通す。

らくらく 汁物でらくらく献立！

みそ汁やスープは家にある野菜で簡単に作れて、栄養バランスをとりやすいのでおすすめです。

桜えびの風味が米といもの甘みを引き立てる

さつまいもと桜えびの軟飯

炭水化物　ビタミン・ミネラル

材料

軟飯（➡p.152）… 80g
さつまいも … 20g
桜えび … 少々

作り方

1. さつまいもは皮をむいて水からゆで、粗くつぶす。桜えびは軽く炒ってこまかく刻む。
2. 軟飯に1を混ぜる。

あんしん　赤ちゃんの食が進む工夫

おかゆが苦手な赤ちゃんは、混ぜごはんにして趣向を変えると食が進むことがあります。ぜひ試してみて。

炭水化物　ビタミン・ミネラル

赤ちゃんが大好きな手づかみ食べメニュー

わかめとしらすのおにぎり

材料

軟飯 … 80g
わかめ（乾燥）… 少々
しらす干し … 小さじ1/2

作り方

1. わかめは水で戻してやわらかくゆで、こまかく刻む。しらす干しは塩抜き（➡p.52）し、粗く刻む。
2. 軟飯に1を混ぜ、3等分し、おにぎりにする。

らくらく　調理が簡単！

おにぎりは手づかみ食べにもおすすめのメニュー。離乳食調理グッズ（➡p.153）を使うと調理もらくです。

みそ風味の豆腐ソースをごはんに混ぜて

豆腐とにんじんの和風ドリア

炭水化物　たんぱく質　ビタミン・ミネラル

材料

軟飯 … 80g
にんじん … 10g
油 … 少々
豆腐（絹ごし）… 15g
みそ … 少々
にんじん（飾り用）… 適宜

作り方

1. にんじんはすりおろし、油で炒めて軟飯に混ぜる。
2. 豆腐はすりつぶし、みそを混ぜる。
3. 耐熱容器に1を入れ2をかける。オーブントースター（1000W）で5～6分焼く。
4. 飾り用のにんじんは好みで型抜きして、やわらかくゆでて飾る。

らくらく　時間短縮！

にんじんはすりおろして加熱すると短時間で調理できます。豊富に含まれるβ-カロテンは、油で炒めると体への吸収率がアップ。

食べづらそうなときは、ひと口大にちぎってあげて

炭水化物 たんぱく質

ポケットサンド

材料

食パン（8枚切り・耳を除く）… 1/2枚
さけ（生）… 10g
ヨーグルト（無糖）… 小さじ1（5g）
ブロッコリー … 適宜

作り方

1. 食パンは半分に切って軽くトーストし、厚みに切り込みを入れる。
2. さけはゆでて火を通し、粗熱をとる。皮、骨を取って身をほぐし、ヨーグルトであえる。
3. 1に2をはさむ。
4. 好みでブロッコリーをゆでてそえる。

らくらく 簡単アレンジ！

食パンは写真のようにポケット状に開きます。「かぼちゃとりんごのおだんごサラダ」（➡p.135）などをはさんでもおいしい。

アレンジレシピ　材料のさけをツナ缶（水煮）大さじ1弱（10g）に変えてもよい。ツナはほぐし、作り方2でヨーグルトとあえる。

炭水化物 たんぱく質 ビタミン・ミネラル

トマトと鶏肉のうまみがなじんで食が進む

マカロニのケチャップソテー

材料

マカロニ（短いもの）… 20g
鶏むね肉（皮なし）… 10g
玉ねぎ … 15g
トマト … 10g
油 … 少々
ケチャップ … 小さじ1/8
ブロッコリー … 適宜

作り方

1. マカロニはやわらかくゆでる。
2. 鶏肉は5mm厚さのそぎ切りにして熱湯でゆで、粗くほぐす。
3. 玉ねぎ、トマトは7mm角に切る。
4. フライパンを温め、油をなじませる。3、2、1の順に炒め、ケチャップを加えて混ぜる。好みでブロッコリーをゆで、花蕾《からい》（➡p.44）をキッチンばさみでカットして飾る。

ツナと小松菜は鉄分たっぷりコンビ

炭水化物 たんぱく質 ビタミン・ミネラル

ツナと小松菜のスパゲッティ

材料

スパゲッティ（乾めん）… 20g
ツナ缶（水煮）… 大さじ1弱（10g）
小松菜（葉先）… 20g
油 … 少々
野菜スープ（➡p.27）… 大さじ1～2

作り方

1. スパゲッティはやわらかくゆで、7mmに刻む。
2. ツナはほぐす。小松菜は熱湯でゆで、5mmに刻む。
3. フライパンを温め、油をなじませる。2を炒め、なじんだら1、野菜スープを加えて炒める。

あんしん 食べやすい形状に

スパゲッティは歯ぐきでつぶしやすい大きさに切ります。かたさは指でつぶせるくらいが目安です。

アレンジレシピ　材料のスパゲッティを軟飯80gに変えてもよい。作り方は同様で、炒めご飯にする。

冷蔵庫に余った他の野菜でも作れる

炭水化物 たんぱく質 ビタミン・ミネラル

ミニお好み焼き

材料

- 薄力粉 … 大さじ2
- 溶き卵 … 小さじ2
- 豚ひき肉 … 大さじ1/2（8g）
- キャベツ … 10g
- にんじん … 5g
- 油 … 少々
- 青のり … 少々

作り方

1. にんじんは水から、キャベツは熱湯でゆで、粗みじん切りにする。
2. 1、豚肉、溶き卵、薄力粉を合わせ、よく混ぜる。
3. フライパンを温め、油をなじませる。2を丸く落とし入れ、両面をこんがりと焼く。器に盛って青のりを散らす。

らくらく まとめ作業で手間なし！

お好み焼きはたくさん作って冷凍しておくと便利。食べるときは電子レンジで中心まで温めて冷まします。1週間を目安に使い切って。

炭水化物 たんぱく質 ビタミン・ミネラル

油で炒めたレタスと卵でコクが出る

卵とレタスのチャーハン

材料

- 軟飯（➡p.152）… 80g
- レタス … 20g
- 溶き卵 … 小さじ2
- 油 … 少々
- にんじん … 適宜

作り方

1. レタスは1cm角に切る。
2. フライパンを温め、油をなじませる。レタスを炒めてしんなりしたら溶き卵を流し入れ、混ぜながらしっかりと火を通す。
3. 軟飯を加え、なじむ程度に炒める。
4. 好みでにんじんを3mm厚さにして型抜きしてゆで、のせる。

あんしん おいしく仕上がる

レタスは加熱すると甘みが増します。生で食べてもよいのは1才6カ月ごろから。ポテトサラダなどに刻んで混ぜ、しんなりさせたレタスなら1才過ぎごろからOK。

牛肉はごはんに混ぜて食べやすく

炭水化物 たんぱく質 ビタミン・ミネラル

牛ひき肉のビビンバ風

材料

- 軟飯（➡p.152）… 80g
- 牛ひき肉 … 小さじ2（10g）
- にんじん … 10g
- ほうれん草（葉先）… 3枚（10g）
- しょうゆ … 1～2滴
- 白炒りごま … 少々

作り方

1. にんじんは1.5cm長さの細切りにし、水からゆでる。ほうれん草は熱湯でゆでて、7mmに刻む。
2. 鍋に牛ひき肉を入れ、水大さじ1（分量外）を入れる。混ぜながら火を通し、しょうゆを加える。
3. 軟飯を器に盛って1、2をのせ、白炒りごまをふる。

豆腐で作るからやわらかくて食べやすい

たんぱく質

豆腐ハンバーグ

材料

豆腐（絹ごし）… 30g
れんこん … 3g
片栗粉 … 小さじ1/4
油 … 少々
にんじん … 適宜
さやいんげん … 適宜

作り方

1. 豆腐はなめらかにつぶす。
2. れんこんはすりおろす。
3. 1に、2、片栗粉を入れて混ぜる。
4. フライパンを温めて油をなじませ、3を形を整えて入れ、焼く。
5. 好みでにんじんは3mm厚さで型抜きしてゆで、さやいんげんもゆで、そえる。

らくらく　食卓ですぐできる！

やわらかくつぶしやすいメニューは、卓上でいろいろな大きさに切って食べさせてみましょう。赤ちゃんにとって食べやすい大きさがわかります。

たんぱく質　ビタミン・ミネラル

アレンジレシピ　材料の牛乳をトマト30gに変えてもよい。トマトは湯むき（➡p.44）して、種を取り除きみじん切りにする。作り方2で野菜スープの後に加えてさっと煮る。

ミルクで煮るとくさみがやわらぐ

鶏レバーのミルクシチュー

材料

鶏レバー … 10g
にんじん … 10g
玉ねぎ … 10g
ブロッコリー … 5g
油 … 少々
小麦粉 … 大さじ1/2
野菜スープ … 30mℓ
牛乳 … 30mℓ

作り方

1. 鶏レバーは下ごしらえをして（下記参照）、7mm角に切る。にんじん、玉ねぎは7mm角に切る。にんじんとブロッコリーはゆでる。
2. フライパンに油をなじませ、1を炒める。玉ねぎが透き通ったら小麦粉を振り入れて炒め、野菜スープを注ぐ。混ぜてとろりとしたら牛乳を加えてさっと煮る。

らくらく　まとめ作業で手間なし！

鶏レバーは心臓を切り離し、半分に切って流水で洗う。20分ほどゆで、鍋の中で冷ます。食べやすく切って冷凍を。

だんご状&スティック状の手づかみメニュー

たんぱく質　ビタミン・ミネラル

手づかみ鶏だんごとアスパラガス

材料

鶏ひき肉 … 15g
玉ねぎのみじん切り … 大さじ1/2
パン粉 … 小さじ1/4
溶き卵 … 小さじ1/3
アスパラガス … 5g

作り方

1. 玉ねぎとパン粉を混ぜる。
2. 鶏ひき肉に1、溶き卵を加えてよく混ぜる。
3. 2を小さく丸めて、グリルで5～6分こんがりと焼いて火を通す。
4. アスパラガスをゆでてそえる。

あんしん　消化しやすく

グリルを使うと、油を使わずに火を通すことができるので、消化への負担が軽くなります。

赤ちゃん向けのアクアパッツァ風メニュー

たんぱく質　ビタミン・ミネラル

コロコロかじきの洋風煮

材料

めかじき … 15g
トマト … 15g
玉ねぎ … 10g
野菜スープ（➡p.27）… 30mℓ

作り方

1. めかじきは1cm角に切る。トマトは7mm角、玉ねぎはみじん切りにする。
2. 鍋に1、野菜スープを入れ、弱火にかける。ふたをして、7〜8分蒸し煮にする。

アレンジレシピ　材料のめかじきを豆腐（絹ごし）30gに変えてもよい。作り方1で切らずに大きいまま2の鍋に入れて加熱する。

あんしん　食材選びで迷わない

めかじきは低脂肪、高たんぱくでくせがなく、どんな調理法にも合います。通年で手に入りやすいのでぜひ活用を。

たんぱく質

手づかみさせても、食べやすくほぐしてもOK

さけのムニエル

材料

さけ（生）… 15g
小麦粉 … 少々
油 … 少々
ミニトマト … 適宜
ブロッコリー … 適宜

作り方

1. 好みでミニトマトは湯むき（➡p.44）し、切る。ブロッコリーは熱湯でゆでる。
2. さけに小麦粉をはたきつけ、フライパンを温めて油をなじませ、焼く。ミニトマトもいっしょに軽く焼く。
3. さけとミニトマト、ブロッコリーを盛る。

らくらく　手づかみしやすく！

身がくずれやすい魚を手づかみ用にするときは、小麦粉を表面につけて焼くとカリッとしてつかみやすくなります。

パン粉のサクサクした食感を体験

炭水化物　たんぱく質　ビタミン・ミネラル

あじのパン粉焼き

材料

あじ … 15g
パン粉 … 少々
油 … 少々
じゃがいも … 15g
にんじん … 適宜

作り方

1. パン粉はすり鉢ですり、こまかくする。
2. あじを棒状に切って1をまぶす。
3. 2をアルミホイルにのせ、油をふってオーブントースター（1000W）で4〜5分両面をカリッと焼く。
4. じゃがいもはゆでてつぶす。好みでにんじんは3mm厚さで型抜きしてゆでる。3にそえる。

あんしん　食材選びで迷わない

あじなど青背の魚は鉄分やカルシウムが豊富。焼く際は骨は丁寧に除き、余分なパン粉ははたいて落とします。

トマトのうまみで調味料なしでもおいしい

たんぱく質 ビタミン・ミネラル

豆腐とトマト、絹さやの炒め物

アレンジレシピ　材料の豆腐をたい15gに変えてもよい。たいは7㎜角に切り、作り方3で加える。

材料

豆腐（絹ごし）… 30g
トマト … 30g
油 … 少々
絹さや … 2枚（5g）

作り方

1. 豆腐は1㎝角に切る。トマトは湯むき（➡p.44）して、種を取り除き1㎝角に切る。
2. 絹さやは熱湯でゆでて1㎝幅に切る。
3. フライパンを温め、油をなじませる。1を炒め、トマトがくずれ始めてなじんだら、2を加える。

あんしん　カミカミの練習に

豆腐は大きめに切り、カミカミの練習に。食べるときは中まで冷めているか、確認してから食べさせましょう。

たんぱく質 ビタミン・ミネラル

トースターで簡単に作れる

豚ひき肉ののし焼き

材料

豚ひき肉 … 大さじ1（15g）
にんじん … 5g
ほうれん草（葉先） … 2枚（5g）

作り方

1. にんじんは水から、ほうれん草は熱湯でゆでてそれぞれみじん切りにする。
2. 豚ひき肉に1を混ぜる。
3. 2をアルミホイルにのせ、7㎜厚さに広げてのばす。オーブントースターで5～6分焼き、火を通す。冷めてから1㎝幅に切る。

らくらく　まとめ作業で手間なし！

のし焼きはまとめて作って冷凍してもOK。切ってからラップに包んで冷凍し、解凍するときは電子レンジで中まで温めます。1週間を目安に使い切ります。

冷ますときに味がしみ込んでよりおいしく！

たんぱく質 ビタミン・ミネラル

赤ちゃんおでん

材料

ゆで卵 … 1/2個
大根 … 15g
にんじん … 5g
ほうれん草 …適宜
だし汁（➡p.26） … 200㎖
しょうゆ … 1～2滴

作り方

1. 大根、にんじんは7㎜厚さに切り、好みで型抜きし、水からゆでる。
2. だし汁を煮立たせ、しょうゆを加える。ゆで卵、1を入れ4～5分煮る。火を止め、そのまま冷まして味をなじませる。
3. 好みでほうれん草をゆでて加え、盛る。

あんしん　栄養バランス◎

野菜もたっぷり入って1品で主菜・副菜も兼ねます。卵は卵黄に栄養が豊富。卵黄は赤ちゃんにはパサついて、食べるときにむせやすいので、汁をつけながらあげましょう。

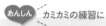

ほんの少ししょうゆをたらして煮含めて

ビタミン・ミネラル

スティック野菜の含め煮

材料

にんじん … 10g
大根 … 10g
さやいんげん … 1本（5g）
だし汁（➡p.26） … 50mℓ
しょうゆ … 1～2滴

作り方

1. にんじん、大根は5cm長さで7mm角のスティック状に切り、水からゆでる。さやいんげんは熱湯でゆでで、5cm長さに切る。
2. だし汁を煮立たせ、しょうゆを加えて1を入れ、4～5分煮る。火を止めて冷ます。

らくらく　風味づけで食欲アップ！

赤ちゃんの食がなかなか進まないときは、しょうゆを1滴垂らすだけでも風味が豊かになり食が進みます。

ビタミン・ミネラル

アレンジレシピ　材料のかぼちゃをさつまいも20gに変えてもよい。さつまいもは水からゆでて皮をとり、つぶす。作り方3で2とヨーグルトを混ぜる。

こまかく刻んだりんごがアクセント

かぼちゃとりんごのおだんごサラダ

材料

かぼちゃ … 20g
りんご … 5g
ヨーグルト（無糖） … 小さじ1（5g）

作り方

1. かぼちゃは水からゆでて皮をとり、つぶす。
2. りんごは耐熱容器に入れてラップをかけ、電子レンジ（600W）で20～30秒、様子を見ながらやわらかくなるまで加熱する。5mm角に切る。
3. 1に2、ヨーグルトを混ぜる。だんご状に丸めて、飾りとして、好みでかぼちゃの皮を切ってのせてもよい。

いろいろな野菜が入って栄養満点

ビタミン・ミネラル

ミネストローネ

材料

キャベツ … 10g
にんじん … 5g
玉ねぎ … 5g
トマト … 10g
油 … 少々
野菜スープ（➡p.27） … 70mℓ

作り方

1. 野菜はそれぞれ7mm角に切る。
2. 鍋を温めて油をなじませ、1を炒める。なじんだら野菜スープを加え、野菜がやわらかくなるまで煮る。

らくらく　まとめ作業で手間なし！

野菜たっぷりのスープは作りおきしておくと何かと便利。肉や魚を加えれば1品で主菜と副菜を兼ねます。

にんじんとミルクの甘みが赤ちゃん好み

たんぱく質 ビタミン・ミネラル

ブロッコリーのミルク煮

材料

ブロッコリー … 20g
にんじん … 10g
牛乳 … 30mℓ

作り方

1. ブロッコリーは熱湯でゆでて、小さく切る。
2. 鍋に1、牛乳を入れ、温める程度にさっと煮る。
3. にんじんを7mm角に切ってゆで、のせる。

あんしん 栄養バランスのコツ

緑黄色野菜に豊富なビタミンは油脂に溶けるので、ミルク煮など脂肪分を含む材料と合わせると、栄養を効率よくとれます。

アレンジレシピ 材料のブロッコリーをほうれん草（葉先）20gに変えてもよい。ほうれん草は熱湯でゆでて5mmに切って使う。

ビタミン・ミネラル

ふりかけを粉ドレッシング代わりに

ゆでキャベツのふりかけあえ

材料

キャベツ … 20g
BF（ベビーフード）ふりかけ
… 少々

作り方

1. キャベツは熱湯でゆで、5mm幅2cm長さに切る。
2. 1をふりかけであえる。

あんしん 食材選びで迷わない

大人用のふりかけは塩分が多め。ふりかけはBF（ベビーフード）を使いましょう。桜えびやごま、青のりなどを混ぜて手作りしてもよいでしょう。

トマトとカリフラワーでビタミンたっぷり

ビタミン・ミネラル

カリフラワーとトマトのミモザサラダ

材料

カリフラワー
… 小房大1個（20g）
かたゆで卵の卵黄
… 1/8個
トマト … 10g

作り方

1. カリフラワーは熱湯でゆで、小さく分ける。トマトは湯むき（➡p.44）して、種を取り除く。
2. 卵黄は、こまかくほぐす。
3. 1を盛りつけて2を散らす。

らくらく フォークで簡単調理！

かたゆでの卵黄をこまかくほぐすときは、フォークを使うと簡単です。

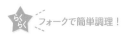

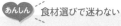

仕上げのしょうゆが食欲をそそる

ビタミン・ミネラル

かぼちゃのきんぴら風

材料

かぼちゃ … 20g
油 … 少々
だし汁（➡p.26）… 30mℓ
しょうゆ … 1〜2滴

作り方

1. かぼちゃは皮つきで5mm厚さ、1.5cm四方ほどに切る。
2. フライパンを温め、油をなじませる。1を炒め、だし汁を加え、ふたをして蒸し煮にする。
3. やわらかくなったらしょうゆをふる。

あんしん 栄養バランスのコツ

かぼちゃの皮には、果肉以上にβ-カロテンが豊富。かむ練習にもなるので赤ちゃんの様子を見ながら挑戦してみましょう。

ビタミン・ミネラル

アレンジレシピ
材料のチンゲン菜を小松菜20gに変えてもよい。小松菜は熱湯でゆでて5mmに切り、同様に作る。

しらすの塩気で青菜が食べやすく

チンゲン菜としらすのあえ物

材料

チンゲン菜 … 20g
しらす干し … 少々

作り方

1. チンゲン菜は熱湯でゆでて、1cm角に切る。
2. しらす干しは塩抜き（➡p.52）し、粗く刻む。
3. 1を2であえる。

らくらく 食事に集中させるコツ

赤ちゃんが食事に集中しなくなったら食べ方を変えると食が進むことも。このメニューは途中でごはんに混ぜてもおいしいので、ぜひ試してみて。

ごまが香ばしいあえ衣

ビタミン・ミネラル

にんじんとひじきの白あえ

材料

にんじん … 10g
豆腐（絹ごし）… 10g
A だし汁（➡p.26）…小さじ1/2
　練り白ごま … 小さじ1/6
ひじき … 小さじ1/6

作り方

1. にんじんは7mm角に切り、水からゆでる。ひじきは戻してやわらかくゆで、こまかく刻む。
2. 豆腐はゆでる。湯をきり、なめらかにつぶし、Aを混ぜる。
3. 2で1をあえる。

あんしん 消化しやすくするコツ

ひじきは指でつぶしてみて、やわらかくつぶれるまでゆでましょう。ゆでた後、こまかく刻みます。

ステップ3 離乳後期

全国のママ・パパ&赤ちゃんの離乳食生活③

9～11カ月ごろの赤ちゃんはますます個性がでてきて、それぞれのママ・パパによって、悩むポイントも違ってくるでしょう。他の赤ちゃんの様子を見ても、くらべてあせったりしないで、ぜひ自分のお子さんの個性に気づくきっかけにしてください。

最近の成長と離乳食

「ちょうだい」「どうぞ」ができるようになってきました。離乳食は3回食に。この日のメニューは、「しらすごはんのおにぎり」「にんじんとじゃがいものスティック野菜」「かぼちゃのペーストのせヨーグルト」です。

食事いすは、大きくなっても使えるトリップトラップ、アクアブルー。いっぱい食べて大きくなってね☆

9カ月ベビー

朔太郎（さくたろう）くん

DATA

身長 … 74cm　　体重 … 10.4kg
母乳 … 5回　　ミルク … 0回
離乳食 … 3回（AM8：00・正午・PM6：00）
歯の本数 … 6本（上4本、下2本）

スプーンでも
いっぱい食べるよ！

つまんで

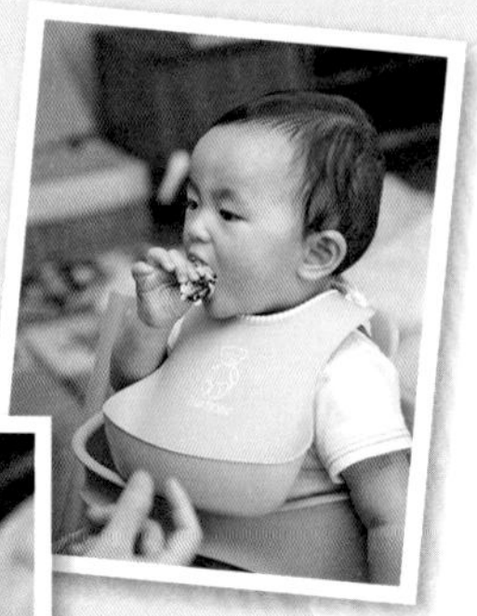

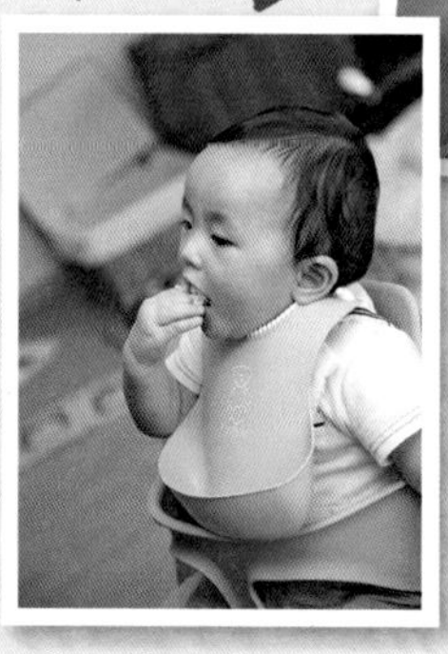

あむっ

手づかみ食べがスタート

手づかみ食べが始まったので、おにぎりなどのメニューを取り入れています。たくさん手づかみで食べた後は、スプーンでいただきます。手づかみ食べが上手になったり、絵本を自分でめくれるようになったり、手先を使うこまかい動きができるようになってきました。

うっかり熱々のものをテーブルに置けません……

つかまり立ちができるようになったので、テーブルの上のものにも手が届くように。リモコンなどを興味津々で取ろうとします。熱々の料理に手を伸ばしてこぼさないように注意するなど、行動範囲が広がった分、気をつけなければいけないことが増えてきました。

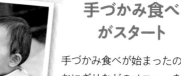

11カ月ベビー

理々杏(りりあ)ちゃん

DATA

- 身長 … 73cm
- 体重 … 8100g
- 母乳 … 1回
- ミルク … 4回
- 離乳食 … 3回(AM8:00・PM0:30・PM7:00)
- 補食 … 1回(PM4:00)
- 歯の本数 … 7本(上4本、下3本)

わんわんのぬいぐるみがお気に入り♪もう少し大きくなったら、ぬいぐるみといっしょにおままごとをしたりするのかな?

途中で気分転換をはさみながらも完食!

寝起きでちょっとご機嫌ナナメだったところからの「いただきます」。途中で気分転換も入りましたが、最後は完食しました。

いただきます!

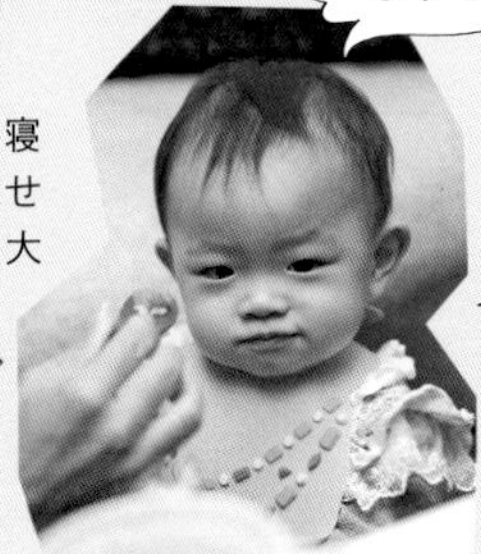

じいっ

まずはお野菜からいただきます。寝起きのせいか、あまり食が進みません。早くもテーブルの上にある、大好きなおかゆを見つけました。

おかゆ食べたーい!

このごろ表情が豊かになってきて、ママに目で訴えることも。

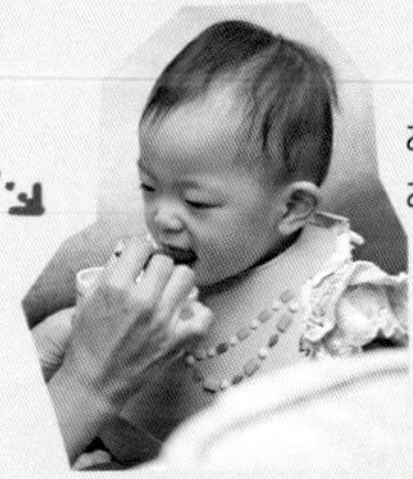

おかゆをモグモグ。おいしい?

ちょっと飽きてきたのか、お食事中断。大好きなぬいぐるみをぎゅーっと抱きしめて、気分転換。

あっ、ミルクだ!

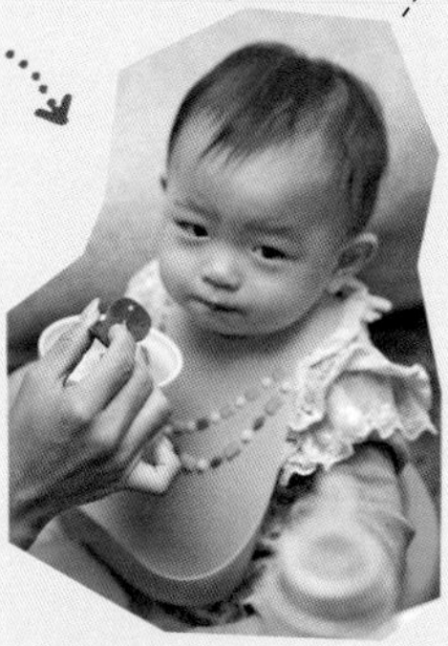

お食事再スタート。なんだかんだで完食も間近。食後のミルクをロックオン。

上手でしょ?

ほ乳びんを片手で上手に持ってひと飲み。今日もいっぱい食べたね。

ごちそうさま!

最近の成長と離乳食

離乳食は3回、夕方におやつを少し食べます。日中はミルクを飲み、寝るときはおっぱいを飲みながら眠りにつきます。ストローをいやがり、ほ乳びんで飲むのが大好きです。力がついてきて、片手でしっかり抱えて飲みます。食事のときにそえるのも、ほ乳びんに白湯を入れたもの。

らくらく調理のコツ3

BF《ベビーフード》活用

BF（ベビーフード）は赤ちゃんの発育・発達に応じた食材のかたさや大きさ、味つけになっているので、はじめてママやパパが慣れない離乳食を調理する際の目安にもなります。

BF《ベビーフード》の おもな種類と特長

びん詰め・プラカップ入り

離乳初期のペースト状から離乳完了期のひと口大の形状まで、さまざまな種類があります。開封してそのまま、または電子レンジで温めるだけで食べさせられるので便利。

こんなときにおすすめ！

月齢に合った食材の形状を確認し、組み合わせて活用しても。

粉末・フレークタイプ

野菜のフレークなどは、そのまま食べさせても、おかゆに混ぜ込んでもOK。風味や栄養を手軽にプラスできます。

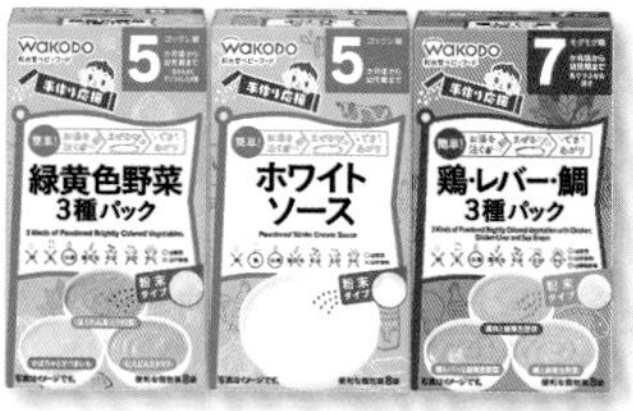

こんなときにおすすめ！

だし汁やスープ、ホワイトソースなどの風味づけに使えるものもあります。

フリーズドライ（固形）

調理後に急速冷凍し、真空・低温で乾燥させて作られたもの。風味や色の変質が少ないのが特長。湯で戻して使います。

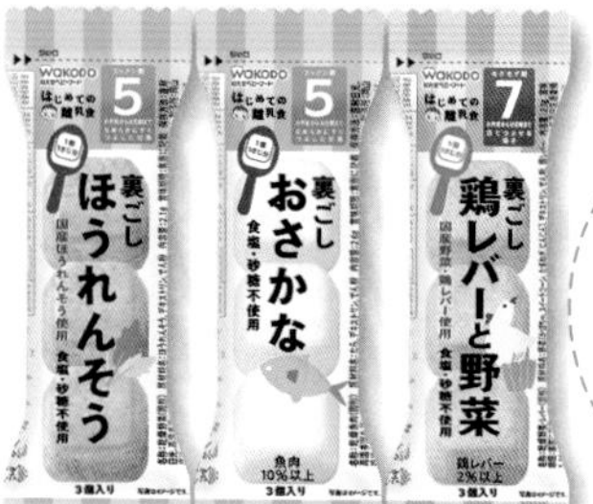

こんなときにおすすめ！

必要な量だけ使えるので、食材と組み合わせて少量を使いたいときに。

レトルト

こんなときにおすすめ！

主食・主菜・副菜がセットになったものもあるので、外出時におすすめ。

袋に詰めたもの、トレーに詰めたものなどがあり、そのまま食べさせられます。月齢に応じたかたさや大きさ、味つけの目安がわかりやすいのも特長です。

※p.141～143で紹介しているレシピのBFの名称は一例です。身近で手に入る、食材や形状の似たBFを活用してください。

5〜6カ月ごろ（離乳初期）　＼びん詰めコーンを使って／

はじめての食材はBFを混ぜて食べやすく

コーンとかぼちゃのペースト

炭水化物　ビタミン・ミネラル

材料
- BF裏ごしコーン … 5g
- かぼちゃ … 5g

作り方
1. かぼちゃはやわらかくゆで、熱いうちに皮を取り除いてなめらかにつぶす。湯でのばす。
2. コーンと1を盛り合わせる。

※生のとうもろこしや粒コーン缶は薄皮があるので使うのは1才以降に。

5〜6カ月ごろ（離乳初期）　＼びん詰めコーンを使って／

青い野菜をコーンの甘みで食べやすく

ブロッコリーとコーンのペースト

炭水化物　ビタミン・ミネラル

材料
- BF裏ごしコーン … 5g
- ブロッコリー … 5g

作り方
1. ブロッコリーは、小房ごとやわらかくゆでる。花蕾《からい》（➡p.44）だけ切り取り、裏ごしする。
2. コーンと1を盛り合わせる。

7〜8カ月ごろ（離乳中期）　＼角切り野菜のびん詰めを使って／

冷凍しておいた鶏ささみを使えばもっとらくらく！

角切り野菜とささみのあえ物

たんぱく質　ビタミン・ミネラル

材料
- BF角切り野菜 … 10g
- 鶏ささみ … 10g

作り方
1. 鶏ささみはゆでて、すりつぶす。
2. 角切り野菜と1を盛り合わせる。

7〜8カ月ごろ（離乳中期）　＼角切り野菜のびん詰めを使って／

うどんをゆでるだけで、あっという間に完成

野菜たっぷりうどん

炭水化物　ビタミン・ミネラル

材料
- BF角切り野菜 … 10g
- うどん（乾めん） … 10g

作り方
1. うどんは、やわらかくゆでる。冷水にとってしっかりと洗い、ぬめりを取る。水気をきって1〜3㎜ほどに刻む。
2. 1をBFであえる。

5〜6カ月ごろ（離乳初期）　＼粉末野菜を使って／

豆腐にほんのり野菜の風味をプラス

野菜の白あえ

たんぱく質
ビタミン・ミネラル

材料

BF粉末野菜 … 1回分
豆腐（絹ごし）… 10g

作り方

1. BFは表示通りに湯で溶く。
2. 豆腐はゆでる。裏ごしする、もしくはすりつぶす。
3. 1、2を盛り合わせる。

7〜8カ月ごろ（離乳中期）　＼粉末ホワイトソースを使って／

BFでらくらくとろみづけ

さけのクリームソース

たんぱく質

材料

BF粉末ホワイトソース
　… 1回分
さけ（生）… 10g

1. BFは表示通りに湯で溶く。
2. さけはゆでる。皮、骨を取り除いて粗めにすりつぶす。
3. 1、2を盛り合わせる。

9〜11カ月ごろ（離乳後期）　＼粉末野菜を使って／

あっという間にできるので朝食にもおすすめ！

パングラタン

炭水化物
ビタミン・ミネラル

材料

BF粉末野菜 … 1回分
食パン（8枚切り・耳を除く）
　… 1/2枚

作り方

1. 食パンは軽くトーストし、角切りにする。
2. BFは表示通りに湯で溶く。
3. 1を2であえ、耐熱容器に入れオーブントースター（1000W）で4〜5分焼く。

1才〜1才6カ月ごろ（離乳完了期）　＼粉末野菜を使って／

使いきれなかった粉末野菜を活用してもOK！

魚のソテー野菜ソース

たんぱく質
ビタミン・ミネラル

材料

BF粉末野菜 … 1回分
かじき … 15g
油 … 少々

作り方

1. フライパンに油をなじませ、かじきをソテーする。
2. BFは表示通りに湯で溶く。
3. 1、2を盛り合わせる。

5〜6カ月ごろ（離乳初期）　白身魚のフリーズドライを使って

新鮮なトマトの風味と白身魚がマッチ

トマトと白身魚のとろとろ

たんぱく質　ビタミン・ミネラル

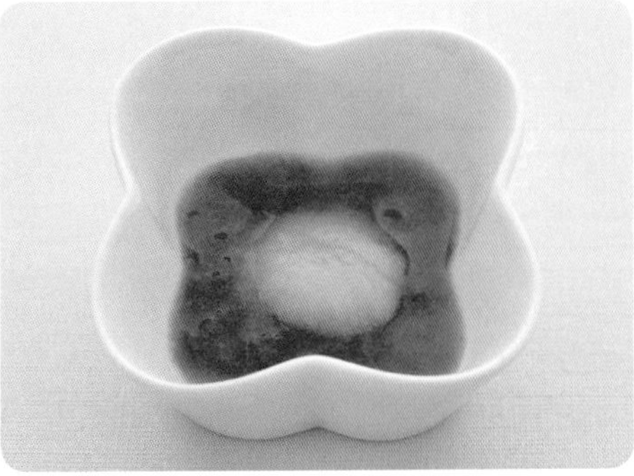

材料

BFフリーズドライ白身魚 … 1回分
トマト … 10g

作り方

1. BFは表示通りに湯でもどす。
2. トマトは湯むきし（➡p.44）、種を取り除いてすりおろす。
3. 1、2を盛り合わせる。

9〜11カ月ごろ（離乳後期）　白身魚のフリーズドライを使って

じゃがいもの甘みに魚のうまみがプラス

白身魚とじゃがいものお焼き

炭水化物　たんぱく質　ビタミン・ミネラル

材料

BFフリーズドライ白身魚 … 1回分
じゃがいも … 20g
油 … 少々

作り方

1. じゃがいもをゆでてつぶす。
2. 1にBFを加えよく混ぜ、じゃがいもの水分でBFを戻す。パサつくようなら、少し湯を足す。形を整える。
3. フライパンに油を中火でなじませ、2を軽く焼く。

9〜11カ月ごろ（離乳後期）　BFのふりかけを使って

手づかみメニューを増やしたいこの時期におすすめ

ふりかけおにぎり

炭水化物

材料

BFふりかけ … 適量
軟飯 … 40g

作り方

1. 軟飯にふりかけを混ぜ、おにぎりにする。

1才〜1才6カ月ごろ（離乳完了期）　BFのふりかけを使って

趣向を変えてふりかけを粉ドレッシング代わりに

トマトのふりかけあえ

ビタミン・ミネラル

材料

BFふりかけ … 適量
トマト … 20g

作り方

1. トマトは湯むき（➡p.44）し、種を取り除いて1㎝角に切る。
2. 1をふりかけであえる。

離乳後期

9〜11カ月ごろ 気がかり解消Q&A

Q 離乳食の進み方が周囲とくらべ遅いようで心配です。

A あせらず、その赤ちゃんのペースで進めていきましょう。

離乳食の進み方は子どもの顔がひとりひとり違うように、ペースもいろいろです。食材や調理法を変えながら、あせらずに進めていきましょう。**食べる意欲が出てきたら、タイミングを見計らい少しペースアップをしても。**1年半ほどたって離乳食を卒業するころは、だいたい同じような進み方になりますから、その子のペースで、離乳を進めていきましょう。

Q 夕食の時間がどうしても遅くなってしまいます。

A 就寝時間が遅くなると、朝起きられない悪循環に。少しずつ早めて。

夕食の時間が遅くなると就寝時間も遅くなり、朝起きられない悪循環に。入浴を先にしたり、少しずつ夕食の時間を早めるようにしましょう。

早寝早起きすることで、朝食もしっかり食べることができるようになります。

Q 朝は忙しくてついミルクだけに。3回食になりません……。

A まずは簡単な朝食でOK。続けて生活リズムを整えましょう。

この時期になると、必要なエネルギーや栄養の5〜6割は離乳食から補うようになります。そのため、**2回食では栄養が不足する心配があります。**

まずは簡単なものでよいので、朝食をとって3回食にしましょう。**朝、食べることで生活にメリハリができ、リズムが整います。**赤ちゃんはこれからも体を作り、成長していきます。1日のスタートの朝食は体を動かすスイッチを入れるために大切な食事なので、しっかりと食べさせましょう。

Q 食べることに集中してくれず、離乳食で遊んでいます……。

A 気持ちを切り替えるのも大事。時間を区切ってみては?

この時期は、好奇心が旺盛になるので、ママやパパからすると遊び食べに見えますよね。お皿の上のものを手でぐちゃぐちゃにしたり、ポイポイ捨てたり握りつぶしたり、ママやパパは困ってしまうかもしれません。成長著しい赤ちゃんにすれば、食べるより「何だろう?」「どうなっているのかな?」と興味が湧いてきている可能性もありますし、時にはおなかがすいてないこともあります。気が済むまでやると、食べ始める場合も。**始めの10分くらい集中して食べていて、その後、食事に集中しなくなったら、おなかが満たされたサインととらえても。食事時間は20〜30分**なので、この時間を目安に、「おしまいにする?」と赤ちゃんの意思を確認してから終わらせます。もし、食べる量が足りなければ、赤ちゃんは次の食事で食べますし、遊ぶと食事が終わることも、少しずつわかってゆくように。

Q 限られた食材で作るので、メニューがマンネリぎみです。

A 手づかみメニューを増やしたり、切り方や風味づけで変化をつけて。

9～11カ月ごろでは、手づかみメニューを増やしていきましょう。**野菜はやわらかくゆでてスティック状に**するなど、形や大きさを変えるだけで変化がつきます。**主食はおにぎりやスティックトーストに。いも類は丸めたり、小判形にして焼いてみましょう。葉物野菜はおかか煮やごまあえなど、**風味を変えるだけで変化がつきます。

このように、ひと工夫するだけでOK。むずかしく考えず、赤ちゃんの五感を刺激し、食べる意欲を育みましょう。

Q ストローなら飲めますが、コップ飲みが上手にできません。

A コップ飲みの前に、お椀や小皿で練習しましょう。

コップを傾けると液体が勢いよく出てくるので、赤ちゃんはこわいのかもしれません。**最初はお椀か、しょうゆ小皿のような小さくて浅い器に大人が手をそえ、口をつける練習から始めてみて。**

Q にんじんやひじきなどが、そのままうんちに出てきます。ちゃんと栄養はとれている？

A ある程度栄養は吸収されているので心配しないでOK。

食べたものがそのままうんちに出てくることもありますが、栄養はある程度吸収されています。ただし、**根菜、きのこ、海藻などは食物繊維が多く、消化しにくい食材なので、こまかく刻み、やわらかく調理します。**これらの食材はビタミン・ミネラルが豊富で、おなかの調子を整える作用も。少しずつ慣らしましょう。

Q 手づかみだとかんで食べるのに、スプーンであげると丸のみします。

A まず手づかみで満足させ、落ち着いたらスプーンであげて。

手づかみ食べは食べる意欲を引き出すのはもちろんのこと、咀嚼《そしゃく》の練習にもなります。赤ちゃんが本来持っている自分の意思で手づかみして食べる意欲を尊重したいので、**満足するまで手づかみで食べさせ、ある程度落ち着いたところで、8㎜から1㎝角に切ったものを「カミカミしようね」と声をかけながら、スプーンでひとつずつ口に運びましょう。**

スプーンで食べるメニューも食感、味、香り、大きさ、形などさまざまな点から口の中を刺激します。

Q 11カ月ですがまだ歯が生えてきません。そのせいか、少しでも大きいとベーッと出してしまいます。

A 歯でかむのは少し先。離乳食の形状を見直してみて。

奥歯が生えるのは1才半ごろで、乳歯がすべて生えそろうのは2才半ごろ。そのころから本格的に歯を使って食べ物をかむようになります。**この時期は、舌や歯ぐきを使って形のあるものをつぶし、かむための口の動きをトレーニングし、発達させます。**歯が生えるのが遅い場合、奥歯の歯ぐきもゆっくり成長していくので、食べ物を歯ぐきでつぶしづらいのかもしれません。

離乳食をベーッと出してしまうようなら、**吐き出さずに食べていた少し前の形状に戻し、少しずつステップアップを。**食材の種類は増やしてもかまいません。赤ちゃんの口の状態に合わせてさまざまな形や大きさのものを経験することは、咀嚼《そしゃく》力アップにつながるので、ゆっくり確実に進めていけばOKです。

Q 外出先での離乳食は大人のメニューをあげてもOK？

A 赤ちゃん用のBF《ベビーフード》などを用意しましょう。

大人のメニューは味が濃く、こしょうなどの香辛料も使われているので、この時期の赤ちゃんに取り分けるのはやめましょう。1才を過ぎれば、あげ方に注意しながら大人用のメニューを取り分けてもOK（⬇P.184）。

外出するときは赤ちゃん用にベビーフードを持参しましょう。ふたを開けてそのまま食べられるもの、スプーンつきのものなどさまざまあります。便利で衛生面でも安心です。

Q 食が細く、母乳ばかり飲むのでステップアップできません。

A 赤ちゃんの気持ちを考えながら食材はゆっくり増やして

母乳が大好きで離乳食が進まない赤ちゃんは少なくありません。抱っこしてもらっておっぱいを飲むのは、赤ちゃんにとっても安心できる心地よい時間。ママのおっぱいが大好きなんですね。

成長していくなかで必要なエネルギーや栄養は増え、母乳だけでは不足するので、離乳食で補います。その割合は、1才ごろでは必要な栄養の70～80％とされています。ステップアップはゆっくりでも、食材の種類は増やしていきましょう。

昼間の活動量が少なく空腹にならない可能性もあります。**日中はたっぷり遊んで、おなかが空いたところで食べさせてみましょう。**1才を過ぎてからも母乳を続けてもかまいませんが、離乳食があまり進まないような場合は、思いきって卒乳を考えるのもひとつの方法でもあります。卒乳は赤ちゃんと相談してから、ママと赤ちゃんのタイミングで決めます。

ステップ4 離乳完了期 1才～1才6カ月ごろ

1日3回の離乳食を、決まった時間にとるようにして、基本的な生活リズムを整えていく時期です。まだ一度にたくさん食べることができないので、補食（おやつ）でエネルギーを補います。

味つけは大人の1/3程度に

揚げ物や焼き物も食べられる時期。味つけは大人の1/3程度を目安に薄味を心がけます。

赤ちゃんに合ったかたさ・大きさに

少しずつひと口の量を調整して前歯でかじり取り、歯ぐきや奥歯でつぶして食べられるように。大人とほとんど同じ食べ方に見えますが、まだかむ力は弱いので、かたすぎるものや食べにくい形のものは避けましょう。

汁物で栄養バランスを

汁物は不足しがちな野菜をたっぷり入れて。具を先に食べさせ、汁は後で飲ませるようにしましょう。

おにぎりや炒めご飯も食べられるように

軟飯からやわらかいごはんにステップアップしていきます。おにぎりにしたり炒めご飯にしたり、食べ方のバリエーションが楽しめるかたさになります。

はじめて ママ&パパの ここが心配 ここがギモン

ステップ4 離乳完了期 1才〜1才6カ月ごろ

この時期の離乳食と母乳・ミルクは？

3回食が定着してくる時期。朝食を食べて生活リズムを整えよう

1日3回の離乳食が定着してくる時期です。とくに、朝食は生活リズムを作るのに重要なもの。主食・主菜・副菜を組み合わせてとることで、朝のうんちが習慣になり、午前中を活発に過ごす準備が整います。

また、このころの赤ちゃんはまだ一度にたくさん食べることができないため、**食事と食事の間にエネルギーが不足しがち。補食（おやつ）が必要**になります（⬇p.176〜179）。

離乳完了期は、栄養のほとんどを離乳食からとるのが目安となってきます。少しずつ食後の授乳が減り、離乳食の割合が多くなってきます。この時期に母乳・ミルクがメインだと、栄養が不足したり、かむ力をつける練習が不十分になってしまうことも。**外遊びをたくさんさせて、空腹で食べる感覚を養ってください。**その一方で、体重も増えているので水分補給を忘れずに。補食や食事のときに麦茶などをそえます。

タイムスケジュール例

- AM 4:00 ねんね
- 6:00
- 離乳食①（朝食は午前7〜8時ごろに。）
- 8:00
- 朝食と昼食の間に牛乳をあげてもOK。水分補給も忘れずに。
- 10:00 補食①
- 外遊び
- PM 正午 離乳食②
- お昼寝
- 14:00
- 補食②（3回の食事がしっかり食べられるなら午後3時ぐらいに補食を食べさせて。）
- 16:00
- 18:00 離乳食③（夕食は午後6時ごろに。あまり遅いと就寝が遅くなったり、消化不良につながるので注意しましょう。）
- おふろ
- 20:00
- 22:00 ねんね

食材の形状や食べさせ方は?

いろいろな大きさや形でかみ方の調整を練習

前歯が生えそろい、奥歯も生え始める時期なので、大人とほぼ同じような食べ方に見えます。とはいえ、まだまだかむ力は強くないので、食べやすい調理方法を心がけましょう。薄切り肉などのかみにくいものは、たたいて筋を切るなど、食べやすく切ってあげます。

かたさは肉だんご程度を目安にし、手づかみで食べられるものも少しずつ複雑な形にしてひと口分をかみ切る練習をしましょう。また、輪切りやいちょう切り、せん切りなど、**いろいろな大きさや形のものをあげて、かむ練習をしましょう。**前歯でひと口大にかじり取ったり、かむ力を変えたりすることで、かみ方やかむ強さを調節することを覚えます。

味つけは大人の1/3程度の薄味を心がけます。一度濃い味を覚えてしまうと、薄い味だと満足できなくなってしまいます。赤ちゃんはもちろん家族みんなの健康のためにも、薄味を習慣にしてください。

この時期の舌の動き

1才〜1才6カ月ごろにかけて前歯が生えそろい、奥歯も生え始めます。前歯でちょうど口に合うサイズ（ひと口量）を調節してかじり取り、奥の歯ぐきでつぶして食べます。

手づかみ食べからスプーンへの移行

前半
自分のペースや量で食べたい気持ちが高まる時期。手づかみ食べは離乳後期より大きく複雑な形に挑戦して、**ひと口でかみ切る練習を。**

後半
手づかみ食べからスプーン食べに。コロコロのにんじんなどをスプーンにのせると自分で口に運ぼうとします。最初は上手にできないので、**ママやパパが手をそえてあげましょう。**深皿でふちの立ち上がった器だと、赤ちゃんが中身をこぼさず自分ですくいやすいのでおすすめです。

体に合ったいすに座り食事に集中

テーブルにひじがのるように、座面の高さを調整します。

足がブラブラしないよう、ハイチェアの場合は**足のせ板に足が着くように**します。

姿勢がくずれないような背もたれで、いすの幅が体の幅に合っているものを選びます。中で体が動いてしまうときはクッションで調整。

前歯が上下4本ずつ生えたら本格的に歯みがき開始

上の前歯は唾液《だえき》の届きにくいところなので、下の前歯より歯みがきの必要性が高くなります。上の前歯4本が生えるころには、ガーゼから歯ブラシに変えて、むし歯予防も意識しましょう。就寝時が最もむし歯になりやすいため、丁寧に歯みがきしましょう。

食材の種類や調理のコツは?

風味づけ食材を活用し、揚げ物や焼き物にも挑戦

風味づけ食材を上手に活用

食が進まないときは、食べ慣れているメニューに風味豊かな食材（右写真参照）をプラス。**味が変わって食欲が高まります。**調味料の量は控えながらも、味の幅を広げていきたい時期なので上手に活用を。

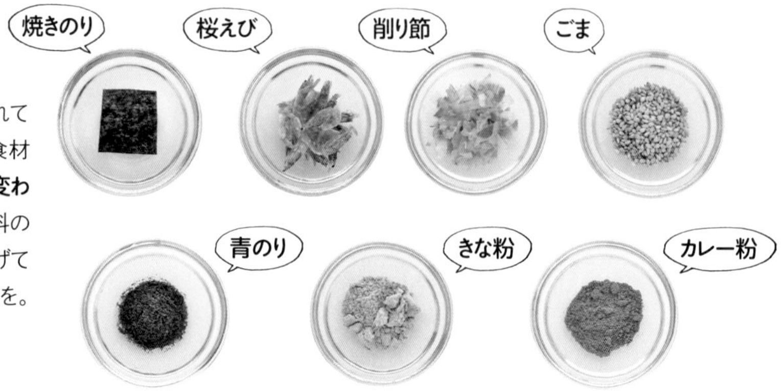

らくらく

少ない調味料でおいしく!

少ない調味量で風味を高めるための工夫を。下の写真のレシピはしょうゆ1～2滴と昆布だし小さじ1を合わせて焼いています。

調味液が全体に回って風味アップ!

揚げ物や焼き物にも挑戦

揚げ物や焼き物なども食べられるようになります。上手に取り入れて食べる意欲を応援しましょう。

あんしん

肉たたきや包丁の背でたたいてやわらかく

かみ切りにくい肉はたたいて筋を切ってから加熱するなど、赤ちゃんが食べやすいよう調理します。

幼児食に進む目安は?

離乳食卒業の2つのポイント

最初の奥歯がかみ合ってくる1才6カ月ころが離乳食卒業の目安。徐々に幼児食（⬇p.185）へ移行しましょう。食べ方を覚えるのが早い赤ちゃんものんびりな赤ちゃんもいて、個人差が大きいですが、あせらずゆっくりかむ練習を続けましょう。

ポイント1 前歯でかみ切り、奥歯でかみつぶせる

1才3カ月～1才6カ月になり、しっかり手に持って前歯でかじり取り、スプーンを積極的に使おうとするくらいが目安。飲み込むのが苦手な子や丸のみしがちな子は、離乳完了期の食材を離乳後期の形状にアレンジしたメニューも取り入れ、かむ練習を。

ポイント2 1日3回の離乳食と補食（おやつ）を食べ、必要な栄養のほとんどを離乳食からとれる

1日3食が定着していない場合は、朝、昼、夕の離乳食の時間を決めます。とくに朝食はしっかり食べさせて、生活リズムを整えましょう。歩行も少しずつ始まるので、十分に外遊びをして、おなかが空いてから食べる感覚を養います。

この時期の食事量の目安は？

おもな食材の1食分の目安量

主食・主菜・副菜別に1食の目安量を紹介します。栄養のほとんどを離乳食と補食（おやつ）からとるようになるので、栄養バランスを意識した献立を作りましょう。

主食（炭水化物）

ごはんをメインに、パンやめんなども取り入れましょう。補食（おやつ）を食べさせる際も、炭水化物をメインに考えます。

下記のいずれか1種

軟飯　子ども茶碗1杯（90g）
※後半はやわらかいごはん子ども茶碗2/3杯分（80g）

食パン（8枚切り）
2/3枚

うどん（乾めん）
3/5束（30g。ゆでたもの90g）

主菜（たんぱく質）

肉は脂肪や筋を、魚は骨を除き、食べやすく調理します。1食で食材を2種類使うときは、各半量を使用するなど、とりすぎに注意。

下記のいずれか1種

豆腐
50〜55g

白身魚
15〜20g（刺身2切れ）

鶏ささみ
15〜20g（1/3本強）

副菜（ビタミン・ミネラル）

さまざまな調理法や切り方を体験させたい時期です。食欲旺盛な子は、このグループの食品をたくさん食べさせてあげましょう。

組み合わせて40〜50g

にんじん
40g（1/4本）

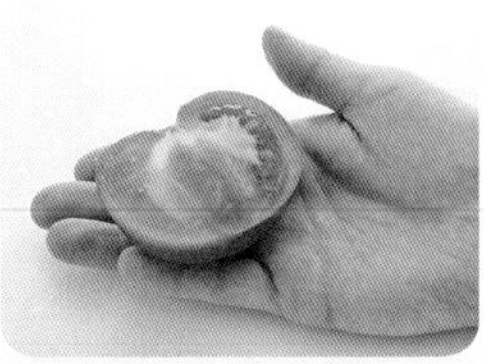

トマト
40g（1/2個。皮と種を除く）

キャベツ
40g（葉4枚）

ほうれん草
40g（2〜3株）

あんしん　調味料について

味つけは大人の1/3程度が目安。9〜11カ月以降からはケチャップやマヨネーズも使えるようになります。濃い味を覚えてしまうと薄味に戻しにくくなるので、調味料の使用は少量にとどめます。

らくらく　野菜の大きさと重さの目安

さまざまな野菜の目安量をご紹介します。食材を選ぶときの参考にしてください。

- ▷大根　1cm厚さの半月切り＝15g
- ▷玉ねぎ　中1/8個＝18g
- ▷ピーマン　1/2個＝13g
- ▷なす（千両なす）1/4本＝20g
- ▷きゅうり　斜め薄切り3枚＝10g

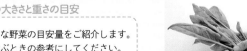

主食の作り方

軟飯が食べられるようになります。
おにぎりや炒めごはんなどにしてもOK。

らくらく

主食の変化がつけやすく!

この時期になるとロールパンやマカロニなど、主食の種類がさらに広がります（➡p.153）。サンドイッチにしたりパスタ料理にするなど、メニューにも変化がつけやすくなります。

トースト

大きめに切って
ひと口をかじり
取る練習を。

材料

食パン（8枚切り）
… 2/3枚

作り方

1. 食パンは軽くトーストして、赤ちゃんが持ちやすい大きさに切る。

めん

1～2㎝程度のかみ切りやすい長さに切ります。かけうどんだけでなく、焼きうどんなどにしても。

材料　※作りやすい分量。

うどん（乾めん）… 30g
湯 … 適量

作り方

1. うどんは、やわらかくゆでる。冷水にとってしっかりと洗い、ぬめりをとる。
2. 水気をきって、1～2㎝長さに刻む。

形状の目安

後半

約2㎝に刻む

前半

約1㎝に刻む

軟飯

米：水＝1：3

赤ちゃんの様子を見ながら徐々に水分を減らし、軟飯からやわらかめのごはんにしましょう。

炊飯器で作る場合

材料　※作りやすい分量。

米 … 1/2合　　水 … 270㎖

作り方

1. 米をとぎ、分量の水とともに炊飯器の内がまに入れる。
2. おかゆモードで炊く（お持ちの炊飯器の設定に合わせてください）。

※米から鍋で作る場合の作り方は、上記と同じ分量で、作り方はp.36参照。

※鍋でごはんから作る場合、電子レンジで作る場合は、ごはん50ｇに対して水150㎖を使用。作り方はp.37参照。

形状の目安

後半

前半

少しずつ水分を減らす

column

1才〜1才6カ月ごろの離乳食作りで多い疑問をまとめました

食材・食品の種類・量、使い方は？

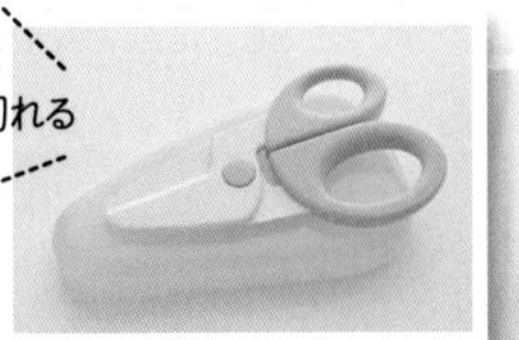
めんがらくに切れる

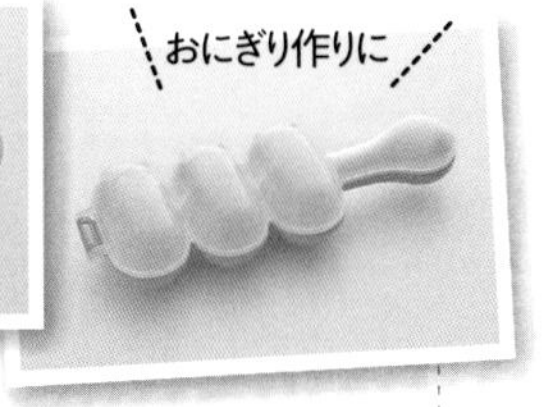
おにぎり作りに

Q 主食の準備をらくにするコツは？

A 離乳食調理グッズを上手に活用して。

手づかみ食べが増えてきたら、おにぎりなどを積極的にメニューに加えたいもの。上の写真のように、ごはんを詰めて振るだけで簡単にひと口サイズのおにぎりができるグッズもあります。また、お皿に入っためんを赤ちゃん用に短く切るヌードルカッターも便利。外食の際、うどんなどのめん類を取り分けるときに重宝します。いずれも100円ショップや赤ちゃん用品のお店で購入できます。

Q この時期に食べられる魚の種類と量は？

A 調理法や食べさせ方に注意すればほとんどの種類がOK。

まぐろやかじきなどの赤身の魚や、あじやさば、さわらなど青背の魚も取り入れましょう。あさりやえび、いかなどは加熱すると弾力がでるので、食べさせるときはこまかく切ってからあげます。**えび、かにはアレルギーの心配があるのでごく少量から食べさせます。**

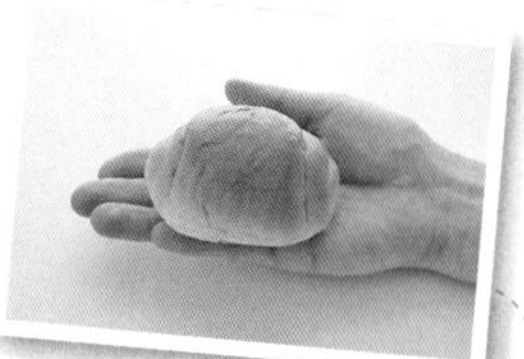

Q パンの種類と量は？

A ロールパンはOK。菓子パンはできるだけ避けて。

手づかみ食べができるようになり、ひと口の量を自分で調節できるこの時期は、パンの種類を増やしていってもよいでしょう。ロールパンなら1個が目安。菓子パンやクロワッサン、市販の蒸しパンは甘いので控えめに。**糖質や脂質、塩分が多いものは避けて。**胚芽パンも、この時期は消化機能がまだ十分ではないので赤ちゃんの負担に。積極的にあげなくてもよいでしょう。

Q 肉の種類や量は？

A 赤身を基本に15〜20gが目安。

赤ちゃんの胃腸への負担を避けるため、脂質の少ない赤身を選ぶのが基本。**脂身があれば加熱する前に取り除きます。**分量は、薄切り肉なら写真左下の量（15〜20g）が目安です。ひき肉なら大さじ1強（写真右下）。
また、この時期になると、**ハムやソーセージなどの加工肉も使えます。**できるだけ添加物が少ないものを少量、**一度ゆでこぼしてから使います。**ゆでこぼすと添加物が少し減ります。

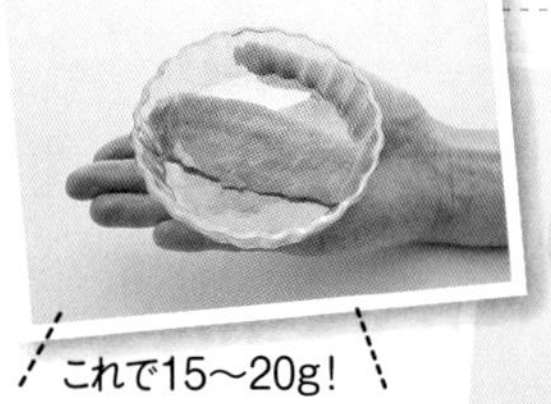
これで15〜20g！

ひき肉なら大さじ1強

月 曜日

ポイント

献立の中でも、せん切りやいちょう切り、角切りなど、さまざまな切り方を取り入れてかむ力の発達を促しましょう。同じメニューでも切り方を変えるだけで、赤ちゃんにとって豊かな食の体験になります。

1回目

主食 軟飯（⇒p.152）
主菜 さけの照り焼き（⇒p.161）
副菜 じゃがいもとピーマンの細切り炒め（⇒p.166）

2回目

主食 かぼちゃごはん（⇒p.158）
主菜 けんちん汁（⇒p.161）

3回目

主食 軟飯（⇒p.152）
主菜 鶏レバーのトマトヨーグルト煮（⇒p.162）
副菜 キャベツのコールスローサラダ（⇒p.166）

まねして使える！

1週間の献立例

1才～1才6カ月ごろ（離乳完了期）前半の献立プランです。徐々に大人と同じような献立になってくるのでメニューは同じにして、調理、味つけを赤ちゃん向けにするとらくですよ。

※食べる量は個人差があるので、赤ちゃんの様子を見ながら調整してください。

献立を考えるときのヒント

ヒント1 あんしん

形状は赤ちゃん向けに

見た目は大人のメニューと同じような献立のようですが、かたさや大きさは赤ちゃんの発達に合わせて食べやすく調理を。味つけも薄味が基本です。

ヒント2 らくらく

赤ちゃんの好き嫌いには

同じ食材でも切り方や調理法を変えてみると食べたり、その日は食べなかったメニューも、日をおくと食べることもあります。好き嫌いはまだ固定する時期ではないので、いろいろなメニューに挑戦してみて。

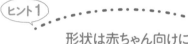

水曜日

ポイント

好き嫌いがでてくる時期でもあります。ご飯は白米だけでなく混ぜご飯や雑炊にしたり、パンやめんなどを取り入れたり、エネルギー源になる主食をしっかりとるようにしましょう。

1回目

主食　チンゲン菜とたいの雑炊（➡p.158）
副菜　カリフラワーとわかめのやわらか酢みそあえ（➡p.165）

2回目

主食　軟飯（→p.152）
主菜　チキンハンバーグ（➡p.162）
副菜　なすとズッキーニ、ラタトゥイユ風（➡p.164）

3回目

主食　クリームパスタ（➡p.160）
副菜　かぼちゃの洋風煮（➡p.164）

火曜日

ポイント

調理法にもバリエーションが出てくる時期です。煮る、ゆでるだけでなく、焼く、炒めるなどの調理も取り入れます。1食の中で異なる調理法のメニューを組み合わせると献立も考えやすくなります。

1回目

主食　赤ちゃんピザトースト（➡p.160）
主菜　トマトと卵のカラフル炒め（➡p.162）

2回目

主食　軟飯（➡p.152）
主菜　牛肉のおろし煮（➡p.163）
副菜　チンゲン菜の炒め煮（➡p.166）

3回目

主食　軟飯（➡p.152）
主菜　ぶり大根（➡p.161）
副菜　ほうれん草とまいたけのすまし汁（➡p.165）

金曜日

ポイント

3食分の献立すべてを毎回手作りするのは大変です。「まとめて作り、冷凍保存」を上手に活用しましょう。たとえば1回目の「チキンハンバーグ」は、水曜日にたくさん作りおきして冷凍。金曜日は解凍するだけで完成です。

1回目

- 主食 軟飯 （➡p.152）
- 主菜 チキンハンバーグ （➡p.162）
- 副菜 キャベツのコールスローサラダ （➡p.166）

2回目

- 主食 そぼろ丼 （➡p.159）
- 副菜 白菜のクリーム煮 （➡p.164）

3回目

- 主食 軟飯 （➡p.152）
- 主菜 トマトと卵のカラフル炒め （➡p.162）
- 副菜 チンゲン菜の炒め煮 （➡p.166）

木曜日

ポイント

ステップ4になると揚げ物も食べられるようになるので、少しずつ献立に取り入れましょう。起き抜けや寝る前にとるより、昼食に取り入れると消化に負担がかかりません。

1回目

- 主食 鶏ひき肉のスープワンタン （➡p.160）
- 副菜 じゃがいもとピーマンの細切り炒め （➡p.166）

2回目

- 主食 軟飯 （➡p.152）
- 主菜 かじきの薄衣揚げ （➡p.163）
- 副菜 カリフラワーとわかめのやわらか酢みそあえ （➡p.165）

3回目

- 主食 茶巾ずし （➡p.158）
- 主菜 けんちん汁 （➡p.161）

土曜日

ポイント

食べる量が増えるこの時期は、主食ストックの消費サイクルも意外と早め。離乳食の作りおきがないときは、大人用のごはんを炒めごはんやリゾットなどにして食べやすく調理するのもひとつの方法です。

1回目

主食 納豆チャーハン (➡p.159)
副菜 ほうれん草とまいたけのすまし汁 (➡p.165)

2回目

主食 軟飯 (➡p.152)
主菜 豚肉の蒲焼き風 (➡p.163)
副菜 さやいんげんとにんじんのごまあえ (➡p.165)

3回目

主食 軟飯 (➡p.152)
主菜 鶏レバーのトマトヨーグルト煮 (➡p.162)
副菜 かぼちゃの洋風煮 (➡p.164)

日曜日

ポイント

土曜日の2回目に登場した「さやいんげんとにんじんのごまあえ」が再登場。まとめて作って冷蔵保存できるものはしておくと、調理の負担が軽くなります。

1回目

主食 軟飯 (➡p.152)
主菜 牛肉のおろし煮 (➡p.163)
副菜 さやいんげんとにんじんのごまあえ (➡p.165)

2回目

主食 チキンライス (➡p.159)
副菜 白菜のクリーム煮 (➡p.164)

3回目

主食 軟飯 (➡p.152)
主菜 さけの照り焼き (➡p.161)
副菜 なすとズッキーニ、ラタトゥイユ風 (➡p.164)

体が温まるので朝食にもおすすめ

チンゲン菜とたいの雑炊

炭水化物　たんぱく質　ビタミン・ミネラル

材料

軟飯（➡p.152）… 90g
チンゲン菜 … 20g
たい … 10g
昆布だし（➡p.26）… 100mℓ

作り方

1. チンゲン菜は1cm角に切る。
2. 鍋に昆布だしを煮立たせ、1、たいを入れて火を通す。軟飯を加えて温める程度にさっと煮る。

あんしん　かむ練習に

少しずつ形を大きくして調理し、かむ練習をしましょう。雑炊仕立てで飲み込みやすいメニューは、丸のみに注意しましょう。

炭水化物　ビタミン・ミネラル

かぼちゃをごはんに混ぜると違った味わい

かぼちゃごはん

材料

軟飯（➡p.152）… 90g
かぼちゃ … 20g

作り方

1. かぼちゃは水からゆで、粗つぶしにする。
2. 軟飯に1を入れ、混ぜる。

あんしん　かむ練習に

皮つきのまま調理するとかむ練習にもなります。中身はかたまりを残すことでかむ練習にもなります。

かわいい形に赤ちゃんも大喜び！

茶巾ずし

炭水化物　たんぱく質

材料

軟飯（➡p.152）… 70g
A 青のり … 少々
　白炒りごま … 少々
卵 … 1/2個
油 … 少々
ピーマン（薄い輪切り）… 4個（ゆでる）

作り方

1. 軟飯にAを混ぜ、4等分して丸くにぎる。
2. フライパンを温めて油をなじませ、卵を溶いて流し入れ、薄く広げる。裏返して両面に火を通し、薄焼き卵を作り、4等分にする。
3. 1を2で包んで茶巾にし、ピーマンで留める。

らくらく　手づかみメニューの食べさせ方

手づかみ用のメニューを用意すると、赤ちゃんがぐちゃぐちゃにしてしまうことも。全部食べきらなくてもOK、食べる練習、経験と考えましょう。食べる量が気になるときは多めに用意してみて。

火が通りやすい食材でパッと作れる

炭水化物　たんぱく質

納豆チャーハン

材料

軟飯（➡p.152）
… 90g
納豆（ひきわり）
… 大さじ1（15g）
オクラ … 1本（10g）
油 … 少々
しょうゆ … 1～2滴

作り方

1. オクラは小口切りにする。
2. フライパンを温めて油をなじませ、オクラ、納豆を炒め、しょうゆを加える。軟飯を加えて混ぜる。

らくらく　自宅にある材料で！

自宅にある肉や魚など主菜になる食材と野菜を合わせて炒めれば完成。栄養バランスがとりやすい1品です。

炭水化物　たんぱく質

アレンジレシピ　材料の軟飯をうどん（乾めん）30gに変えてもよい。ゆでて3cm長さに切り、1、2を混ぜて、汁なしのあえうどんにする。

大人と同じ材料で作れる

そぼろ丼

材料

軟飯（➡p.152）
… 90g
溶き卵 … 小さじ2
豚ひき肉
… 小さじ1（5g）
しょうゆ … 1～2滴
絹さや
… 2～3枚（5g）
にんじん…適宜

作り方

1. 溶き卵は鍋に入れて中火にかけ、菜箸などでかき混ぜて、炒り卵を作る。
2. 鍋に豚ひき肉を入れ、しょうゆを加え、水小さじ1～2（分量外）を加えてゆるめ、混ぜながら火を通す。
3. 軟飯を盛りつけて、1、2をのせる。
4. 絹さやはゆでて細切りに、好みでにんじんは5㎜厚さで型抜きし、ゆでて3にそえる。

らくらく　まとめ作業で手間なし！

そぼろは、野菜やめんにのせるなどアレンジしやすいので、まとめて作りおきしておくと便利です。

ケチャップにトマトを混ぜて風味づけ

炭水化物　たんぱく質　ビタミン・ミネラル

チキンライス

材料

軟飯（➡p.152）… 90g
鶏むね肉 … 15g
玉ねぎ … 10g
トマト … 20g
油 … 少々
ケチャップ … 小さじ1/8
ブロッコリー … 適宜

作り方

1. 鶏むね肉は7㎜角、玉ねぎ、トマトは湯むき（➡p.44）して種を取り除き、5㎜角に切る。
2. フライパンを温めて油をなじませ、1を炒めて火を通す。ケチャップを加え、さらに軟飯を加えて混ぜる。
3. 好みでブロッコリーをゆでて飾る。

あんしん　ケチャップの量はごく少量に

ケチャップは生のトマトといっしょに調理して、軟飯と合わせます(写真は小さじ1/3スプーンを使用)。

炭水化物

トマトとしらすで栄養価アップ！

赤ちゃんピザトースト

材料

食パン（8枚切り）… 2/3枚
トマト缶（カット）
… 大さじ1/2（8g）
しらす干し … 少々
粉チーズ … 少々

作り方

1. 食パンは3等分にし、軽くトーストする。
2. 1にトマトを塗り、しらす干し、粉チーズを散らす。
3. オーブントースター（1000W）で2を2～3分焼く。

あんしん　味つけがわかる

しらす干しも粉チーズも、カルシウムが豊富ですが、塩分を含みます。少量を風味づけ程度に使います。

炭水化物　たんぱく質

牛乳の甘みがマカロニによく合う

クリームパスタ

材料

マカロニ … 20g
玉ねぎ … 20g
油 … 少々
小麦粉
… 大さじ1/2強（5g）
牛乳 … 50mℓ
アスパラガス … 適宜
にんじん … 適宜

作り方

1. マカロニはゆでる。
2. 玉ねぎは粗みじん切りにする。フライパンを温めて油をなじませて炒め、しんなりしたら小麦粉を振り入れて炒める。牛乳を加え、混ぜながら煮立てる。とろりとしたら1を入れ、温める程度にさっと煮る。
3. 好みでアスパラガス、5mm厚さで型抜きしたにんじんをゆでてそえる。

アレンジレシピ　材料のマカロニを軟飯90gに変えてもよい。作り方2で同様に加えてさっと煮て、リゾットにする。

らくらく　栄養バランスのコツ

入れる野菜は何でもOK。具だくさんにして1品で栄養バランスがとれるメニューにすると調理の負担も軽くなります。

つるんとしたワンタンの食感が食べやすい

炭水化物　たんぱく質　ビタミン・ミネラル

鶏ひき肉のスープワンタン

材料

ワンタンの皮
… 3枚（12g）
鶏ひき肉
… 小さじ2（10g）
小松菜 … 5g
にんじん … 10g
野菜スープ（➡p.27）
… 100mℓ

作り方

1. にんじんは1cmの色紙切りにする。小松菜は1～2cm程度の食べやすい大きさに切る。
2. 野菜スープを煮立たせ、1を煮る。
3. ワンタンの皮は半分に切る。中央に鶏ひき肉をのせ、二つ折りにし、煮立っている2に入れていく。皮が透き通り、鶏肉に火が通るまで煮る。

あんしん　食材選びで迷わない

ワンタンの主原料は小麦粉なので献立にするときは主食扱いになります。

ぶりのコクが大根にもからんだ1品

たんぱく質　ビタミン・ミネラル

ぶり大根

材料

ぶり … 15g
大根 … 30g
昆布だし（➡p.26）… 100mℓ
小松菜 … 適宜

作り方

1. 大根は7㎜幅の半月切りにして下ゆでする。好みで小松菜を熱湯でゆで、食べやすく切る。
2. 昆布だしを煮立たせぶり、1の大根を入れ7〜8分煮る。ぶりに火が通ったら小松菜を入れ、温める程度にさっと煮る。

あんしん　栄養バランスのコツ

ぶりは皮をとって食べさせます。血合い（皮の近くの赤黒い部分）は鉄分など栄養が豊富なのでぜひ食べさせてあげて。

アレンジレシピ　材料のぶりを鶏ささみ15gに変えてもよい。鶏ささみは5㎜幅のそぎ切りにして、同様に作る。

たんぱく質

食べさせるときは皮はとってあげて

さけの照り焼き

材料

さけ（生）… 15g
A　しょうゆ … 2〜3滴
　　昆布だし（➡p.26）… 小さじ1
さやいんげん … 適宜

作り方

1. Aを合わせてさけにからめる。魚焼きグリルで5〜6分焼いて火を通す。
2. 好みでさやいんげんはゆで、2〜3㎝長さに切ってそえる。

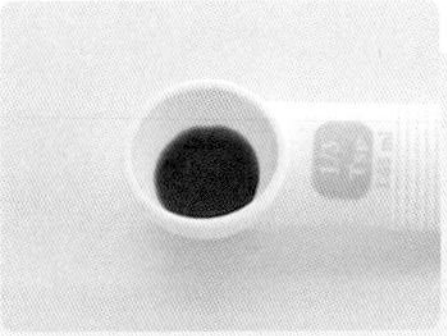

あんしん　味つけのコツ

1才を過ぎても、使う調味料は写真のようにごく少量。食材にからめたいときは、昆布だしなどで薄めます（写真は小さじ1/3スプーンを使用）。

具だくさんなので1品で栄養バランス◎

たんぱく質　ビタミン・ミネラル

けんちん汁

材料

豆腐（絹ごし）… 20g
豚薄り肉（赤身）… 8g
大根 … 10g
にんじん … 5g
油 … 少々
だし汁（➡p.26）… 100mℓ
しょうゆ … 1〜2滴
アスパラガス … 適宜

作り方

1. 豚肉は7㎜角、大根、にんじんは2㎝長さの細切りにする。
2. 鍋を温めて油をなじませ、豚肉を炒める。火が通ったら大根、にんじんを炒め、豆腐をくずしながら加えて炒める。
3. だし汁を加え、野菜がやわらかくなるまで煮て、しょうゆを加える。好みでアスパラガスをゆでて加える。

トマトとヨーグルトでレバーを食べやすく

たんぱく質　ビタミン・ミネラル

鶏レバーのトマトヨーグルト煮

材料

鶏レバー（ゆでたもの。➡p.132参照）… 15g
玉ねぎ … 10g
トマト … 20g
油 … 少々
ほうれん草 … 10g
ヨーグルト … 大さじ1（20g）

作り方

1. 鶏レバーは1cm角に、玉ねぎは5mm角に切る。トマトは湯むき（➡p.44）して、種を取り除き5mm角に切る。ほうれん草はゆでて粗みじん切りにする。
2. フライパンを温めて油をなじませ、鶏レバー、玉ねぎを炒める。玉ねぎが透き通ったらトマト、ほうれん草を加えてなじむまで炒め、ヨーグルトを混ぜる。

あんしん　食材選びで迷わない

レバーに含まれる鉄分は体内での吸収率が高めですが、たんぱく質源なのでとりすぎには注意。1食あたり大さじ1程度が目安。

アレンジレシピ　材料の鶏レバーをさけ15gに変えてもよい。1cm角に切り、同様に作る。

たんぱく質　ビタミン・ミネラル

卵とパン粉でふわふわのハンバーグに

チキンハンバーグ

材料

鶏ひき肉 … 大さじ1（15g）
玉ねぎのみじん切り … 大さじ1/2
パン粉 … 小さじ1/4
溶き卵 … 小さじ1/3
油 … 少々
かぼちゃ … 15g
ブロッコリー … 適宜

作り方

1. 玉ねぎにパン粉を混ぜ、鶏ひき肉、溶き卵を混ぜ、形作る。
2. フライパンを温めて油をなじませ、1をこんがりと焼く。
3. かぼちゃはゆでて皮を除き、つぶす。ブロッコリーは好みでゆでる。2にそえる。

あんしん　練習メニューにぴったり！

この時期、ハンバーグは手づかみ食べや、ひと口をかみ切る練習にぴったりなのでおすすめです。

卵とトマトのうまみでおいしさアップ

たんぱく質　ビタミン・ミネラル

トマトと卵のカラフル炒め

材料

トマト … 30g
油 … 少々
卵 … 1/2個
ブロッコリー … 小房2/3個（10g）

作り方

1. トマトは湯むき（➡p.44）して、種を取り除き、1cm角に切る。ブロッコリーはゆでる。
2. フライパンを温めて油をなじませ、トマトを炒める。くずれ始めたら卵を溶いて加え、しっかり炒めて火を通す。
3. 2を器に盛り、ブロッコリーをのせる。

らくらく　調理が簡単！

すぐに火が通り、やわらかくなる食材ばかりなので、短時間で作れます。朝食メニューにもおすすめです。

大根おろしが肉のおいしさを引き立てる

たんぱく質　ビタミン・ミネラル

牛肉のおろし煮

材料

牛しゃぶしゃぶ用肉（赤身）… 15g
大根 … 20g
昆布だし（➡p.26）… 100mℓ
にんじん … 適宜
小松菜の葉 … 適宜

作り方

1. 牛肉は1cm幅に切る。大根はすりおろして汁気をきる。
2. 昆布だしを煮立たせ、牛肉を入れて火を通し、あくをとる。大根おろしを加えて2〜3分煮立たせる。
3. 好みでにんじんは5mm厚さで型抜きしてゆでる。小松菜も好みでゆでて2にそえる。

あんしん　おいしく仕上がる

牛肉は脂質が多めですが、ゆでるとあくとして溶け出します。あくをしっかり取り除いて脂を落としましょう。

たんぱく質

アレンジレシピ　材料の豚ひれ肉をあじ15gに変えてもよい。あじは3枚におろし、骨を丁寧に取り除き、同様に作る。

繊維と直角に切ることでかみ切りやすく

豚肉の蒲焼き風

材料

豚ひれ肉 … 15g
小麦粉 … 少々
油 … 少々
A　しょうゆ … 小さじ1/8
　　だし汁（➡p.26）… 小さじ2
キャベツ、プチトマト … 適宜

作り方

1. 豚肉は5mm厚さに切り、肉たたきなどでたたいてひとまわり大きく薄くする。
2. フライパンを温めて油をなじませ、1に小麦粉をはたきつけて焼く。火が通ったら、Aを合わせて加え、肉にからめる。
3. 2を1cm幅に切って盛る。好みでキャベツはゆでて細切りにしてプチトマトといっしょにそえる。

あんしん　かむ練習に

プチトマトやトマトは、1才を過ぎたころから少しずつ皮つきに挑戦してもOK。1才未満は湯むきしましょう。

ふわふわの衣で手づかみ食べしやすい

たんぱく質　ビタミン・ミネラル

かじきの薄衣揚げ

材料

めかじき … 15g
A　小麦粉 … 大さじ1
　　水 … 小さじ2
揚げ油 … 適量
ピーマン … 10g
パプリカ（赤）… 5g

作り方

1. めかじきは7mm厚さに切る。
2. Aを混ぜて衣を作る。
3. 揚げ油を170〜180℃に用意する。1に2をつけ、カラリと揚げる。油をきる。
4. ピーマン、パプリカを熱湯でゆでて細切りにし、3にそえる。

あんしん　消化しやすく

余分な衣が油を吸って重くならないよう、揚げる前に衣をしっかり落とします。

チーズとトマトがかぼちゃと好相性

ビタミン・ミネラル

かぼちゃの洋風煮

材料

かぼちゃ … 20g
トマト … 15g
玉ねぎのみじん切り
　… 大さじ1/2
油 … 少々
ピザ用チーズ
　… 小さじ1/2弱

作り方

1. かぼちゃは5㎜幅に切る。トマトは湯むき(➡p.44)して種を取り除き、5㎜角に切る。玉ねぎはみじん切りにする。
2. フライパンを温めて油をなじませ、1を炒める。水大さじ2～3(分量外)を加え、ふたをして5～6分蒸し煮にする。
3. かぼちゃがやわらかくなったらチーズを散らし、ふたをして、チーズが溶けるまで蒸し煮にする。

らくらく　ひと工夫で食が進む！

和風の味つけが多いかぼちゃ。苦手な赤ちゃんは調理法や味つけを変えてみると食が進むことも。

たんぱく質　ビタミン・ミネラル

アレンジレシピ　材料の白菜をチンゲン菜30gに変えてもよい。1.5㎝角に切り、同様に作る。

白菜と桜えびのおいしさが溶けこんだ

白菜のクリーム煮

材料

白菜 … 30g
桜えび … 少々
油 … 少々
水 … 50㎖
牛乳 … 30㎖
水溶き片栗粉 … 少々

作り方

1. 白菜は1.5㎝四方に切る。桜えびは刻む。
2. フライパンを温めて油をなじませ、1を炒めて水を加える。ふたをして7～8分、白菜がくったりするまで煮る。
3. 牛乳を加えて温める程度にさっと煮る。水溶き片栗粉を加えてひと煮立ちさせ、とろみをつける。

あんしん　風味づけにおすすめ

桜えびは少量入れるだけでよいだしがでます。カルシウムなどミネラル豊富なのもうれしい。

なすとズッキーニにトマトのうまみがしみこむ

ビタミン・ミネラル

なすとズッキーニ、ラタトゥイユ風

材料

なす … 20g
ズッキーニ … 10g
玉ねぎの粗みじん切り
　… 大さじ1/2
トマト … 20g
油 … 少々

作り方

1. なす、ズッキーニは1㎝厚さのいちょう切りにする。トマトは湯むき（➡p.44）して種を取り除き、1㎝角に切る。
2. 鍋を温めて油をなじませ、玉ねぎを炒める。しんなりしたら、なす、ズッキーニを炒める。トマトを加え、水大さじ2～3（分量外）を加え、全体がくったりとするまで煮る。

あんしん　食材選びで迷わない

なすやズッキーニは加熱するととろとろで食べやすくなります。日がたつとあくが強くなるので新鮮なものを選んで。

細切りにした野菜の食感を楽しんで

ビタミン・ミネラル

さやいんげんとにんじんの ごまあえ

材料

さやいんげん … 15g
にんじん … 10g
A 白すりごま … 少々
だし汁（➡p.26） … 5mℓ

作り方

1. さやいんげんは斜め薄切りにする。にんじんは短い細切りにする。
2. 1をゆで、Aであえる。

らくらく かむ練習におすすめ！

同じ食材でも、細切り、薄切りなど、いろいろな切り方で食べると赤ちゃんのかむ練習になります。

ビタミン・ミネラル

やわらかくゆでた青菜のおいしさを味わえる

ほうれん草とまいたけの すまし汁

材料

ほうれん草 … 20g
まいたけ … 5g
だし汁（➡p.26） … 50mℓ

作り方

1. ほうれん草は熱湯でゆでて1cmに切る。まいたけはみじん切りにする。
2. だし汁を煮立たせ1を入れ、1〜2分煮る。

らくらく 栄養摂取のポイント！

食事の始めに汁物を飲んでしまうとおなかいっぱいになってしまいます。汁物は食事をスムーズに進めるために、あいだあいだにはさみましょう。

ほんのり酢みそで新しい味を体験

ビタミン・ミネラル

カリフラワーとわかめの やわらか酢みそあえ

材料

カリフラワー … 20g
わかめ（乾燥） … 少々
みそ … 小さじ1/12
酢 … 小さじ1/3

作り方

1. カリフラワーは熱湯でゆでて小さく分ける。
2. わかめは戻してしっかりゆで、こまかく刻む。
3. みそと酢を混ぜ、わかめにあえる。
4. 1、3を盛り合わせる。

あんしん 味つけのコツ

酸味の強いメニューは苦手な赤ちゃんが多いので、酢みそはほんのりときかせる程度にします。

アレンジレシピ

材料のカリフラワーをアスパラガス20gに変えてもよい。アスパラガスは熱湯でゆでて斜め5mm幅に切り、同様に作る。

茎《くき》の部分は、かみ切りにくそうなら刻んで

ビタミン・ミネラル

チンゲン菜の炒め煮

材料

チンゲン菜 … 30g
油 … 少々
だし汁（➡p.26）
　… 30mℓ

作り方

1. チンゲン菜を熱湯でゆでて、1～2㎝角に切る。
2. フライパンを温めて油をなじませ、1を炒める。水気が飛んだらだし汁を加え、くたくたになるまで煮る。

あんしん　食材選びで迷わない

チンゲン菜はβ-カロテンやビタミンCなどが豊富。厚みがある茎の部分はやわらかく煮て手づかみ食べや、ひと口でかみ切る練習にしても。

炭水化物　ビタミン・ミネラル

食感の異なる2種類の野菜を楽しんで

じゃがいもとピーマンの細切り炒め

材料

じゃがいも … 20g
ピーマン … 10g
油 … 少々

作り方

1. じゃがいも、ピーマンは2㎝長さの細切りにし、じゃがいもは水にさらす。
2. フライパンを温めて油をなじませ、1を炒める。水大さじ2～3（分量外）を加え、ふたをして3～4分蒸し煮にする。やわらかくなったら水気を飛ばすように炒める。

アレンジレシピ　材料のじゃがいもをさつまいも20gに変えてもよい。さつまいもは2㎝長さの細切りにし、同様に作る。

らくらく　ひと手間でおいしく仕上がる

じゃがいもは切った後、水にさらすことで、炒めたときにベタつきません。

マヨネーズ+ヨーグルトで赤ちゃん向けに

ビタミン・ミネラル

キャベツのコールスローサラダ

材料

キャベツ … 20g
パプリカ（赤）… 5g
A｜マヨネーズ
　　…小さじ1/6
　｜ヨーグルト（無糖）
　　… 小さじ1（5g）

作り方

1. キャベツ、パプリカは熱湯でゆで、粗みじん切りにする。
2. 水気を絞り、Aであえる。

あんしん　味つけのコツ

この時期のマヨネーズの適量は3g以下。ヨーグルトを混ぜてかさ増ししつつ、やさしい風味に仕上げます。

ちりめんじゃこ入りで風味よく

炭水化物　ビタミン・ミネラル

大根めし

材料

ごはん … 80g
大根 … 20g
ちりめんじゃこ
… 大さじ1/2弱（2g）
大根の葉 …少々

作り方

1. 大根は1cm角に切り、ゆでる。ちりめんじゃこもゆでる。大根の葉もやわらかくゆでる。
2. ごはんに大根とちりめんじゃこを加えて混ぜる。盛りつけて大根の葉を飾る。

らくらく　少量で風味アップ！

ちりめんじゃこはしらす干しより水分量が少なく、うまみが強いのが特徴。少量使うだけで風味アップに。

炭水化物　たんぱく質

カレー粉で香りが高まり食欲アップ

カレーチャーハン

材料

ごはん … 80g
豚ひき肉
… 小さじ2（10g）
玉ねぎの粗みじん切り
… 大さじ1
油 … 少々
カレー粉 … 少々
にんじん … 適宜
ピーマン … 適宜

作り方

1. フライパンを温めて油をなじませ、豚ひき肉、玉ねぎを炒める。カレー粉を振り入れて炒め、ごはんを加えて炒め合わせる。
2. 好みでにんじんは5mm厚さで型抜きし、ゆでる。ピーマンも輪切りにし、ゆでる。1にそえる。

あんしん　赤ちゃんに食べやすく

カレー粉は耳かき少々くらいの分量で十分風味がつきます。種類によって辛さが異なるので味見して確認を。

鶏の天ぷら入りおにぎり

炭水化物　たんぱく質　ビタミン・ミネラル

鶏天むす

材料

ごはん … 80g
ひじき … 小さじ1/6
鶏ささみ … 15g
小麦粉 … 大さじ1
水 … 小さじ2
揚げ油 … 適量

作り方

1. ひじきは水で戻し、ゆでる。刻んでごはんに混ぜる。
2. 小麦粉に水を加え、混ぜる。
3. 揚げ油を170～180℃に用意する。鶏ささみを3等分して2をからめ、カラリと揚げ、油をきる。
4. 1に3を入れて、おむすびを作る。

あんしん　消化しやすく

ひじきはカルシウムなどミネラルが豊富ですが、消化しづらい食材。離乳食ではやわらかくゆでてこまかく刻みましょう。

アレンジレシピ

材料のごはんをそうめん（乾めん）30gに変えると鶏天そうめんに。そうめんはゆでて3cm長さに切り、器に入れる。ゆでて刻んだひじき、鶏ささみの天ぷらをのせ、だし汁80mℓを注ぐ。

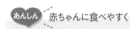

薄切り肉を小さく切って、かみ切りやすく

炭水化物 たんぱく質 ビタミン・ミネラル

牛丼

材料

ごはん … 80g
牛しゃぶしゃぶ用肉
（赤身）… 15g
玉ねぎ … 20g
A だし汁（➡p.26）
… 50mℓ
しょうゆ … 1〜2滴
絹さや … 適宜

作り方

1. 牛肉は1cm四方に切る。玉ねぎは2cm長さの細切りにする。
2. 鍋にAを合わせて煮立てる。1を加え、あくをとりながら火を通す。
3. ごはんを盛りつけ、2をかける。好みで絹さやをゆでて飾る。

らくらく 趣向を変えて食欲アップ！

牛肉は肉のうまみが強いので食が進むことも。主食をあまり食べない子は、丼物などで趣向を変えてみては。

アレンジレシピ 材料の牛肉を豆腐（絹ごし）40gに変えてもよい。豆腐は粗くくずしながら作り方2で加える。

炭水化物 たんぱく質

誕生日などハレの日に

ちらしずし

材料

ごはん … 80g
酢 … 小さじ1
さけ（生）… 8g
卵 … 1/4個
アスパラガス
… 1/3本（10g）
にんじん … 適宜

作り方

1. さけはゆでてほぐす。卵は炒り卵にする。アスパラガスは熱湯でゆでて小口切りにする。好みでにんじんは型抜きしてゆでる。
2. ごはんに酢を混ぜ、さけを混ぜる。
3. 2を盛りつけて、炒り卵、アスパラガス、にんじんを彩りよくのせる。

らくらく まとめ作業で手間なし！

さけはまとめてゆでてほぐし、作りおきしておくと便利。おにぎりに混ぜたりクリームパスタに混ぜたりするなど使い勝手も◎。

1品で栄養バランス◎

炭水化物 たんぱく質 ビタミン・ミネラル

具だくさんあんかけうどん

材料

うどん（乾めん）… 30g
豚薄切り肉 … 10g
チンゲン菜 … 20g
にんじん … 10g
だし汁（➡p.26）
… 50mℓ
水溶き片栗粉 … 少々

作り方

1. うどんはゆでて、3cm長さに切る。
2. 豚肉は1cm四方に切る。チンゲン菜は2cm長さ、1cm幅に切る。にんじんは5mm厚さのいちょう切りにし、水からゆでる。
3. だし汁を煮立たせ、2を加えて火を通し、水溶き片栗粉でとろみをつける。
4. 1を盛りつけて、3をかける。

あんしん 赤ちゃんに食べやすく

うどんなどのめん類は、3cm程度のかみ切りやすい長さに切ると赤ちゃんが食べやすいです。パスタならマカロニを使うのもおすすめです。

野菜スープと牛乳で煮込んだ1品

炭水化物 たんぱく質 ビタミン・ミネラル

ミルクリゾット

材料

ごはん … 60g
玉ねぎ … 20g
レタス … 10g
パプリカ（赤）… 少々
油 … 少々
野菜スープ
（➡p.27）… 50mℓ
牛乳 … 30mℓ

作り方

1. 玉ねぎ、レタス、パプリカは粗みじん切りにする。
2. フライパンを温めて油をなじませ、1を炒める。しんなりしたらごはんを加え、野菜スープを加える。混ぜながら汁気を飛ばし、牛乳を加えてなじませる。

らくらく 献立に迷わない！

赤ちゃん用のやわらかいごはんのストックがないときは、雑炊やリゾットにすると手軽です。

アレンジレシピ

材料のごはんをスパゲッティ30gに変えてもよい。スパゲッティはゆでて3cm長さに切り、作り方2で加える。

炭水化物 たんぱく質 ビタミン・ミネラル

そのまま包んでお弁当にも

ロールパンサンド

材料

ロールパン … 1個
まぐろ（赤身）… 15g
油 … 少々
トマト … 15g
マヨネーズ
… 小さじ1/8
ブロッコリー … 適宜

作り方

1. フライパンを温めて油をなじませ、まぐろをソテーする。 トマトは湯むき（➡p.44）して種を取り除き、1cm角に切り、マヨネーズであえる。
2. ロールパンは半分に切り、写真のように切り込みを入れ、軽くトーストする。
3. 2に1をそれぞれ挟み、好みでブロッコリーをゆでて飾る。

あんしん 食材選びで迷わない

この時期のロールパンの目安量は1個。半分に切ったものに切り込みを入れて具をはさみ、小さく食べやすくします。

弾力のあるスパゲッティは長めにゆでて

炭水化物 たんぱく質 ビタミン・ミネラル

ナポリタン

材料

スパゲッティ … 20g
玉ねぎ … 15g
トマト … 30g
ツナ缶（水煮）
… 大さじ1と1/2弱（15g）
アスパラガス
… 1/3本（10g）
油 … 少々
ケチャップ … 少々

作り方

1. スパゲッティはゆでて、3cm長さに切る。
2. 玉ねぎは2cm長さの細切りにする。トマトは湯むき（➡p.44）して、種を取り除き、1cm角に切る。アスパラガスは熱湯でゆでて、食べやすく切る。
3. フライパンを温めて油をなじませ、玉ねぎ、トマト、ツナを炒める。玉ねぎがしんなりしたら、1、アスパラガス、ケチャップを入れて炒める。

あんかけの野菜は何でもOK

たんぱく質　ビタミン・ミネラル

豆腐ステーキ 野菜あんかけ

材料

豆腐 … 40g
小麦粉 … 少々
油 … 少々
にんじん … 10g
玉ねぎ … 10g
絹さや … 5g
だし汁（➡p.26）
　… 50mℓ
水溶き片栗粉 … 少々

作り方

1. にんじん、玉ねぎ、絹さやは5mm角に切る。だし汁で煮て、水溶き片栗粉でとろみをつける。
2. 豆腐は広い方の2面に小麦粉をつける。フライパンを温めて油をなじませ、両面をこんがりと焼く。
3. 2を盛りつけ、1をかける。

あんしん　さまざまな食の体験

豆腐は食卓で切り分けることで、いろいろな大きさや形をかむ体験ができます。

アレンジレシピ　材料の豆腐をたい15gに変えてもよい。2で小麦粉をつけて同様に作る。

たんぱく質　ビタミン・ミネラル

昆布だしとみそでふっくら蒸し煮に

さばのみそ煮

材料

さば（3枚おろし）
　… 15g
昆布だし（➡p.26）
　… 50mℓ
みそ …小さじ1/8
白菜 … 20g

作り方

1. さばは皮に切り込みを入れる（小骨があれば取り除く）。白菜は2cm角に切る。
2. 鍋に昆布だしを入れみそを溶く。煮立ったらさばを入れてふたをする。中火で4～5分蒸し煮にする。
3. 白菜を加え、5～6分煮る。

らくらく　おいしく仕上げるコツ！

昆布だしにみそを混ぜ、蒸し煮にすることでふっくら仕上がり、さば全体に味がからみます。

さっと冷やすとさらにおいしく

たんぱく質　ビタミン・ミネラル

あじのマリネ

材料

あじ（3枚おろし）
　… 15g
油 … 少々
トマト … 15g
さやいんげん
　… 1/2本（2g）
酢 … 小さじ1

作り方

1. トマトは湯むき（➡p.44）して、種を取り除き、5mm角に切る。さやいんげんはゆでて5mm幅に切る。ともに酢であえる。
2. フライパンを温めて油をなじませ、あじをソテーする（小骨があれば焼く前に取り除く）。
3. 2を切って、1をからめる。

あんしん　食材選びで迷わない

初夏から夏にかけて旬を迎えるあじは、DHAやEPAを豊富に含む栄養豊富な魚。積極的に取り入れましょう。

パサつきがちなささみがしっとり

たんぱく質　ビタミン・ミネラル

ささみとトマトのチーズ蒸し

材料

- 鶏ささみ … 15g
- トマト … 10g
- ピザ用チーズ … 小さじ1/2弱（2g）
- 油 … 少々
- ブロッコリー … 小房2/3個（10g）

作り方

1. 鶏ささみは3枚のそぎ切りにし、肉たたきなどでたたく。トマトは湯むき（➡ p.44）して、種をとり、5mm角に切る。
2. フライパンを温め、油をなじませる。鶏ささみを入れ、トマトをのせ、チーズをのせる。ふたをして3～4分、蒸し焼きにし火を通す。ブロッコリーをゆでてそえる。

らくらく　切り方の工夫で食べやすく！

鶏ささみは薄くそぎ切りにしてたたき、かみ切りやすく。蒸し焼きで中までしっかり火を通しましょう。

たんぱく質　ビタミン・ミネラル

煮込んでトマトの甘みを引き出した1品

豚ひき肉のトマト詰め煮

材料

- トマト（ミディトマト） … 1個
- 豚ひき肉 … 大さじ1と1/3（20g）
- 玉ねぎのみじん切り … 大さじ1/2
- セロリのみじん切り … 大さじ1/2
- アスパラガス … 1/2本（15g）

作り方

1. トマトはヘタをくり抜いて、中の種を取り除く。
2. 玉ねぎ、セロリを豚ひき肉に混ぜる。
3. 1に2を詰める。鍋に入れ、トマトの半分くらいまで水（分量外）を入れ、中火にかける。ふたをして、7～8分煮て火を通す。
4. アスパラガスを熱湯でゆでてそえる。

あんしん　赤ちゃんに食べやすく

繊維が多く香りが独特のセロリも、肉に混ぜ込むと食べやすくなります。

まとめて作って冷凍しておき、朝食に活用しても

たんぱく質　ビタミン・ミネラル

スパニッシュオムレツ

材料

- 卵 … 1/2個
- 牛ひき肉 … 大さじ1/3（5g）
- じゃがいも … 10g
- ブロッコリー … 小房1/3個（5g）
- パプリカ（赤）… 5g
- 油 … 少々

作り方

1. じゃがいもは1cm角に切り、ゆでる。ブロッコリー、パプリカは5mm角に切る。
2. フライパンを温めて油をなじませ、牛肉、1を炒める。
3. 卵を溶き、2を加える。
4. フライパンを温めて油をなじませ、3を流し入れ、こんがりと焼く。

らくらく　まとめ作業で手間なし！

作るときは材料の4倍の量で作ると作りやすいです。まとめて作って切り分けて冷凍しても、大人用に取り分けてチリソースやケチャップをかけていっしょに楽しんでもOKです。

アレンジレシピ

材料はそのままで、だし汁50mℓを追加して卵とじにしてもよい。作り方2で炒めた後、だし汁を注ぎ、煮立ったところに卵を流し入れ、しっかり火を通す。

※写真は材料の8倍の量で作り、8等分にカットしたものです。

野菜たっぷりの主菜

たんぱく質 ビタミン・ミネラル

チンジャオロース

材料

牛しゃぶしゃぶ用肉（赤身）… 20g
ピーマン … 小1個（20g）
にんじん … 5g
油 … 少々
しょうゆ … 1～2滴

作り方

1. 牛肉は細切りにする。
2. ピーマンは縦4つ割りに切って斜めに切る（かみ切りやすくなる）。にんじんは2～3㎝長さの細切りにし、さっとゆでる。
3. フライパンを温めて油をなじませる。1を炒め、火が通ったら2を加えて炒め、しょうゆを加える。

あんしん さまざまな食の体験

牛肉の味としょうゆの風味で食欲を高めます。もちろん豚肉や鶏肉を使って作ってもOK。

たんぱく質 ビタミン・ミネラル

つけ合わせもいっしょに作れる

ぶりのから揚げ

材料

ぶり … 15g
片栗粉 … 適量
揚げ油 … 適量
かぼちゃ … 15g

作り方

1. ぶりは半分に切り、片栗粉をまぶす。
2. かぼちゃは7㎜厚さに切る。
3. 揚げ油を170～180℃に用意し、1、2を揚げる。油をきって盛りつける。

らくらく 赤ちゃんに食べやすく

このレシピではつけ合わせもいっしょに揚げていますが、野菜は蒸したりゆでたりしてももちろんOK。

肉はたたいてやわらかく仕上げて

たんぱく質

豚ひれかつ

材料

豚ひれ肉 … 20g
A 小麦粉 … 大さじ2
　水 … 大さじ1
パン粉 … 適量
揚げ油 … 適量
ブロッコリー … 適宜

作り方

1. 豚肉は5㎜幅に切る。肉たたきなどでたたいてひとまわり大きく薄くする。
2. Aを混ぜ、1にからめ、パン粉をつける。
3. 揚げ油を170～180℃に用意し、2をカラリと揚げる。
4. 油をきって盛りつけ、好みでブロッコリーをゆでてそえる。

あんしん 食材選びで迷わない

離乳食で豚肉を使う場合は、もも肉やひれ肉が脂肪分が少なく、やわらかいのでおすすめです。

アレンジレシピ 材料の豚ひれ肉をさけ20gに変えてもよい。同様に作り、さけのフライにする。

旬の野菜で作りたい

ビタミン・ミネラル

野菜の炊き合わせ

材料

れんこん … 10g
にんじん … 15g
ブロッコリー
… 小房2/3個（10g）
だし汁（➡p.26）… 適量

作り方

1. れんこんは7㎜幅のいちょう切りにする。にんじんは1㎝幅に切る（好みで型抜きにする）。ブロッコリーは熱湯でゆでる。
2. だし汁でれんこん、にんじんをやわらかく煮る。ブロッコリーを加えて温める程度にさっと煮る。

あんしん　食材選びで迷わない

やわらかく煮たれんこんはほくほくした食感。れんこんはビタミンCや食物繊維が豊富な根菜です。

アレンジレシピ　材料のれんこんをさといも10gに変えてもよい。やわらかく下ゆでして、同様に作る。

ビタミン・ミネラル

ふっくら煮た大根のおいしさを味わう

ふろふき大根 ごまみそあん

材料

大根 … 30g
昆布だし（➡p.26）
… 適量
A みそ … 少々
　だし … 50㎖
　白すりごま … 少々
　片栗粉
　… 小さじ1/2

作り方

1. 大根は1.5㎝幅の輪切り（好みで型抜きする）にして、下ゆでした後、昆布だしでやわらかく煮る。
2. 小鍋にAを合わせてひと煮立ちさせ、とろりとさせる。
3. 1の汁気をきって盛りつけ、2をかける。

あんしん　おいしく仕上がる

大根は皮のあたりに繊維が集中しているため、皮を厚めにむいてから加熱すると食感がよくなります。

乱切りで味がしみ込みやすく！

ビタミン・ミネラル

なすとピーマンのみそ炒め

材料

なす … 30g
ピーマン … 小1/2個（10g）
油 … 少々
みそ … 少々
だし汁（➡p.26）… 50㎖

作り方

1. なす、ピーマンは小さな乱切りにする。
2. フライパンを温めて油をなじませ、1を炒め、だし汁を加えてふたをする。やわらかくなるまで蒸し、みそを加え、汁気がなくなるまで炒める。

あんしん　赤ちゃんに食べやすく

なすはそろそろ皮つきに挑戦しましょう。やわらかく炒め蒸しにすれば食べやすくなります。

トマトはじっくり煮込むと酸味がやわらぐ

ビタミン・ミネラル

さやいんげんのトマト煮込み

材料

さやいんげん
… 5本（20g）
玉ねぎのみじん切り
… 大さじ1/2
油 … 少々
トマト缶（カット）… 20g

作り方

1. さやいんげんは2㎝長さに切って熱湯でゆでる。
2. 鍋を温めて油をなじませ、1と玉ねぎを炒める。トマトを加え、さやいんげんがやわらかく、汁気がなくなるまで煮る。

らくらく 調理が簡単！

トマト缶は生のトマトのように湯むきや種を取り除く下処理がないため、手軽に使えます。残ったら冷凍も可。

アレンジレシピ 材料のさやいんげんをほうれん草20gに変えてもよい。ほうれん草は熱湯でゆでて1㎝幅に切り、同様に作る。

ビタミン・ミネラル

カリフラワーとトマトの異なる食感が楽しい

カリフラワーのトマト炒め煮

材料

カリフラワー
… 大1個（20g）
油 … 少々
トマト … 20g
水 … 30㎖

作り方

1. カリフラワーは小さく分ける。トマトは、1㎝角に切る。
2. 鍋を温めて油をなじませ、カリフラワーを炒め、トマト、水を加える。ふたをして、カリフラワーがやわらかくなるまで煮る。

らくらく 時間短縮！

カリフラワーは比較的短時間でやわらかくなりやすいので、調理時間を短縮できます。忙しいときのお助け食材です。

オレンジの酸味とにんじんの甘みが好相性

ビタミン・ミネラル

オレンジ入りキャロットラペ風

材料

にんじん … 20g
オレンジ果肉 … 少々
オレンジ果汁
… 小さじ1
カッテージチーズ
（裏ごしタイプ）
… 大さじ1/2（5g）

作り方

1. にんじんは2㎝長さの細切りにし、水からゆでる。
2. オレンジの果肉をほぐす。
3. 1、2を果汁であえる。盛りつけてカッテージチーズをそえる。

あんしん さまざまな食の体験

果物は補食（おやつ）のメニューでも活躍しますが、甘みや酸味を生かして調味料として活用するとメニューの幅が広がります。

しめじは咀嚼《そしゃく》の練習にもなる食材

ビタミン・ミネラル

オクラとしめじの煮浸し

材料

オクラ … 2本（20g）
しめじ … 10g
だし汁（➡p.26）… 50mℓ

作り方

1. オクラは7㎜の小口切り、しめじは2㎝長さにし、太いものはさく。
2. だし汁を煮立たせ、1を入れてオクラがやわらかくなるまで煮る。

アレンジレシピ　材料のオクラをモロヘイヤ（葉）10gに変えてもよい。熱湯でゆでて刻み、同様に作る。

あんしん　かむ練習に

しめじは軸の部分よりかさの部分のほうがかみやすいので、最初はかさの部分から挑戦しましょう。

ビタミン・ミネラル

野菜スープと酢、ごまの味わい

中華風あえ物

材料

もやし … 10g
にんじん … 10g
溶き卵 … 小さじ1
A 酢 … 小さじ1/4
　野菜スープ（➡p.27）… 小さじ1/2
白炒りごま … 少々

作り方

1. もやしは根をつみ、2㎝長さに切る。にんじんは2㎝長さのせん切りにする。にんじんを水からゆで、やわらかくなったらもやしを入れてゆでる。ざるにとる。
2. 溶き卵で薄焼き卵を作り（➡p.158参照）、2㎝長さのせん切りにする。
3. Aを合わせ、1、2にあえる。盛りつけて白炒りごまをふる。

あんしん　食材選びで迷わない

もやしはアレルギーがでにくい食材ですが、大豆アレルギーがある人は、大豆もやしに注意しましょう。

野菜をグリルして味を凝縮

ビタミン・ミネラル

焼きアスパラのおろしあえ

材料

アスパラガス … 2/3本（20g）
大根 … 20g
だし汁（➡p.26）… 30mℓ

作り方

1. アスパラガスはこんがりとグリルで焼き、2㎝長さの斜め切りにする。
2. 大根はすりおろして汁気をきる。鍋に入れ、だし汁を加え、混ぜながら煮立てる。
3. 1を2であえる。

あんしん　赤ちゃんに食べやすく

大根おろしは火を通して辛みをとると、食べやすくなります。

補食（おやつ）について

1才ごろになると昼食と夕食の間が空いてくるので、補食が必要になります。
補食とはおやつのこと。おやつと聞くと甘いお菓子を連想してしまいますが、
赤ちゃんにどのような補食を食べさせればよいのか見てみましょう。

3食で足りないエネルギーや栄養素は補食（おやつ）でフォロー

1才ごろになり運動量が多くなると、たくさんのエネルギーや栄養が必要になります。ところが、**赤ちゃんは一度の食事でそれほど多く食べることができないので、3回の食事だけでは栄養がとりきれません。**そこで、足りないエネルギーを補食（おやつ）でとる必要がでてきます。食事の時間が大人に近づいてきて、昼食と夕食の間が空いてくると、その間におなかが空きます。そこにおやつタイムを設けましょう。

「おやつ＝甘いお菓子」と考えがちですが、足りないエネルギーや栄養素を補う軽い食事という位置づけ。**体や脳のエネルギーになるごはん、パン、いも類などの主食をメインに、果物、牛乳、野菜、小魚類などを組み合わせます。**バランスよく食べると、取り入れた栄養素が体内でスムーズに働きます。**1才児のエネルギー摂取基準は1日約900〜950キロカロリー（※）。そのうちの10〜20%をおやつで補います。**

何をどれくらい食べさせるの？

補食のメイン食材に！

炭水化物

体や脳のエネルギー源となる炭水化物をメインに食べさせましょう。

例
- ごはん … 40g
- 食パン（8枚切り）… 1/3枚
- じゃがいも … 1/5個
- さつまいも … 1/5個
- 小麦粉 … 大さじ2　など

たんぱく質

しらす、じゃこ、きなこ、卵、チーズなどを少量ずつ組み合わせて使いましょう。おやつのときに飲む牛乳は50〜80mℓ程度に。ヨーグルトなら50g程度が目安です。

果物

ビタミン、ミネラル、食物繊維が豊富な果物は、1日1回おやつに取り入れる程度に。とりすぎると食事に響いたり、カロリーオーバーになるので下記の分量を目安にしましょう。

例
- いちご … 1〜2個
- りんご … 1/10個
- みかん … 1/3個
- バナナ … 1/4本　など

※出典：日本人の食事摂取基準（2020年版）。
1〜2才児の推定エネルギー必要量。

ほんのりみその風味が香る

炭水化物

ベビー五平もち

材料

ごはん … 30g
みそ … 少々
白ごま … 少々

作り方

1. ごはんを軽く粘りがでる程度につぶし、2等分し小判形に形作る。
2. 表面にみそを塗り、トースターで7～8分こんがりと焼いて白ごまを振る。

風味のある食材をごはんにまぶして

炭水化物

3色おにぎり

材料

ごはん … 30g
青のり … 少々
白すりごま … 少々
桜えび … 少々

作り方

1. ごはんを3等分し、丸めてだんご状にする。
2. 桜えびは軽く炒ってこまかく刻む。青のり、白すりごまとともにそれぞれ1にまぶす。

しっとりとして食べやすい

炭水化物　たんぱく質

フレンチトースト

材料

食パン（8枚切り）… 1/3枚
卵 … 1/5個
牛乳 … 20mℓ
バター（無塩）… 少々

作り方

1. パンは4等分に切る。
2. 卵と牛乳を混ぜ1を浸す。
3. フライパンにバターを溶かし、2をこんがりと焼く。

食べづらそうなときは半分に切って

炭水化物　たんぱく質

オムレツサンド

材料

ロールパン … 1/2個
卵 … 1/4個
玉ねぎ … 5g
油 … 少々
きゅうり（薄切り・さっとゆでる）… 少々

作り方

1. ロールパンは切り込みを入れ、軽くトーストする。玉ねぎをみじん切りにする。
2. フライパンに油をなじませ、玉ねぎを炒める。卵を流し入れ、オムレツ形にまとめ、こんがりと焼く。
3. 1に2と、きゅうりをはさむ。

栄養豊富なきなこをたっぷりまぶして

炭水化物

きなこおはぎ

材料

- ごはん … 30g
- きなこ … 適量
- 砂糖 … 少々

作り方

1. ごはんは軽く粘りがでる程度につぶして丸める。
2. 1にきなこと砂糖を混ぜ合わせたものをまぶす。

とろっとした納豆が入ったお焼き

炭水化物　たんぱく質

納豆お焼き

材料

- A
  - 納豆（ひきわり） … 1/4パック（10g）
  - 卵 … 1/4個
  - 小麦粉 … 大さじ1
- ピーマン（輪切り） … 少々
- 油 … 少々

作り方

1. Aを合わせ、よく混ぜる。
2. フライパンを温めて油をなじませ、1を丸く流す。表面にピーマンをのせ、表面が乾いてきたら裏返し、こんがりと焼く。

カリッと焼けたごはんはいつもと違った食感

炭水化物

ごはんピザ

材料

- ごはん … 30g
- トマト … 10g
- ピーマン … 少々
- ロースハム … 1/4枚（5g）
- ピザ用チーズ … 小さじ1弱（2g）

作り方

1. トマトは湯むき（➡p.44）し、種を取り除き5㎜角に切る。ピーマンは輪切りにする。ハムは細切りにする。
2. アルミホイルの上にごはんをのせ、ラップをかけて平らに押しつぶす。
3. 2に1、チーズをのせ、オーブントースター（1000W）で5〜6分、チーズが溶けるまで焼く。

しらすの塩気とじゃがいもの甘みがマッチ

炭水化物　ビタミン・ミネラル

しらすのじゃがいもボール

材料

- じゃがいも … 20g
- 玉ねぎ … 5g
- 油 … 少々
- しらす干し … 大さじ1/2（3g）

作り方

1. 玉ねぎはみじん切りにして油で炒める。しらす干しは塩抜き（➡p.52）する。
2. じゃがいもをゆでてつぶす。1を加えてよく混ぜ、形を整える。

食物繊維が豊富な食材コンビ　炭水化物　ビタミン・ミネラル

りんごとさつまいもの重ね煮

材料

りんご … 20g
さつまいも … 20g

作り方

1. りんごは芯、皮を取り除き3〜4mm厚さに切る。さつまいもは皮つきで3〜4mmの輪切りにする。
2. 耐熱容器に1を交互に重ね入れ、ラップをかける。電子レンジ（600W）で50〜60秒加熱する。

栄養豊富なかぼちゃを使って　ビタミン・ミネラル

かぼちゃのチーズケーキ風

材料

かぼちゃ … 20g
カッテージチーズ … 5g
レモン汁 … 3〜4滴
カッテージチーズ（飾り用）
… 少々

作り方

1. かぼちゃはゆでて、皮を取り除きつぶす。粗熱がとれたらカッテージチーズ、レモン汁を混ぜ、形作る。冷蔵庫で30〜40分おいてなじませる。
2. 盛りつけてチーズをのせる。

ほどよい酸味と甘みのおやつに　炭水化物　ビタミン・ミネラル

オレンジスウィートポテト

材料

さつまいも … 30g
オレンジ果汁 … 小さじ1〜2
オレンジ果肉 … 少々

作り方

1. さつまいもは1cmの輪切りにし、ゆでる。皮を3mmくらい残して中をくり抜く。
2. 1の中身はつぶし、オレンジ果汁と果肉を加えてぽってりとしたかたさにする。
3. 2を1の皮の中にこんもりと盛る。

カリカリ、とろとろのおやつ　炭水化物　たんぱく質　ビタミン・ミネラル

バナナのヨーグルトあえ カリカリトーストぞえ

材料

バナナ … 30g
ヨーグルト（無糖） … 30g
食パン（8枚切り）
… 少々

作り方

1. バナナを粗くつぶし、ヨーグルトであえる。
2. 食パンはカリカリにトーストする。
3. 1を盛りつけて、2をそえる。

ステップ4
離乳完了期

全国のママ・パパ&赤ちゃんの離乳食生活④

離乳食を始めたのはほんの半年前のことなのに、食べられるものがぐっと大人っぽい見た目になって、ママやパパもびっくりしているかもしれませんね。赤ちゃんの成長をお祝いする1才の誕生日を彩る、ママやパパの愛情ケーキもご紹介します。

1才2カ月ベビー

宏人（ひろと）くん

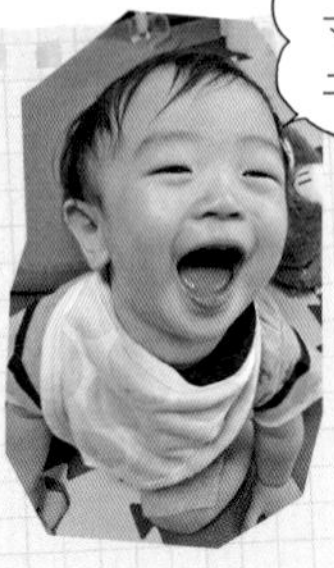

ママやパパを見て、ニッコリ笑顔！

DATA

身長 … 75cm
体重 … 8300g
母乳・ミルク … 卒業
離乳食 … 3回（AM6：30・正午・PM7：00）
補食 … 1回（PM3：00）
歯の本数 … 7本（上4本、下3本）

コース料理のように1品ずつ

大人のテーブルにメニューを一式置き、子どものテーブルにプラスチックの取り皿を置いて、1品ずつあげることも。こうするとバランスよくしっかり食べるので最近はこの方法でごはんをあげています。

この日のメニュー

朝食

コーンペーストのトースト
ソーセージと
キャベツの炒め物

昼食

この日はお出かけ。
BF（ベビーフード）
を持参して
外で食べました。

今日のごはんは何かな～？

補食

レーズンパン

夕食

ふりかけおにぎり
豆腐としめじ、ねぎのみそ汁
鶏肉のハンバーグ

かぼちゃ・さつまいも・
じゃがいもの角切りゆで野菜
プチトマト
バナナ

最近の成長と離乳食

保育園に通い出して4カ月。食べる量がぐっと増えました。手づかみ食べが大好きで、メニューに積極的に入れるようにしています。とくにバナナが大好き。かぜ薬を飲むようなときは、最後にとっておいて、お口直しにしています。

フレークと冷凍野菜が大活躍！

保育所から帰宅して、短時間で夕食が作れるので、野菜のフレークや冷凍野菜は重宝しています。夕食で出したかぼちゃ・さつまいも・じゃがいもの角切りゆで野菜は、冷凍野菜を使いました。

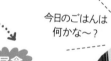

みんなのイベント離乳食

HAPPY BIRTHDAY

1才のお誕生日ケーキ編

はじめての誕生日は特別なケーキでお祝い♪

スイートポテトのバースデーケーキ

時間をかけずにすぐに作れる!

1才の誕生日はさつまいものペーストでケーキを作りました。さつまいもペーストなのでデコレーションも簡単でした。また、自然の甘みで安心してあげられました。普段から少食なのでたくさんは食べられませんでしたがケーキの形がうれしかったみたいで、とっても喜んで食べていました。

由詩(ゆうた)くん

材料と作り方

さつまいもは皮をむいてレンジで加熱して火を通し、牛乳を少量加えてフードプロセッサーにかけてペースト状にします。サンドイッチ用食パンをキッチンバサミで丸くカットして、さつまいもペーストを挟みながら3段に重ねます。周りにもペーストを塗り、口金をつけた絞り袋に残ったペーストを入れて絞り、イチゴなどのフルーツを飾ります。好みでチョコプレートなどを飾りつけて（かざりのチョコレートは大人が食べます）。

水きりヨーグルトのバースデーケーキ

1才になり、お兄ちゃんとのコミュニケーションも少しずつ成り立ってきたようにみえます。ケーキのろうそくも、お兄ちゃんに消されないように、身をのり出しています。甘いものはパクパク食べても、野菜嫌いなのがちょっと悩み。これから好きになっていってね。

材料と作り方

ヨーグルトを1カップ程度、ざるにペーパータオルなどを敷いた上にのせてひと晩おき、水をきります。食パンを丸く型抜きして重ね、水きりしたヨーグルトを塗ります。いちごなどのフルーツを飾りつけ、たまごボーロを周りにあしらいます。

何、何?
早く食べたいよ〜

陽人(はると)くん

離乳完了期

1才〜1才6カ月ごろ 気がかり解消Q&A

Q 好きなものばかり食べて、他は遊ぶだけで食べません……。

A 調理法を変えてみたり、日をあけると食べることも。

この時期の赤ちゃんは五感が発達して、意思がよりはっきりしてくるので好き嫌いを表現します。これは成長の証です！ まだ味覚や嗜好は固定する時期ではないので変化してゆきます。**切り方、見た目や彩り、かたさなどによっても、赤ちゃんの食べぐあいは異なります。**食べにくい形や大きさがいやで食べないことも多いので、ママやパパの負担にならない程度に調理法や見た目を工夫して。赤ちゃんの意思を尊重し、気が向いたら手を出せるよう、食卓にいろいろなものを並べたりして、日をあけてチャレンジを。

Q 起床時、3回の離乳食の後、就寝前に母乳を飲む習慣が。小食なのはそのせいですか？

A 食後の授乳は控える方向で、離乳食からの栄養をメインに。

小食でも体重が順調に増えていて、赤ちゃんのご機嫌がよければ様子を見ましょう。ペースは赤ちゃんにより違います。**この時期は、栄養のほとんどを離乳食からとりますが、母乳も飲ませてかまいません。**ただし、母乳をちょこちょこ飲んでいるとそれで満足し、おなかがいっぱいになってしまうかも。

卒乳はママが赤ちゃんと相談して納得する時期に、といわれていますので、食後の授乳は徐々に減らしていくようにしてはいかがでしょうか？ 個人差はありますが、3〜4日は母乳がほしくて泣いても、後はケロリとしていることもあるようです。

また、就寝前の授乳も注意しましょう。**歯の表面に食べ物の残りかすがあるところに母乳が加わるとむし歯のリスクが高くなるともいわれています。**

Q 遊び食べや食べムラの影響で、食事量が激減しました……。

A 生活リズムを整え、外遊びなどでおなかを空かせて離乳食に。

よく食べていた赤ちゃんでも、**1才前後から食べることに飽きたり、食べムラが出てきたりするようになることがあります。**食べ物を手でこねくりまわしたり、スプーンをカンカンしたりするのは、好奇心の表れで、なんでも試してみたいといろいろ研究しているようです。歩けるようにもなり、できることが増えてくるのでうれしいのでしょう。外遊びで十分に体を動かして、おなかが空いてから「ごはんにする!?」と確認、声かけして食卓へ向かいましょう。

Q 3食しっかり食べていますが、それでもおやつは必要ですか?

A **3食きちんと食べていれば無理にあげなくてもOK。**

1才児のエネルギー摂取基準は1日約900~950キロカロリーが目安です。

ただし、赤ちゃんは一度にたくさんの量を食べられないので、**1日3回の食事の他に、摂取エネルギーの10~20%を補食(おやつ)で補いましょう。**3食しっかり食べ、おやつをほしがらないのなら、無理に食べさせなくてもかまいません。

ただし、水分補給は必要。**午前中と午後のおやつタイムに、麦茶などを飲ませましょう。**

Q お肉など少しかたいものはかめません。丸のみさせてよい?

A **調理法を工夫してかむ練習をしましょう。**

奥歯が生えそろわないうちは、肉をかまずに飲み込んだり、かめなくて吐き出してしまうことも。でも、かむ練習をするのはとても大切です。

厚みがあってやわらかい鶏肉をそぎ切りにしたり、片栗粉をまぶしてとろみをつけるなど、かたさや調理法を工夫してみましょう。

Q おやつをあげるようになったら、ごはんを食べなくなりました。

A **おやつの時間とメニューをチェックしてみて。**

夕食を食べないようならおやつの時間とメニューを見直してみましょう。おやつの時間が夕食と近くならないようにしたり、**麦茶と果物など軽めのメニューにしたりしてみましょう。**

Q スプーンはどう練習すればよい?

A **赤ちゃんの動きに合わせてママやパパが手をそえて。**

手づかみ食べができるようになったら、少しずつスプーンの練習も。**食べ物をスプーンにのせると自分で口に運ぼうとするので、赤ちゃんの動きや意思に合わせてママやパパが手をそえて、口元への移動を手伝ってあげましょう。**

手づかみ食べを十分にさせて、赤ちゃんの自分で食べたい気持ちを満たしたり、遊びの中で手首や指先の動きを学習することで、少しずつスプーンの使い方が上手になります。

Q 平均より太めです。離乳食を減らすべき？

A お菓子やジュースは量をチェック。離乳食はしっかり食べて。

お菓子やジュースをとりすぎていないか見直してみましょう。それらのとりすぎがなく、**離乳食を適量しっかり食べているのなら、食事量を減らす必要はありません。量を減らすことで、栄養不足になるほうが気になります。**

歩くようになると運動量が増え、身長も伸びてきますので、食べたい気持ちを大切にしてあげてください。

Q 大人用のおそうざいなどを取り分けてあげてもよい？

A ひと手間かけて、赤ちゃん向けにしてあげましょう。

市販の**大人用のおそうざいは味つけが濃く、赤ちゃんの消化器官に負担がかかります。**熱湯でさっとゆでて味を薄めるなどのひと手間をかけましょう。

おそうざいに湯を注いで電子レンジで軽く温め、湯を捨てれば、味が薄まり油脂分もある程度取り除けます。

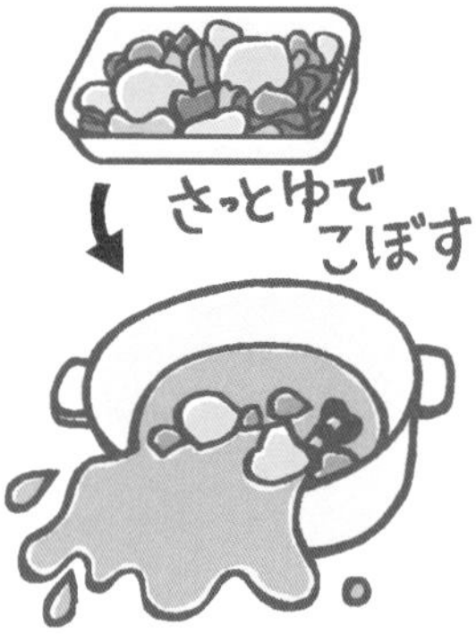

離乳食の時期は、**味つけは大人のメニューの1／3程度が目安。**赤ちゃんだけでなく、ママやパパの健康のためにも薄味を心がけましょう。

Q 外食メニューは取り分けてもよい？

A できるだけ控えたいですが、メニューによってはOK。

外食の大人用メニューは、取り分け方に注意が必要です（下表参照）。

ファストフードなどの外食は**脂肪分や塩分が多いわりにビタミン・ミネラルなどの大切な栄養素が不足しがち。**食材の安全性も気になります。体へのデメリットを考えると、できるだけ控えるようにしましょう。

外食の取り分け方の注意

食品名	注意点
ハンバーガーセット	香辛料、添加物、塩分、脂肪分が多め。ママやパパが食べているのを見て食べたがるようなら、バンズ（パン）の中心だけをくりぬいてあげるなどの工夫を。
うどん	めんを食べやすい長さに切ってあげましょう。湯をもらい、めんを浸けて味を薄めます。
そば	強いアレルギー症状が出る恐れがあります。自宅で食べたことがなければ避けて。
天ぷら	衣を外して中身だけをあげます。かみ切りにくいえびなどより、かぼちゃやさつまいもなどを。
煮魚定食	味のしみていない中身を取り出してあげましょう。骨は丁寧に除きます。
サラダ	温野菜やトマトなどはOK。ただし、こしょうなどが含まれていないか確認を。また、ドレッシングはかけないようにしましょう。
パスタ	味つけが濃いので避けましょう。
ハンバーグ	中まで火が通っていなかったり、香辛料が入っているので避けましょう。
寿司	生魚は感染症の心配があるのでNGです。納豆巻きや卵なども味つけが濃いのであまりおすすめできません。
茶碗蒸し	熱いままあげないように注意します。

Q ミルクから牛乳に切り替えるタイミングがわかりません。

A 3食しっかり食べられるようになってから。

牛乳を飲み物として飲ませるのは3回の食事がとれるようになった**1才すぎごろからが目安**と考えるのが一般的です。カルシウムなど必要な栄養が増えてくるので、乳製品だけでなく小魚や海藻なども加えて。

幼児食について

離乳食を卒業しても、すぐ大人と同じ食事が食べられるようになるわけではありません。離乳食と大人の食事の間には幼児食が入り、この2つの橋渡し的な役割をします。ここでは幼児食の作り方と食べさせ方のポイントを確認しましょう。

離乳食から大人と同じ食事への移行をゆるやかにつなぐ

幼児食は、離乳食とゆるやかにつながっていて、**だいたい5才ごろまで**の食事と考えます。離乳食を卒業するころから幼児食卒業までは、基本的な生活習慣を身につけていく時期。そのため、幼児期の食事は、栄養補給だけが目的ではなく、**「将来の健康的な食生活習慣」を身につける基盤を作るためでもあると考えます。**

食事は、睡眠、入浴、遊びなどとつながる生活のひとこまです。早寝早起きをして朝食をしっかり食べれば、午前中から元気に遊ぶことができ、排泄のリズムも整います。そして、おなかが空けば、意欲的に食べることができ、さらに活発に動けるようになる……と、よい循環が生まれます。幼児期は、**情緒が豊かな時期なので、食事中の「おいしいね」という共感が心を育みます。**子どもの意思を尊重し、自己肯定感が育つ食環境、家族で食卓を囲み、食事のマナーを身につけることも大切。

幼児食の考え方

栄養

主食・主菜・副菜でバランスよく

食事だけで必要な栄養をまかなうようになるので、バランスよく栄養をとることが大切。考え方は離乳食と同じで、主食・主菜・副菜を組み合わせた献立を心がけます。

また、1回の食事でたくさん食べられないので、**補食（おやつ）も離乳食のときと同様、エネルギーや栄養素を補う軽食と考え、炭水化物をメインに**して食べさせましょう。

形状

かむ力に合わせて食べやすく

まだ、かむ力が弱く、食べ物によってかみ方を調整するのはむずかしいので、**3才ごろまではかたすぎるものや食べにくい形状のものを避け、食べやすい調理法を心がけます。**

また、歯が生えてくるのに合わせてかむ練習を続けます。**いろいろな形状のものを体験させ、かむ力やかみ方を調整する力を育てていきます。**

味つけ

大人の1/3〜1/2を目安に

徐々に使用する調味料の幅を離乳食より広げていきますが、**こしょうなど刺激の強いものや、味の濃いものは避けて。**味覚の発達を促すために薄味が基本。**大人の味つけの1/3くらいを目安にしましょう。**

大人の食事を取り分けるときは、味がしみ込んでいない内側だけを食べさせ、レトルトの加工品を使うときは子ども用を選びましょう。

食物アレルギーについて

安全で楽しく食事を楽しむために、
食物アレルギーのメカニズムと対応法を理解しましょう。
また、心配なときは自己判断せず、必ず専門医に相談を。

食物アレルギーとその原因になる食べ物

食物アレルギーを発症する年齢は、0～1才の間が一番多いといわれています。食物アレルギーの原因物質をアレルゲンといいます。なかでも症例数が多い、えび、かに、卵、牛乳、小麦の5つと、症状が重篤で命に関わるため注意が必要なそば、落花生をあわせた7品目を7大アレルゲンといいます。

気になる食材をはじめてあげるときは1日1種類、ごく少量からあげましょう。一度にたくさんの量を食べると、アレルゲンだったとき、症状がより強く出てしまいます。

7大アレルゲン

えび、かに、卵、牛乳、小麦、そば、落花生

可能な限り表示が推奨された21品目

アーモンド、あわび、いか、いくら、オレンジ、カシューナッツ、キウイフルーツ、牛肉、くるみ、ごま、さけ、さば、大豆、鶏肉、バナナ、豚肉、まつたけ、もも、やまいも、りんご、ゼラチン

食物アレルギーが疑われるときは自己判断せず受診を

食物アレルギーは左記で紹介するような症状が見られます。症状には個人差があり、まれにアナフィラキシーショックなどの強い症状が出るケースもあります。しかし、食物アレルギーを心配するあまり、**自己判断で食べさせないようにすると、栄養不足になるなど赤ちゃんの成長に悪影響を及ぼします。**

食物アレルギーが疑われる症状が出たらまず受診し、医師の指導に従ってください。食物アレルギーの原因の食品が特定されたらいったん除去食にしますが、年齢とともに治っていくケースも多いため、悩みすぎずに専門医に相談しながら食物アレルギーとつきあっていきましょう。

食物アレルギーのおもな症状

皮膚：かゆくなる、じんましんや湿疹が出る、唇がむくむ
消化器：下痢、腹痛、おう吐
目：かゆくなる、充血する、まぶたが腫れる、涙が出る
呼吸器：せき、鼻水・鼻づまり、呼吸がしづらくなる、口の中や咽頭がかゆくなる

監修協力　東京シティクリニック三田　アレルギー専門医　世間瀬基樹

ぐあいが悪いときの離乳食

体調を崩してしまったときの離乳食のあげ方を症状別にまとめました。赤ちゃんの機嫌や顔色が悪いなど、普段と違う様子のときは医療機関に相談し、医師の指示に従いましょう。

離乳食の食べさせ方

ポイント1 無理に食べさせない

体調が悪いときに消化機能が落ちて食欲がなくなるのは、赤ちゃんも大人も同じ。**食欲がないときは、無理して食べさせないようにします。**症状が回復したら離乳食を再開します。急にたくさん食べさせるのではなく、**かたさや大きさはひとつ前のステップに戻すなど無理のないように、少しずつもとの量、メニュー内容に戻していきます。**

ポイント2 水分をしっかりとり、食欲があれば消化のよいものを

発熱、おう吐、下痢などのときは、水分が奪われて脱水症状に陥りがち。**母乳・ミルクの他、麦茶、湯ざまし、ベビー用イオン飲料などを、少量ずつこまめに飲ませます。**食欲があるなら、胃腸の負担にならない消化のよいもの（おかゆ、うどん、野菜スープなど）をあげます。**油で調理したものや脂肪分の多い肉や魚は避けます。**

発熱

水分補給をしっかりと

熱が高いときは、汗や呼吸でいつもより水分が失われます。**脱水症状を起こさないために、水分をしっかりとることが大切。**母乳・ミルク、麦茶、湯ざまし、ベビー用イオン飲料などを少量ずつこまめに飲ませましょう。

食事は無理にあげなくてOK。発熱で胃腸が弱っているので、食欲があるときは消化吸収のよいものを食べさせ、熱が下がってきたら、少しずついつもの離乳食に戻していきます。

避けたい食べ物

- 繊維の多い葉物野菜
- 牛乳
- チーズ
- ひき肉
- バター

など

本書のレシピでは……

5〜6カ月ごろ（離乳初期）
10倍がゆ …… p.36
じゃがいものペースト …… p.42

7〜8カ月ごろ（離乳中期）
ミルクがゆのトマトのせ …… p.92
卵とほうれん草のうどん …… p.93

9〜11カ月ごろ（離乳後期）
ほうとう風うどん …… p.122
豆腐ハンバーグ …… p.132

1才〜1才6カ月ごろ（離乳完了期）
納豆お焼き …… p.178
豆腐ステーキ 野菜あんかけ …… p.170

※赤ちゃんの機嫌が悪いときは
無理に食べさせないようにしましょう。

便秘

水分や野菜、主食を意識してとる

赤ちゃんのうんちは、新生児のうちはゆるく、少しずつかたまり、3回食が定着するころにはバナナのような形のうんちが出ることも。出ていても**コロコロした形のときは便秘傾向です。**5～8カ月ごろは体重も増え、母乳やミルクだけでは、水分不足ぎみになることで便秘がちに。9カ月以降の便秘は食べる量、水分、野菜の不足がおもな原因です。**主食を少し増やしたり、「おすすめの食べ物」を積極的に食べさせましょう。**9カ月以降は、少量のバターや油を調理に使うと、スムーズに出る場合があります。

本書のレシピでは……

5～6カ月ごろ（離乳初期）
大根のすりおろし …… p.45
さつまいものおかゆ …… p.50

7～8カ月ごろ（離乳中期）
大根の納豆あえ …… p.90
白菜とさつまいも、
やわらかわかめの煮物 …… p.97

9～11カ月ごろ（離乳後期）
にんじんとひじきの白あえ …… p.137
なすとわかめの煮浸し …… p.127

1才～1才6カ月ごろ（離乳完了期）
ほうれん草とまいたけのすまし汁 …… p.165
けんちん汁 …… p.161

※赤ちゃんの機嫌が悪いときは
無理に食べさせないようにしましょう。

下痢

湯ざましなどでこまめに水分補給

普段より多少便がゆるく、**回数が1～2回多い程度ならあまり心配しなくても大丈夫**ですが、ひどい下痢のときは、**脱水症状を防ぐためこまめに水分補給を。**冷たいものは避け、湯ざましなどを少しずつ飲ませます。食事は消化のよいものをやわらかめに調理してあげます。

りんごやにんじんなどに含まれるペクチンには、整腸作用があるのでおすすめです。果物はうんちをやわらかくする作用があるので避けますが、りんごは例外です。

避けたい食べ物

- 牛乳
- 柑橘類
- 果物ジュース
- 糖分が多い果物
- 油脂類
- 乳製品　など

本書のレシピでは……

5～6カ月ごろ（離乳初期）
にんじんのおかゆ …… p.46
さつまいものりんご風味 …… p.55

7～8カ月ごろ（離乳中期）
にんじんとしらすのうどん …… p.84
大根とにんじんのペースト …… p.103

9～11カ月ごろ（離乳後期）
ほうとう風うどん …… p.122
豆腐とにんじんの和風ドリア …… p.129

1才～1才6カ月ごろ（離乳完了期）
野菜の炊き合わせ …… p.173
オクラとしめじの煮浸し …… p.175

※赤ちゃんの機嫌が悪いときは
無理に食べさせないようにしましょう。

おう吐

おう吐が続く間は無理に食べさせない

おう吐がおさまるまでは、食べさせてもすぐ吐いてしまい、かえって体力を消耗させます。また、食べては吐くをくり返すと、脱水症状を起こすことも。**おう吐が続く間は、医師の指示に従い、無理に食べさせないこと。**

吐き気がおさまったら、まず水分を補給。**麦茶やベビー用イオン飲料などを少しずつ飲ませます。**水分をとっても吐かないことを確認したら、スープやおかゆなど消化吸収のよいものを、少しずつ食べさせてください。

避けたい食べ物

- 柑橘類
- ヨーグルト　など

本書のレシピでは……

5～6カ月ごろ（離乳初期）
10倍がゆ …… p.36
白菜のスープ …… p.43

7～8カ月ごろ（離乳中期）
バナナヨーグルトパンがゆ …… p.84
ミルクがゆのトマトのせ …… p.92

9～11カ月ごろ（離乳後期）
トマトリゾット …… p.120
豆腐のおろし煮 …… p.123

1才～1才6カ月ごろ（離乳完了期）
チンゲン菜とたいの雑炊 …… p.158

※赤ちゃんの機嫌が悪いときは
無理に食べさせないようにしましょう。

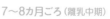

離乳食の基本
ステップ1 離乳初期
5カ月ごろ
6カ月ごろ
ステップ2 離乳中期
7カ月ごろ
8カ月ごろ
ステップ3 離乳後期
9カ月ごろ
10カ月ごろ
11カ月ごろ
ステップ4 離乳完了期
1才ごろ
1才1カ月ごろ
1才2カ月ごろ
1才3カ月ごろ
1才4カ月ごろ
1才5カ月ごろ
1才6カ月ごろ
ぐあいが悪いときの離乳食
食材別さくいん

口内炎

刺激が少なく栄養価の高い食べ物を食べさせる

口内炎を刺激する酸味や塩気が強いもの、かたいものは避け、刺激が少ないものを用意します。調理法は、口当たりがなめらかで飲み込みやすい、くず煮などがおすすめです。**熱すぎたり、冷たすぎても刺激になるため、人肌程度の温度に調整しましょう。**また、口の中が痛いと、おなかが空いていても少ししか食べられないことがあります。**少量でも栄養価が高いものを食べさせましょう。**

授乳時に乳首をくわえるのをいやがる場合は、ストローやスプーンで母乳やミルクをあげてみて。

避けたい食べ物

- 柑橘類
- トマト　など

本書のレシピでは……

5～6カ月ごろ（離乳初期）
さつまいものすりつぶし …… p.45
にんじんとミルクのパンがゆ …… p.53

7～8カ月ごろ（離乳中期）
卵とほうれん草のうどん …… p.93
ブロッコリー入り納豆汁 …… p.86

9～11カ月ごろ（離乳後期）
鶏ひき肉のふわふわ親子丼 …… p.121
ほうとう風うどん …… p.122

1才～1才6カ月ごろ（離乳完了期）
ミルクリゾット …… p.169
具だくさんあんかけうどん …… p.168

※赤ちゃんの機嫌が悪いときは
無理に食べさせないようにしましょう。

本書のレシピでは……

5～6カ月ごろ（離乳初期）
豆腐のおかゆ …… p.51
豆腐とにんじんのうどんがゆ …… p.54

7～8カ月ごろ（離乳中期）
豆腐と小松菜のだし汁煮 …… p.85
豆腐と鶏のスープ煮 …… p.85

9～11カ月ごろ（離乳後期）
豆腐のおろし煮 …… p.123
野菜の白あえ …… p.142

1才～1才6カ月ごろ（離乳完了期）
鶏ひき肉のスープワンタン …… p.160
クリームパスタ …… p.160

※赤ちゃんの機嫌が悪いときは
無理に食べさせないようにしましょう。

せき

のどごしがよい食べ物を食べさせる

せきが出ているときは、のどが炎症を起こしているため、飲み込みやすいものをあげましょう。片栗粉などでとろみづけすると飲み込みやすくなります。**熱すぎるものや酸味が強いなど、のどの粘膜を刺激するようなものは避けます。**人肌程度の温度に冷ましてあげます。せきがひどいときは無理に離乳食をあげなくてもOKです。

のどの粘膜が湿っていると呼吸がらくになるので、こまめに水分補給することも大切です。

避けたい食べ物

- ボーロやせんべいなど粉っぽいもの
- 柑橘類　など

鼻水

緑黄色野菜を積極的に食べさせる

鼻水がでているときは鼻の粘膜が弱っています。**β-カロテン（ビタミンA）やビタミンCを含む食材を、積極的にとるとよいでしょう。**それらは、にんじんやかぼちゃ、ほうれん草など緑黄色野菜に多く含まれます。食欲があるようなら、**豆腐や白身魚など、消化がよく体力を回復させるたんぱく源を取り入れた離乳食にします。**

鼻づまりを起こしていると口呼吸になり、食べ物を上手に飲み込めないことも。**とろみをつけたりやわらかく煮たりして、飲み込みやすい状態に調理しましょう。**

本書のレシピでは……

5～6カ月ごろ（離乳初期）
かぼちゃとほうれん草のとろとろ …… p.68
じゃがいもとにんじんのペースト …… p.48

7～8カ月ごろ（離乳中期）
にんじん・じゃがいも・
ほうれん草のだし汁煮 …… p.97
キャベツとりんごの蒸し煮 …… p.99

9～11カ月ごろ（離乳後期）
かぼちゃとりんごのおだんごサラダ …… p.135
小松菜とにんじんの煮浸し …… p.126

1才～1才6カ月ごろ（離乳完了期）
かぼちゃの洋風煮 …… p.164
りんごとさつまいもの重ね煮 …… p.179

※赤ちゃんの機嫌が悪いときは
無理に食べさせないようにしましょう。

食材別さくいん

※さくいんは月齢（離乳初期～完了期）ごとに分かれています。
※材料はカテゴリー別に50音順に、メニューは50音順に並んでいます。
※アレンジレシピはメニュー名に★をつけています。
※分量が「少々」「適宜」のメニューは掲載していません。

5～6カ月ごろ 離乳初期

主食（炭水化物）

主菜（たんぱく質）

副菜（ビタミン・ミネラル）

7～8カ月ごろ 離乳中期

主食（炭水化物）

主菜（たんぱく質）

副菜（ビタミン・ミネラル）

9～11カ月ごろ 離乳後期

主食（炭水化物）

主菜（たんぱく質）

監修・指導

小池澄子（こいけ・すみこ）

女子栄養大学生涯学習講師・管理栄養士・一般社団法人日本胎内記憶教育協会認定講師。保育所での食育指導、離乳食アドバイス、クリニックの栄養相談などを通じ、たくさんの親子に接し、指導してきた経験から生まれる的確なアドバイスに定評がある。『最新決定版はじめての離乳食』(Gakken)など著書多数。

料理

検見﨑聡美（けんみざき・さとみ）

料理研究家・管理栄養士。「私たちは心も体も全部、食べたものからできている」と考え、栄養も調理も、基礎を踏まえたうえで、個人の生活や嗜好を考慮し、確実に食卓に届く家庭料理を大切にしている。老若男女、元気な人とそうでない人などに向けて、雑誌や書籍で幅広くレシピを提案している。

STAFF

撮影 …→ 寺岡みゆき、対馬綾乃（p.62、100、140、141）

スタイリング …→ 小倉ミナ（studio miin）、宮沢史絵

調理補助 …→ 大木詩子

カバー・本文デザイン …→ ごぼうデザイン事務所

カバーイラスト …→ ヨシヤス

本文イラスト …→ カガワカオリ

執筆協力 …→ 東裕美、竹川有子

校閲・校正協力 …→ ゼロメガ、松永かほり

DTP協力 …→ オノ・エーワン

撮影協力 …→ セントラル、麗タレントプロモーション

編集協力 …→ オメガ社

※本書の情報は2021年7月時点のものです。厚生労働省による「授乳・離乳の支援ガイド」2019年改定版に準拠しています。

最新改訂版 らくらくあんしん離乳食

2021年9月7日　第1刷発行
2024年1月9日　第6刷発行

発行人　土屋　徹
編集人　滝口勝弘
発行所　株式会社Gakken
〒141-8416　東京都品川区西五反田2-11-8
印刷所　大日本印刷株式会社
DTP製作　株式会社グレン

●この本に関する各種お問い合わせ先

本の内容については、下記サイトのお問い合わせフォームよりお願いします。
https://gakken-plus.co.jp/contact/
在庫については　Tel 03-6431-1250（販売部）
不良品（落丁、乱丁）については　Tel 0570-000577
学研業務センター　〒354-0045 埼玉県入間郡三芳町上富 279-1
上記以外のお問い合わせは　Tel 0570-056-710（学研グループ総合案内）